历史四季

救亡与更替

冬之卷

冯敏飞 著

图书在版编目（CIP）数据

救亡与更替：梳理14个王朝的最后10年 / 冯敏飞著. -- 北京：新世界出版社，2024.4
（历史四季；4）
ISBN 978-7-5104-7869-7

Ⅰ.①救… Ⅱ.①冯… Ⅲ.①中国历史－古代史－研究 Ⅳ.①K220.7

中国国家版本馆CIP数据核字(2024)第024694号

救亡与更替：梳理 14 个王朝的最后 10 年

作　　者：	冯敏飞
责任编辑：	张晓翠
责任校对：	宣　慧　张杰楠
责任印制：	王宝根
出　　版：	新世界出版社
网　　址：	http://www.nwp.com.cn
社　　址：	北京西城区百万庄大街 24 号（100037）
发 行 部：	(010)6899 5968　(010)6899 8705（传真）
总 编 室：	(010)6899 5424　(010)6832 6679（传真）
版 权 部：	+8610 6899 6306（电话）　nwpcd@sina.com（电邮）
印　　刷：	天津旭非印刷有限公司
经　　销：	新华书店
开　　本：	880mm×1230mm　1/32　尺寸：145mm×210mm
字　　数：	217 千字　　　　　　　　印张：8.75
版　　次：	2024 年 4 月第 1 版　2024 年 4 月第 1 次印刷
书　　号：	ISBN 978-7-5104-7869-7
定　　价：	48.00 元

版权所有，侵权必究

凡购本社图书，如有缺页、倒页、脱页等印装错误，可随时退换。

客服电话：（010）6899 8638

目录

开篇语　**前车之鉴**　…001

第一章　**秦末10年**　…006
　　　　前因：民怨日益增多　…006
　　　　最大看点：认贼为父错到底　…008
　　　　后果：假如胡亥及时与"恩人"切割　…022

第二章　**西汉末10年**　…024
　　　　前因：皇帝忙于同性恋　…024
　　　　最大看点：热烈吁请篡汉　…026
　　　　后果：假如王政君负起责任来　…039

第三章　**新朝末10年**　…042
　　　　前因：照搬照套古典的大改革　…042

　　　　　最大看点：满手好牌给打烂　　…044

　　　　　后果：假如王莽不搞得"天下骚动"　…061

第四章　**东汉末10年**　…064

　　　　　前因：皇帝老老实实做傀儡　…064

　　　　　最大看点：老子不干儿子篡　…066

　　　　　后果：假如刘协能够智取曹操　…077

第五章　**西晋末10年**　…079

　　　　　前因："八王之乱"　…079

　　　　　最大看点：皇帝相继而降　…080

　　　　　后果：假如司马炽能亲政　…100

第六章　**隋末10年**　…102

　　　　　前因：醉心于大排场、大征战、大享受　…102

　　　　　最大看点：梦断江南　…103

　　　　　后果：假如杨广最后关头猛醒　…124

第七章　**唐末10年**　…125

　　　　　前因：双重之恶　…125

　　　　　最大看点：虎落平阳被犬欺　…127

　　　　　后果：假如李晔能利用对手间的矛盾　…143

第八章　吴越末10年　…145

　　苟且偷安终难安　…145

　　最大看点：岁月静好等日落　…148

　　后果：假如钱弘俶对宋也有血性　…156

第九章　辽末10年　…158

　　前因：内乱无休　…158

　　最大看点：不停地逃亡　…160

　　后果：假如天祚帝索性啥也不管　…171

第十章　北宋末10年　…174

　　前因：改革一再失败　…174

　　最大看点：错选敌友　…177

　　后果：假如赵佶与辽国保持友好　…192

第十一章　南宋末10年　…194

　　前因：北方崛起特大强邻　…194

　　最大看点：重蹈前朝覆辙　…197

　　后果：假如谢道清没用错人　…207

第十二章　元末10年　…209

　　前因：朝野不宁　…209

　　最大看点：内斗忙于外斗　…211

　　后果：假如顺帝处理好大腿与胳膊的关系　…223

第十三章　**明末10年**　…224

　　　　　前因：天地里外发难　…224

　　　　　最大看点：皇帝日益孤寡　…226

　　　　　后果：假如朱由检不玩弄文字游戏　…242

第十四章　**清末10年**　…244

　　　　　前因：千古未有之变　…244

　　　　　最大看点：历史向革命倾斜　…245

　　　　　后果：假如载沣能放弃一族之利　…259

小　结　王朝之亡与帝王　…260

　　跋　冯敏飞和他的历史写作　…269

开篇语

前车之鉴

一

写完盛世、中兴写末世,有如硬币从正面到反面。

笔者已梳理中国历史上有"盛世"之誉的 43 个阶段,将同类时段抽出来比较,着眼于治世。历史上的末世有所不同,不可能全面梳理,只能将帝制时代一些大王朝的末世抽出来比较,着眼于救世。

二

中国人注重利用历史指导现实。历史上很多政治家都非常重视前车之鉴,最早可能算周公。商之灭亡,客观上是征战耗空国力,主观上则是纣王过于迷信"天命",有点像孔子那般自信——孔子周游列国,与弟子在树下习礼,宋国司马(主管军事行政的官员)桓魋砍树驱赶他们。孔子临危不惧,不屑一顾地说:"天有仁德给我了,桓魋他能把我怎样？"① 很多帝王都如此自信，总以为天命在身，别人奈何不了他。纣王根本不把周人放在眼里，结果被周人灭了。周公当政后，"一沐三捉发，一饭三吐哺"，时刻警醒。周公认真总结商朝亡国的教训，发现天命并非一成不变，老天爷给了你帝王之任命书，说不准哪天又收回去，周朝不能重蹈覆辙。因此，周公十分强调"礼乐之治"，也即"以德治国"，统治者用道德自我约束，开创"成康之治"盛世。

刘邦粗人一个，得天下之后还说自己是从战马上夺得天下，与诗书没个屁关系。听陆贾一翻开导后，转而要求："试为我著秦所以失天下，吾所以得之者何，及古成败之国。"② 结果，也为大汉开了个好局。

李世民和他的大臣魏徵等人经常谈论隋亡的教训，魏徵还强调说："鉴形莫如止水，鉴败莫如亡国。"③

北魏开国皇帝拓跋珪也曾强调说："来者诚思成败之理，察治乱之由，鉴殷周之失，革秦汉之弊，则几于治矣。"④

康熙念念不忘明亡的教训。康熙三十六年（1697年）他对大臣说：

> 朕观《明史》，一代并无女后预政、以臣陵君之事。我朝事例，因之者多。朕不似前人辄讥亡国也。⑤

明朝没有外戚干政和奸臣犯上作乱，但有太监作孽，我们今天也普遍这么看。康熙这话让我更在意的是：他试图结束那种后一代讥讽前一

---

① 《论语·述而》，"天生德于予，桓魋其如予何？"
② 《史记》卷97，陆贾传，3册，中华书局1999年版。（本书二十四史所用版本为中华书局1999年版。）
③ 《资治通鉴》卷195，唐纪11，12册，中华书局2019年版。
④ 《魏书》卷2，太祖纪。
⑤ 《清史稿》卷7，圣祖纪2，1册，中华书局2020年版。

代的历史怪圈，立志不让后人讥讽，此志不可谓不大。后来康熙又对明史大发感慨，说得更具体：明朝开支太奢侈，一天的费用可抵康熙时代一年；他们囿于深宫，不知人情物资之贵。反思的结果是，康熙和他的儿孙开创了一个长达百年的"康乾盛世"。

三

那么，一个王朝何时开始灭亡？见仁见智，要回答这问题十分不易。

西周之末，想当然是灭在周幽王之手。可是许倬云明确写道："厉王之世是西周崩溃的开始。"①厉王之后还有共和十几年，甚至有"宣王中兴"40多年，幽王也维持十余年，该王朝灭亡的历程比后来许多王朝整个寿命还长。

关于秦朝的灭亡，日本学者鹤间和幸认为：如果把15年秦帝国历史分为六年、六年、三年这样3个时期，比较好理解，第一个六年是灭六国战争后的"和平时期"，第二个六年是对"蛮夷"战争时期，最后三年才是秦二世与子婴"帝国崩溃时期"。②

关于明朝灭亡，史家一直有"明之亡，名亡于崇祯，实亡于万历"的说法。万历时期距李自成进京、清兵入关尚差半个来世纪，且被誉为"万历中兴"，之后还有泰昌、天启和崇祯三任皇帝。

关于清朝灭亡，钱穆说："到乾隆时，满族官僚日愈放肆，政治加速腐败，那时中国知识分子的反抗意识已消沉，但下层民众所受的

---

① 许倬云：《西周史》，生活·读书·新知三联书店2012年版。
② ［日］鹤间和幸：《始皇帝的遗产·秦汉帝国》，广西师范大学出版社2014年版。

痛苦却日渐忍不住了。于是民变四起，屡仆屡兴。最有名的就是所谓川楚教匪，满洲朝廷费了很大力气才把它压平。但病根依然存在，一点也没减。所以此后满族政府即使不遇到中西交通，没有西洋势力侵入，不久也仍得垮台。"① 所谓"川楚教匪"指四川、陕西、河南和湖北一带的"白莲教起义"（1795—1804年），此时距辛亥革命还有100多年。

再看清同治六年（1867年）7月21日晚，尚为"同光中兴"之时，时任两江总督的曾国藩与其心腹幕僚赵烈文的交谈。曾国藩说："京城中来人说，都城里气象甚恶，明火执仗之案经常发生，而市肆里乞丐成群，甚至于妇女也裸身无裤可穿，民穷财尽，恐怕会有异变。为之奈何？"赵烈文说："我估计土崩瓦解之局，不出50年。"曾国藩听了，将信将疑，说："我日夜担心朝政大变，你不是开玩笑吧？"赵烈文说："我虽然喜欢开玩笑，可我怎敢在您面前开这样的玩笑？"② 清朝灭亡，果然未出此后50年。赵烈文一生乏善可陈，就因为这段对话名垂青史，并被誉为"天才预言家"。

看来，国家前途确实有些人能够看清。当然，具体时间主要还是巧合的因素。

巧的是，西周太史伯阳感到末日将至，说得有板有眼："周将亡矣……夫国必依山川，山崩川竭，亡国之征也。川竭必山崩。若国亡不过十年，数之纪也。天之所弃，不过其纪。"③ 后来，果真刚好第十年灭

---

① 钱穆：《中国历代政治得失》，生活·读书·新知三联书店2005年版。
② 赵烈文：《能静居日记》，岳麓书社2013年版，"天下治安一统久矣，势必分剖离析。然而主德隶重，风气未开，若无抽心一烂，则土崩瓦解之局不成。我估计，异日之祸，必先颠仆，而后方州无主，人自为政，殆不出五十年矣！"
③ 柳宗元：《非国语》。

亡。我在这本书里写王朝最后 10 年，只不过为倒计时方便，与天纪之类无关。

第一章

秦末 10 年

> **提要**
>
> 公元前 215—公元前 206 年为大秦帝国倒计时 10 年,直至前 210 年毫无败象,秦始皇还在东巡,只因忽然病亡,遗嘱被篡改,民众纷纷造反。假如胡亥像南朝宋文帝刘义隆,及时果断地与邪恶的"恩人"切割,华丽转身,秦当时未必会亡。

前因:民怨日益增多

历史学家吕思勉说:"周和秦,是从前读史的人看作古今的界线的。"[①] 古书诸多"三代以上""秦汉以下"之类短语。

每逢乱世,总有人挺身而出,立志救世。战国时,诸侯国诸多,有

---

① 吕思勉:《中国通史》,群言出版社 2016 年版。

识之士纷纷提出自己的政治见解,争先恐后为君主出谋划策。华东政法大学教授杨师群说:"这种争鸣的思想内涵实质是百家邀君主之宠。"①以孔子为代表的儒家,只是百家之一。孔子的政见非常明确:克己复礼——以统治者自我克制"非礼"的方式,恢复周公时代那样的礼乐之治。但一个又一个诸侯国敬而远之,他只好回家教书编书,把梦想寄托给后人。

有个值得一说的非著名人物,名叫由余,姬姓,字怀忠,周武王少子唐叔虞的15世孙,偶然流亡到西戎。秦穆公有志于东进,见姬由余来访,连忙讨教:"中原有诗书礼乐还那么乱,而戎夷没有礼乐之治,岂不是更难吗?"姬由余竟然笑道:"诗书礼乐正是中原战乱的根本原因,而被儒家贬为禽兽的戎夷才是真正的圣人之治!"②听了这席话,秦穆公立即重用由余,转而西进,向戎夷学习,有比"临渊羡鱼,退而结网",迅速成为"春秋五霸"之一,然后再东进,横扫天下。

儒家让那个时代失望。"天下并争于战国,儒术既绌焉。"③那个乱糟糟的局面拖到秦始皇嬴政去收拾。秦人既不迷信古老的"周政",也不指望那些美丽的外交盟书,而选择法家,全力改革自己,不断创新。可悲的是:最后六强国面临秦国征战的灭顶之灾,对策仍然是联盟,可又仍然搁不下眼前私利,面和心不和,竞相叛盟贿敌,而不能真正团结一心抗秦,终被各个击破,无一幸免。周王室挣扎到前256年,最后一任周王姬延面对秦军入侵,亲自号召组织联军,没想只有五六千人响应,又缺粮饷,根本没法上阵,不得已自行解散。因为国人纷纷索债,

---

① 杨师群:《中国历史的教训》,浙江大学出版社2012年版。
② 《史记》卷5,秦本纪,1册,"此乃中国所以乱也。夫自上圣黄帝作为礼乐法度,身以先之,仅以小治……"
③ 《史记》卷121,儒林列传,3册。

姬延躲到一个高台上不敢露面，最后让秦兵捉拿，彻底废了周王朝。

从这个角度说，嬴政是成功的，不愧"德过三皇，功高五帝"之"皇帝"。秦王嬴政于前246年继位，于前230年灭韩，前225年灭魏，前223年灭楚，前222年灭燕与赵，前221年灭齐，从而结束长达5个半世纪的诸侯争霸之乱，统一中国，成为当时世界最大的帝国。随之又统一经济、文化。

他创立的帝制，在中国实行了2000多年。还有统一文字、度量衡和道路，开通河沟，都是千秋之功。一般说英语中"中国"一词China的本义是"瓷器"，也有说是"秦"的音译。

戏剧性的是，2000多年来，儒家无不强烈抨击秦始皇暴政，批得体无完肤，却又无不竭力维护他创立的帝制。

秦嬴政强烈奢望长寿，专门委派浩浩荡荡的人马到海外寻求长生不死的仙丹。但同时他早做好死的准备，亲自拟好一系列名称，自己称"始皇帝"，儿子称"二世皇帝"，孙子称"三世皇帝"，以至"万万世皇帝"，千秋万代永远在自家传下去。然而，他太天真了！

正因为他太"有为"了，短时间强行干了一大堆空前绝后的事业，民怨日益增多，仅仅5年，秦始皇本人手上就开始倒计时。

最大看点：认贼为父错到底

始皇帝三十二年（前215年），倒计时：9

与西周倒计时伊始人神共愤不同，这时的秦氏天下可谓欣欣向荣，如日中天。

秦定都咸阳，政体发生深刻变化，不再实行分封制，让诸侯国各自为政，而实行郡县制，即各地直接隶属于中央政府统辖。为保持并强化这种体制，必须经常派出钦差大臣，或者皇帝直接出马，到各地检查工作，预防一些地方官我行我素。全国稍安，秦始皇便于始皇帝二十七年（前220年）西巡陇西、北地（今甘肃宁县），始皇帝二十八年（前219年）东巡封禅泰山，本年又北巡至碣石。

对于秦始皇来说，创下前无古人的伟业，奢望能够永生不死，永保江山。他生前5次大规模出巡，其中4次与求仙有关。前219年那次，封禅后顺路到旧齐国海滨求仙，著名方士徐福自告奋勇，带着数千金童玉女前往海中替他求仙药。这次，他径直北巡碣石，到旧燕国海滨仙人发迹之地，又委派方士卢生入海求仙。

秦始皇为自己树碑立传，令丞相李斯代撰《碣石门辞》，刻到碣石山上。平心而论，所记这些功业，包括"堕坏城郭，决通川防，夷去险阻"等，应该属实，只是"男乐其畴，女修其业，事各有序"①的盛世景象令我存疑。

北巡回来，入海求仙的卢生也回朝了。卢生没带回什么长生不老药，但带回一个重要情报：他看到有本名为《录图书》的著作上写着："亡秦者胡也。"秦始皇火冒三丈："看谁亡谁！"立即下令准备北伐。

"亡秦者胡也"中这个"胡"字，可能指匈奴，也可能指秦始皇次子胡亥。从后来史实看，应该指胡亥。实际上此说本身可能也是后来编的。不过，即使如此，秦始皇的北伐并非多余。中原古代最大的外患，长期是北方游牧民族。他们时常南侵，宣称是夏王朝的后裔。北部与他

---

① 《史记》卷6，秦始皇本纪，"遂兴师旅，诛戮无道，为逆灭息。武殄暴逆，文复无罪，庶心咸服。惠论功劳，赏及牛马，恩肥土域。皇帝奋威，德并诸侯，初一泰平。堕坏城郭，决通川防，夷去险阻。地势既定，黎庶无繇，天下咸抚。男乐其畴，女修其业，事各有序。惠被诸产，久并来田，莫不安所。群臣诵烈，请刻此石，垂著仪矩。"

们在"河南地"（今内蒙古河套南鄂尔多斯一带）交界，距咸阳仅仅800里，骑兵一天工夫就可以直抵城下，真可能带来灭顶之灾。为此，秦始皇即令大将蒙恬率30万大军开始北伐。

始皇帝三十三年（前214年），倒计时8

秦始皇上任后颁布的第一批政令，就是统一原来六国各种制度，包括交通、文字、货币、度量衡、法律等。交通方面，拆除阻碍通行的关隘、堤防、城堡，新修以咸阳为中心的"直道"——相当于现代高速公路，向四面辐射，东达今河北、山东，南抵江苏、湖南，北通内蒙古的阴山。各道一律宽50步，两侧每3丈种一棵青松。秦直道与万里长城、阿房宫、秦始皇陵并称"秦始皇四大工程"。2000多年过去，我们今天仍然可以在内蒙古的包头和东胜看到两段秦直道遗迹。

直道开通后，秦始皇指挥开发"百越"——南方两大块蛮荒之地，一是"闽中地"，即现在的福建省及浙江南部；二是"陆梁地"，即现在的广东、广西及湖南、江西两省的南部。征逃亡者、赘婿、商人为兵卒，攻取南越（今岭南地区），设桂林、南海等郡，迁罪犯50万人戍五岭，与越人杂居。1974年，在广州发现一处秦汉时期造船遗址，并列4个造船台，滑道长88米，还有载重至少50吨的大木船，不难想见当时那里经济文化发达情形。这一年还在今广西兴安境内开灵渠，全长60余里，从而将长江水系与珠江水系贯通。该渠采用梯级船闸式，2000年后美国修巴拿马运河也采用这种方式。据悉灵渠保护完好，迄今仍发挥着效用。

蒙恬在北伐中收复河南地，自榆中（今兰州市城关区）至阴山设44县，又渡黄河占阳山。蒙恬率军驻扎上郡十多年，威震匈奴。为防止匈奴再侵扰，秦始皇又征大量民工，将燕、赵、秦的旧长城连接起来，形成西起陇西的临洮，东至辽东的"万里长城"。万里长城并非白手起家。战国时各国为防备北方骑兵，纷纷在边境筑有长城。现在秦加以利用，放弃内地长城，加修北方长城，特别是阴山山脉，将其与赵、燕长城连为一线。但并非真有"万里"，"万"只是比喻。

秦始皇在南、北两端同时发动战争，且兵分30万、50万是失策之举。百越并非单一国家，秦军分别驻5处，即今广西桂林、湖南南部、广东广州、江西南昌等地。越人"与禽兽处，莫肯为秦虏"。更糟的是北方人难以适应南方潮湿高温气候，再是江南草莽川泽多有毒动物也让北方人深感恐惧。司马迁到过南方，目睹过"江南卑湿，丈夫早夭"。古籍中不乏对南方的偏见，甚至说南方人"口舌为毒""与人谈言，口唾射人，则人胀胎，肿而为创"。1975年在湖北云梦出土的睡虎地秦简中，也发现一则以"毒言"为题的口供记录，可见当时当地有回避、预防"毒言"传染的习俗，违者被治罪。

"秦法繁于秋荼，而网密于凝脂"①，稍不小心就可能触犯刑法。对于罪犯，秦始皇不把他们关进牢狱，而利用他们做各种劳役，或者筑长城，或者作战。不过，2002年湖南龙山县里耶出土3.6万枚竹简，其中记录：某日，洞庭郡官府征发阳陵县12名犯罪男子服徭役，他们每日工资8钱，除去伙食费可余6钱。如果以赎金1344钱折算，只需服劳役224日可赎罪。②

---

① 桓宽：《盐铁论·刑德》。
② 《始皇帝的遗产·秦汉帝国》。

始皇帝三十四年（前213年），倒计时：7

秦始皇重视文化教育，曾聘70多位老学者，授以"博士"官衔；又为博士招2000多名学生，称"诸生"。他说，"吾前收天下书不中用者尽去之。悉招文学方术士甚众，欲以兴太平"①，为此"吾尊赐之甚厚"②。如果能长此以往，秦代历史肯定得改写。

一日，秦始皇在宫中宴请群臣。喝了些酒，有的人趁机拍马屁，有的却进谏。有个官员奉承说："平定海内……以诸侯为郡县，人人自安乐，无战争之患，传之万世，自上古不及陛下威德。"秦始皇听了很高兴。接着，博士淳于越却发表相反的意见：商周朝之所以长达1000多年，得益于分封子孙和功臣。如今皇上拥有天下，您的子孙却沦为平民，万一有人作乱，高官当中没有辅佐陛下的人，怎么挽救？"事不师古而能久长者，非所闻也。"③

显然，淳于越这话的出发点是为秦氏着想，只是太迂腐。古人如果真那么伟大的话，为什么那些朝代作古而不延续迄今呢？如果"二代"们真那么可靠的话，哪来那么多弑父抢班夺权之事？秦始皇听了淳于越的话怎么想不知道，反正不高兴，但他还不是太专断，只是命大家讨论。丞相李斯批驳淳于越，并提出建议：一是凡秦记以外各国史书全都焚毁；二是除博士外，其余人私藏《诗经》《尚书》百家诸语，限期送官府烧毁；三是谈论《诗经》《尚书》者判处弃市（在闹市执行死刑并暴尸街头），以古非今者判处灭族，官吏知情不报同罪；四是30日内不烧书的判处黥面（在脸上或额头刺字或图案，并染墨作为标志），处4

---

① 《史记》，卷6，秦始皇本纪。
② 《史记》，卷6，秦始皇本纪。
③ 《史记》，卷6，秦始皇本纪。

年劳役。但医药、卜筮、种树之书不烧。秦始皇同意，付诸执行。李斯反对以古非今不无道理，但为此大烧书显然"扩大化"，让2000多年后今天的我们读来还觉得恐怖。《剑桥中国史》认为："李斯只是反对士子们普遍地拥有和讨论这些经籍和著作。简而言之，焚书所引起的实际损失，可能没有像历来想象的那样严重……但是，焚书无疑具有深刻的心理影响。它使后世的文人对秦帝国产生了持久的反感。"[1]

这时令人恐惧的事还多，比如"指鹿为马"，或许表面看去波澜不惊，但它足以令人半夜醒来一身冷汗。

本年还有一件大事：将不依法办案和办案不实的狱吏贬去筑长城，或者守五岭。这条"新闻"自然很容易被前一条淹没。

始皇帝三十五年（前212年），倒计时：6

秦在兼并战争之时，每攻占一国就将该国宫室描画下来，然后在咸阳仿造一座，先后在渭河北岸200里间建了270座宫殿。如果能留到今天，肯定是世间第一文物。此外还有大量行宫，关外400多座，关内300多座。本年又开始兴建"阿房宫"。据记载，该宫用磁石做大门，以防私带兵器进入。然而，后来项羽一把火将阿房宫烧成灰烬。千年后的唐代大诗人杜牧吟一篇《阿房宫赋》，传唱千古。元代词人张养浩路经潼关，看到废弃的宫殿遗址，不禁长叹"兴，百姓苦；亡，百姓苦"，让我们迄今感慨不已。阿房宫的遗址，1992年被联合国教科文组织认定为世界上最大的宫殿基址，属世界奇迹。

与此同时，秦继续在骊山筑始皇的陵墓。据记载，该墓高50余丈，

---

[1] ［英］崔瑞德、［美］费正清等编：《剑桥中国秦汉史》，中国社会科学出版社1990年版。

周围5里余；墓基极深，用铜液灌注；墓中奇珍异宝，不可计数；以水银为百川江河大海，机械转动，以人鱼膏为烛；墓中特制机关弩弓。也许因为防卫太好，2000多年来没让盗墓贼得逞。1974年，几个农民不小心在墓东侧发现陪葬的兵马俑坑，就让全世界轰动。如今，兵马俑每天吸引着成千上万的海内外游人。

秦始皇继续大搞交通建设，命蒙恬修筑九原（位于今内蒙古包头市）至云阳（今陕西淳化）直道，凿山填谷800里，但数年未成。著名历史学家范文澜估计，秦时服役人数不下300万，而当时全国总人口大约只有2000万，大约每7人（包括老人妇女小孩）就得出一人，徭役多沉重！史书描述当时"赭衣（囚犯）塞路，囹圄成市"，全国变成一座大监狱。为了保证这么多重大工程建设，只得加重税赋，竟然"力役三十倍于古；赋，盐铁之利，二十倍于古。"[1]人们原以为一个大一统的新王朝会比原来好几倍，哪敢料想赋役加重二三十倍！另有记载："秦赋户口，百姓贺死而吊生。"[2]死比生更可喜，这是什么世道！

卢生访仙求药无果，没法交差，只好说有鬼作怪，请秦始皇低调些，所居也别让人知道，才能避鬼得仙药。对这样的谏言，不可一世的秦始皇倒是像个小学生，乖乖听话。从此，他自称"真人"而不再称"朕"，不再四处视察，行为诡秘，有要事只能进宫禀报。又将咸阳周围200里内270所宫观，以复道（上下双层道路）、甬道（侧面有墙遮蔽的道）相连，要汇报工作跟进迷宫一样，早上进去傍晚都出不来。

秦始皇偶然获悉：方士侯生和卢生背后议论他"刚愎自用""贪于权势""专任狱吏"，并相约逃亡。他这才发觉受骗，恼羞成怒，命

---

[1] 《汉书》卷24上，食货志上，4册。
[2] 《七国考·秦食货》。

人追查。诸生相互揭发检举，越扯越多，牵涉460余人。他又大兴土木，不过这回不是建筑，而是坑杀这数百人。连秦始皇长子扶苏也看不过意，说："儒生都是读孔子书的人，有人坏也坏不到哪去。如此残酷，我怕天下人寒心！"秦始皇听了很不高兴，命扶苏离京去前线监督蒙恬军。

始皇帝三十六年（前211年），倒计时：5

有人在东郡的陨石上刻了一条诅咒："始皇帝死而地分。"秦始皇追查无果，便将附近的百姓全杀了，并将那石焚毁。不过，专家学者认为此事也不可信。

这年一个秋夜，又有人拿着一块玉璧对过路的钦差大臣说："明年祖龙死！"祖龙指始皇帝。说完扔下玉璧，人就不见踪影。这大臣回去如实汇报。秦始皇听了不寒而栗，于是问卜，得卦"游徙，吉"3个字，连忙将3万人家迁到榆中。

始皇帝三十七年（前210年），倒计时：4

秦始皇忽然不怕鬼神了，又东巡，次子胡亥、丞相李斯和执掌车乘的宦官赵高等人陪同。至云梦（隶属今湖北孝感市）祀虞舜，然后沿江而下，经丹阳、钱江，到会稽郡（今浙江绍兴）祭大禹，在此眺望南海战场。也许，他还想继续南下，亲临指挥呢，却不料生病，只得中止，渡江北归。南北战争不了了之，匈奴退回蒙古高原，百越回归山岳地带，实际上基本达到目的。

想不到秦始皇病来如山倒，这年七月死于沙丘宫（今河北邢台市广宗县），时年仅49岁。秦始皇的妻妾没一个留下姓名，有儿子20多个。

死前，秦始皇遗嘱立大公子扶苏为继承人。可是赵高与蒙恬有怨，便与胡亥、李斯阴谋，篡改遗诏，赐扶苏和蒙恬死，由胡亥接班。李斯不愿干这种伤天害理的事，赵高便启发说："您的才能、功绩、人缘，还有扶苏对您的信任，比得过蒙恬吗？"李斯想了想，说当然比不上。赵高接着说："那么，扶苏即位肯定要让蒙恬当丞相，您顶多是荣归故里。胡亥厚道，他上去了肯定不会亏待您！"李斯贪图荣华富贵，便与他们狼狈为奸，炮制弥天大谎。

扶苏一见遗诏即要自杀，蒙恬则怀疑："陛下派我们率大军守边，这是天大的重任啊！今天只是来个使者，会不会有诈呢？等核实一下不迟！"扶苏却说："父亲叫儿死，还有什么二话可说？"随即自尽。蒙恬不愿自杀，被下狱，不久还是被迫吞药。

为防意外，李斯对秦始皇的死讯严加保密，棺材用锡密封，又载于一种封闭的车中，宦官与棺同车，进食奏事如常，并加载一石咸鱼"以乱其臭"。八月，诸人将秦始皇遗体送回咸阳，发布治丧公告。胡亥袭位，为二世皇帝，然后将秦始皇葬于骊山。

秦始皇陵在今西安临潼城东 10 里处，呈覆斗形，现高 51 米，底边周长 1700 余米。据勘测，秦始皇的棺椁在地下 30 米处，受温度变化的影响不会太多。有许多嫔妃和造墓工匠陪葬。我们今天能看到的兵马俑，只不过是这陵墓的一部分，被列入世界文化遗产保护名单。我联想更多的还是当时百姓的血与泪。如果皇陵不修如此豪奢，秦氏江山此时会突然步入倒计时尾声吗？

二世元年（前 209 年），倒计时：3

阴谋得逞，胡亥迫不及待地说："我已经拥有天下，想尽兴享受。"

赵高说："可以！不过，您继位的事，其他公子和大臣都有疑心，变乱随时可能发生。这种时候，陛下有心思享受吗？"胡亥一听，吓出一身冷汗，忙问怎么办。赵高出个主意："应该清除先帝时期的僚臣，换上自己的亲信。只有这样，陛下才能高枕无忧，纵情享乐！"

于是胡亥杀尽自己的兄弟姐妹，被牵连者不可胜数。然后外出踏春，理由是"先帝巡行郡县以示强，威服海内，我不能示弱"。东至碣石，抄一遍老爹的《碣石门辞》，再到江南会稽。继续修建阿房宫等。因为京都人畜增加太多，粮草不足，便令役夫不得食用咸阳300里范围内的粮食，都得自备。

秦始皇之死像一堵水坝崩溃，各地民变像洪流一样奔腾，势不可当。最早也最著名的是陈胜、吴广起义。胡亥征900名役夫去戍守渔阳，这批人行至蕲县大泽乡，天降暴雨，道路冲毁，眼看无法按期到达。法家是"重刑主义"，一般"重刑厚赏"或者"重刑少赏"，而秦王朝则是"重刑不赏"，非常严酷。像陈胜、吴广这样不能按期到达的，得处斩刑。在这种情况下，陈胜、吴广很自然地考虑：继续赴役肯定得死，造反可能死但也可能活，不如造反，便以公子扶苏的名义率众起事。百姓闻讯，如干柴烈火，"斩木为兵，揭竿为旗"，纷纷响应。

胡亥将怒火发泄到报告消息的官员身上，下狱治罪。从此官吏不敢如实汇报。事实上，陈胜、吴广们只不过是没经武装训练的农民，怎么可能是正规军的对手？10年前，秦灭六国，横扫中原，战斗力多强。然而，愤怒的百姓实在是太多了，很快增加到数十万，迅速冲破函谷关。直到民军距咸阳只差60里，胡亥这才如梦初醒，感到不妙，慌忙赦免骊山修墓的数十万刑徒，发给武器，鼓动他们拼死抵抗，迫使陈胜、吴广后撤。

秦王朝最彻底的终结者刘邦在沛县起事。他本来是秦的一个亭长（相当于现代行政村村主任），押送一批徒役到骊山修墓，因为途中逃跑者很多，跟陈胜、吴广一样考虑前去必死，不如一拼。

后来势力最大的项羽在吴中起事。项羽跟陈胜、吴广及刘邦不同，很早就有野心。当年秦始皇游会稽渡浙江的时候，他跟朋友去看热闹，竟然感慨说："我可以取代这皇帝！"他听说有民变，哪还坐得住。

原来齐、楚、燕、韩、赵、魏六国的后裔纷纷起事，自立为王，到处反叛。民军为增强号召力，纷纷以各种名义恢复被秦灭的六国，重现战国时代。历史上有两个楚怀王。这第二个指熊心，原楚国贵族，楚灭后隐匿民间。原楚国的项梁起事后，立他为楚怀王，即义帝，践行"楚虽三户，亡秦必楚"的誓言。

原魏国的孔鲋，是孔子后裔。当年焚书时，朋友说："秦要焚你祖先的书。你是这些书的主人，危险啦！"孔鲋说："我是个无用书生，知道我的人只有朋友。秦国人不知道，我有什么危险？"他将家里的《论语》《尚书》《孝经》等书藏在老房子的墙壁当中，然后隐居嵩山，教弟子百余人。陈胜起事后，他马上抱着礼器投奔，并成为陈胜的军师，后来战死。汉武帝"独尊儒术"时，《论语》《尚书》《孝经》等书找不到，但不久在孔鲋的旧壁中找到，"鲁壁藏书"成为一个典故。

二世二年（前208年），倒计时：2

进攻函谷关失败，吴广被同伙矫杀，陈胜也被自己的马夫所杀，但民军总体越战越勇。项羽和刘邦同归楚怀王麾下，连连克敌。项羽非常凶残，攻襄城时，竟然将守城的军民全都活埋。刘邦则相反，变得"财物无所取，妇女无所幸"，特别是入咸阳后"约法三章"，只要求杀人者死、伤人者刑及盗窃负罪三条，其余秦朝的酷法一律废除，深受当地官民爱戴。楚怀王与各路将领约定："谁先攻入关中，今后就由谁称王。"当时，秦军势力还强，没什么人抢先，只有项羽自告奋勇，还邀刘邦一起去。几位老将军分析："项羽这人强悍而狡猾，非常残忍，所过之处没有不屠杀的。我们应当派有德行的人去，不用武力就可以攻下。刘邦为人宽大，派他更合适！"怀王同意。

在民军步步逼近的时候，秦王朝内耗却加剧。胡亥惊慌失措，把怒发到李斯头上："你是怎么搞的？怎么现在到处作乱？"李斯怕了，应付说："只要层层加强督促，把皇上您的英明指示贯彻到位，没什么了不起的事！"于是，胡亥强调各级官员的执行力，能够多收税就是明吏，能够多杀人就是忠臣，导致路上到处是犯人，被处死的人成堆，加重了百姓的恐惧。胡亥转而重用赵高，赵高则想借刀杀李斯。赵高先是以安全为由劝胡亥深居后宫，然后鼓动李斯说："现在盗贼群起，皇上却依然横征暴敛，我想劝谏，无奈身轻言微，希望您能去劝劝。"李斯不知是计，叹道："现在我想见他一面也难啊！"赵高说："看哪天方便，我告诉您！"什么叫方便呢？胡亥与美女寻欢作乐的时候，赵高派人通知李斯说皇上有空，结果可想而知。一连3次败兴，胡亥大怒。赵高又挑拨说："改先帝遗诏的事，李斯也参与了。现在陛下当皇帝，可他没得什么好处，大概想要分封称王吧！他大公子李由是郡守，盗贼是他邻县人，所以他们来往很方便。我还听说他们有文书往来，没敢禀报。"胡亥听了这话，怒火冲天，马上派人将李由抓了。严刑拷打之下，李由不得不招认子虚乌有的通敌罪。

李斯吓坏了，一边上书反攻赵高有邪心，一边与副丞相冯去疾、将军冯劫联名进谏表忠，请胡亥减轻赋役，停建阿房宫，以争取民心。胡亥大发雷霆："群盗并起你不能阻止，先帝的工程你倒是想罢停。不能报答先帝，又不能为我效力，要你们这样的文官武将干吗？"于是将3人拿下问罪。赵高亲自审讯，连续笞打1000多下，李斯也不得不招。但他一回牢房就上诉，陈述以前的功劳，希望胡亥良心发现。赵高将他的上诉书扔在一旁，而胡亥派往三川调查的人跟李由一起被楚军杀了。就这样，一起冤案给坐实，冯去疾与冯劫被逼自杀，李斯与他的次子被腰斩，并诛三族。从此，胡亥将大小事委以赵高。

王朝内耗总是与其末日相伴。

二世三年（前207年），倒计时：1

秦军连打几个胜仗，20万军北上攻赵，将赵王围困在巨鹿。赵王派使者向楚怀王求援。宋义奉命率军救赵，到安阳再不能进。项羽主张立即渡河，与赵里应外合破秦军，宋义不服从，项羽将他斩杀。楚怀王封项羽为上将军，增加两军归其指挥。项羽先派两万人渡黄河（一说漳水），切断秦军运粮通道。然后，项羽亲率主力渡河，令全军将士破釜沉舟，每人只带3天的干粮，决一死战。结果，楚军个个士气振奋，以一当十，大败秦军，并于数月后迫使另外20万秦军投降，这标志着秦军主力尽丧。就此，项羽确立在各路民军中的统帅地位。

刘邦先后得郦食其和张良等谋士良将，虚心听取他们的意见建议，西进无往不利。秦军坚守蓝田关，刘邦采纳张良的计策，先派人前往劝降，诱之以利，然后趁其不备引兵出击，大破秦关。

与此同时，秦廷内斗更进一步。"指鹿为马"的典故就发生这时。这典故有两个版本，一是西汉陆贾记载：赵高驾鹿而行，胡亥问："你为什么骑一头鹿呢？"赵高说："这是一匹马。"胡亥说："这是鹿。"赵高说:"这明明是一匹马!如果陛下认为不是,请问大臣。"结果大臣中一半说是鹿,一半说是马。这样,胡亥连自己也不敢相信了,只能相信奸臣的话。二是司马迁记载:赵高带一只鹿献给胡亥,说:"这是一匹马。"胡亥笑道:"错了,这是鹿。"身边大臣有的沉默,有的迎合说是马,有的说是鹿。然后,赵高在暗中迫害那些说鹿的人,大臣从此都畏惧赵高。

胡亥终于意识到时局的危险性,怒责赵高:"你不是一次次说那些盗贼成不了气候吗?你看看现在到了什么地步!"赵高怕了,找女婿咸阳令阎乐商量,决定先下手为强。阎乐率军闯入宫中,直逼胡亥,斥责说:"陛下骄横放纵,滥杀无辜,众叛亲离。现在,您自己说怎么办吧!"胡亥明白怎么回事了,只得说:"我有罪!我禅让,做个郡王好了!"阎乐摇头。胡亥叹了叹,说:"那我只做个万户侯!"阎乐还是摇头。胡亥咬了咬牙说:"那我带老婆孩子去做个普通百姓!"阎乐听了大笑,一挥手,兵卒紧围而上。胡亥无奈,只得自杀。

然后,拥胡亥的侄儿子婴继位。但赵高说:"秦国本来一统天下。如今六国重新建立,秦也应当跟从前一样称王,不能称帝。"子婴自行贬称为"秦王",断了秦始皇的万世皇帝梦。

然而,子婴不是傻瓜。他对儿子说:"赵高杀胡亥,怕君臣找他算账,便诈名立我,我也朝不保夕啊!"这年九月,赵高派人通知子婴朝会百官,受玺即位。子婴称病,不能出门。赵高信以为真,前往探望,一进门便被杀,并夷三族。

前206年,倒计时:0

子婴杀赵高第二月是十月,因为秦以十月为新年第一个月,所以视为第二年。

子婴也许不凡，但为时太晚。继位第 46 天，刘邦的军队入京城。应该是不愿再连累百姓吧，子婴放弃抵抗，坐一辆白马素车，系一条白练，躬着身恭候在路旁，双手将那刻着"受命于天，既寿永昌" 8 个大字的玉玺呈递刘邦。强大无比的秦帝国仅存 15 年，便一去不复还。

后果：假如胡亥及时与"恩人"切割

只要某个关节点稍变一下，秦完全可能被项羽的楚所取代，也完全可能被陈胜吴广的张楚所取代，或者说秦始皇如果迟病一年，那么秦亡完全可能延迟一两年，子婴杀赵高如果不成功，秦亡也完全可能延迟两三年……历史的走向，与我们每一个人的人生一样，具有无数的可能。

《剑桥中国秦汉史》有专节"崩溃的原因"，归纳王朝崩溃的 5 个因素：一是道德方面，二是智能的缺陷，三是摒弃传统，四是社会因素，五是资源过分紧张。因此失败是不可避免的。

我的个人看法有所不同。宋武帝刘裕是南朝宋的开国皇帝，在位第三年就病死了。长子刘义符继位，却根本不把朝政放心上，而当时形势严峻，顾命大臣谢晦等人感到问题严重，便将刘义符杀了，改立刘义隆。刘义隆的皇位可谓捡来的，理当感恩戴德，然而他桥归桥路归路，将谢晦等人治罪，然后北伐南征，平息内乱，发展经济，开创"元嘉之治"。这不是孤例。此后十余年，北魏太监宗爱杀太武帝拓跋焘，改立其子拓跋余。拓跋余佯装胸无大志，暗中谋划。宗爱觉察后先下手将他杀了，然后立拓跋濬。拓跋濬吸取教训，继位后即杀宗爱个措手不及。拓跋濬在位13年，逐渐安定，病死后由其子拓跋弘继位，开创"孝文中兴"。如果胡亥能像刘义隆、拓跋濬，继位后华丽转身，不说盛世，保持大局稳定应该不难吧？

第二章
西汉末 10 年

提要

公元前 2 年—公元 8 年为西汉倒计时 10 年，汉哀帝刘欣沉湎于断袖之癖，引起君臣冲突。其后平帝刘衎年幼，皇太后王政君将权力委以王莽。王莽是个道德君子，朝野一致好评，强烈推拥他为"安汉公""摄皇帝"，一步步取代汉室。

假如王政君能像刘邦夫人吕雉，果断地选一个正常的皇帝，或者自己直接当政，都不至于走到末日。

前因：皇帝忙于同性恋

汤因比对刘邦评价非常高，多次谈到他，将他与罗马帝国的恺撒相提并论，称赞他们"把帝国体制从崩溃中解救出来，进行整顿，打下了长治久安的统治基础"①,甚至说"刘邦把中国人的民族感情平衡,从地方分权主义持久地引向了世界主义"。②

文帝刘恒、景帝刘启当政时期,从西汉高后八年(前180年),刘恒继位开始,至景帝后元三年(前141年)刘启去世,其间"无为而治",休养生息,税收为当时世界最低,刑制由野蛮转入较文明,被誉为"文景之治"。

武帝刘彻当政时期,从公元前141年继位开始至后元二年(前87年)去世,其间击败匈奴,奠定中华疆域版图;"罢黜百家,独尊儒术",儒家学说从此开始取得独尊地位,被誉为"汉武盛世"。

昭帝刘弗陵、宣帝刘询期间(前86—前49年),在大臣霍光尽心辅佐下,西域平定,社会矛盾缓和,儒法兼备,民生经济恢复发展,被誉为"昭宣中兴"。

这之后就糟了。特别是刘奭死后,太子刘骜继位,即成帝。刘骜生母王政君被尊为太后,外戚王氏家族开始登上政治舞台。刘骜生活荒淫,不仅宠幸赵飞燕、赵合德姐妹,还热衷于同性恋情,将朝政全委托给诸位舅舅。外戚权倾朝野,却没干什么正事。绥和二年(前7年),刘骜去世,由于没有儿子,只好让侄儿刘欣继位,即哀帝。想不到,让刘欣为后世所熟知的是"断袖之癖"。

谏大夫鲍宣上书直言,当时"民有七亡而无一得",即天灾、苛捐杂税、贪官污吏掠夺、豪强地主兼并、徭役误农时、地方杂差误生产、盗贼抢劫;另"有七死而无一生",即酷吏打死、判刑从重、陷害加

---

① [英]汤因比、[日]池田大作:《展望二十一世纪:汤因比与池田大作对话录》,荀春生、朱继征、陈国梁译,国际文化出版公司1985年版。
② 《展望二十一世纪:汤因比与池田大作对话录》。

罪、盗贼伤害、仇杀、饥荒和瘟疫。对此类谏，刘欣当耳边风。

所谓"独尊儒术"，使西汉既继承了暴秦的政体，又避免了亡秦的命运，但带来了灾难性的副作用。朝野都特别热衷于"天人感应""五德始终"之类，与两汉兴衰有着直接的关系。如刘恒就曾"罪己"说："朕闻之，天生民，为之置君以养治之。人主不德，布政不均，则天示之以戒不治。"[①]更甚者是朝野都深信：尧的后代刘姓一定会禅让给舜的后代，火德终究被土德取代，这是不可违的天命。大臣谷永给成帝上书，严厉地教训道："天下乃天下之天下，非一人之天下也。"[②]

建平二年（前5年）六月，大臣夏贺良上奏说："本朝历法已衰，应当重新受天命。只有改年号，才可以让皇上延年益寿，生养皇子。"刘欣竟欣然采纳大汉天命已尽的说法，改元并改称"陈圣刘太平皇帝"。

然而，刘欣的病依然不好，皇后仍然无孕，天灾则照旧接连不断。派人一查，发现夏贺良等人是骗子，刘欣便以妖言惑众罪将他们处死，新的年号用不到两个月也废止。

最大看点：热烈吁请篡汉

元寿元年（前2年），倒计时：9

中国同性恋有两个著名典故，一是孔子时代卫灵公"分桃"，再就是这时期的"断袖"，说刘欣常与他的男宠董贤同卧同坐。有次午睡，董贤头枕了刘欣的衣袖，刘欣不忍惊醒董贤，截断衣袖才起身。

---

① 《汉书》卷4，文帝纪，4册。
② 《汉书》卷85，谷永传，6册。

董贤得宠日甚，难舍难分，刘欣便诏董贤之妻到宫中，又封董贤之妹为昭仪，地位仅次于皇后。提拔董贤的父亲担任少府，赐爵关内侯，后迁卫尉；董贤的岳父任大将，内弟任执金吾，连董家仆人都受赏赐。董贤穿衣级别仅次于皇帝。前一年，刘欣想给董贤封侯，正愁没理由的时候，有人通过董贤控告东平王之妻在祭祀时利用鬼神降祸于所憎恶之人，被告认罪。就凭这"功劳"，刘欣封董贤为高安侯，食邑1000户，不久又增封2000户，惊动朝野。①

大年初一发生日食，在当时看来是件非常令人不安的事。刘欣让大家说说看法，大臣纷纷借机发泄对董贤的不满。有位大臣说："日食是阴犯阳。如今各外戚，不论贤能还是败类，都身居要职。今天是任命大司马和将军的重要日子，发生日食，显然是上天昭示圣君快省悟。"有的大臣说更直接："我在元旦摔个碗都心惊肉跳，何况日食！白气犯阳，连阴不雨，说明上天忧没消，百姓怨未解。天下贡献，当奉养一国之君，如今却尽奉董贤，会顺天意和民意吗？"

刘欣不仅没收敛宠爱，反而假托太后遗诏，要增加董贤采邑2000户。丞相王嘉生气，将诏书退回，劝谏说："如今大家都怨恨他，陛下应适当回避才是。"刘欣大怒。马上有人落井下石，弹劾王嘉欺骗圣主，建议治死罪。只因有人说情，才改为恩赐鸩酒。王嘉将送来的鸩酒当场摔了，怒道："我身居堂堂三公之位，如果有负于国，理当在都市伏刑受死，以示万众，怎么能像小女人喝毒药？"说完，主动到廷尉官府受刑。审讯官问："你到底有什么罪，总不能平白无故下狱吧？"王嘉说："身为丞相，贤能的人不能举荐；奸恶的人，比如董贤父子，却不能罢

---

① 《汉书》卷93，董贤传，6册，"复益封贤二千户。"

黜。我罪当死，死无所憾！"随后绝食而死。刘欣的舅舅、大司马丁明对董贤表示不满，而同情王嘉，也被免官。

这年末，刘欣又要提拔董贤为大司马。有人上书说："从前孝文皇宠邓通，不过是上大夫。如今董贤无功封侯，位同三公，朝野意见多多，实在不符天意！"刘欣没采纳他的意见，只是没治罪。

元寿二年（前1年），倒计时：8

为董贤，刘欣不惜与越来越多的大臣公开对抗，甚至在宴会上公然说要把帝位禅让给董贤。真不敢想象长此以往要发生什么样的冲突。所幸这年六月，年仅24岁的刘欣突然死了，这场冲突没引起更多流血。当时，玉玺在董贤手上。大臣王闳持剑走到董贤面前，威胁说："你还捧着玉玺干什么呢，要等着大祸临头吗？"董贤毕竟不是政客，没有借题发挥，老老实实等着王政君来收拾局面。太皇太后王政君来了，问如何安排丧事。董贤回答不出，王政君便说："王莽处理过先帝丧事，我令他协助你。"第二天，以王政君名义下诏："自从董贤入宫以来，阴阳不调，灾害并至。现收回大司马印绶，令董贤罢官回家。"然后，王政君诏"公卿举可大司马者"，结果"举朝皆举莽"。于是，由王莽接过了董贤手上的玉玺。

不可忽略一点：王莽是被刘欣逐出的。刘欣死时年仅24岁，而王莽已44岁，在当时已属老人。如果不是刘欣意外死了，王莽连重返朝中的可能性都很小，更别说后来取代汉帝。

董贤感到更大的祸还等在后头，当日与妻自杀。王莽怀疑他假死，派人开棺验尸。董家心虚，连夜将他们夫妇埋了，一家人慌忙逃亡。长安城中百姓闻讯，到董贤宅第门前哭闹，要求分他家财产。朝廷立即派官员抄其家,所抄资产富可敌国。

当时有一大美女,即大名鼎鼎的赵飞燕。赵飞燕美丽异常是肯定的,虽然没能跻身中国古代四大美女之列,但与其中一大美女杨玉环平起平坐。宋时大文豪苏轼吟道:"短长肥瘦各有态,玉环飞燕谁敢憎。"从此中国成语多一条"玉环飞燕",形容女子各有各的美妙。赵飞燕出身平民,生下就被抛弃,3天后侥幸还活着才被抱回,后来成为歌伎,再后来成为汉成帝刘骜第二任皇后,接下来被刘欣尊为皇太后,再接下来又不幸了。因为刘骜死得非常突然,连传唤太医的时间都没有,引起诸多怀疑。追查皇帝起居,当夜妃子赵合德羞愧不已,饮药自杀。有的大臣不解恨,要进而追究赵合德的姐姐赵飞燕,刘欣没同意。现在刘欣一死,王莽旧事重提,说她们姐妹专宠专行,杜塞后宫侍寝进御之路,残害灭绝皇帝后嗣。为此,贬赵飞燕为孝成皇后,打入冷宫。

刘欣死后一个月,王莽选择时年8岁的刘箕子(后改名"刘衎")继位,即汉平帝。

元始元年(公元1年),倒计时:7

王氏家族权倾朝野,先后有9人封侯,5人为大司马,西汉数其最显贵。族人大都生活侈靡,声色犬马,只有王莽例外。

王莽父亲早死,没轮到封侯,家境孤贫。王莽以孝母闻名,又博学多览,为人谦恭。他对家里人要求十分严格。有一次,众官上门探望他母亲,见他夫人穿着简陋,还以为是奴仆。对社会,王莽则十分慷慨。他常把自己的俸禄分给门客和平民,甚至卖掉马车接济穷人。朝野都称颂他,名声很快超越那些大权在握的叔伯。本年初,大臣上书盛陈王莽功德,建议像周王敬重周公一样,加封王莽"安汉公"尊号,意思是他使汉朝得以安宁。王莽谦让说："我与孔光等人一起制定国策，希望能表彰他们的功劳，不要提及我！"王莽一连推让4次，甚至称病不朝，"抗议"表彰自己。王政君只好先提拔孔光等人，王莽仍不肯上朝。群臣又上书，要求及时封赏首功，不要让民众失望。于是，王政君直接任命王莽为太辅，权力几乎与皇帝相当，称"安汉公"，增加采邑民户2.8万。王莽这才上朝，但辞退所封的采邑，并建议褒扬赏赐宗室和群臣。王莽说："愿须百姓家给，然后加赏。"①这话说得多么感人啊，与范仲淹那句名言"先天下之忧而忧，后天下之乐而乐"异曲同工。王莽声誉又提升一大级，皆大欢喜。如此善于"为人"，简直令人叹为观止！太后下诏说："今后除了封爵大事，其他事一律由安汉公断决！"

王莽在本年主要做了4件事，一是尊孔崇儒，封周公后裔公孙相如为褒鲁侯，孔子后裔孔钧为褒成侯，追谥孔子为"褒成宣尼公"。"褒成"是古国名，"宣尼"是谥号，"公"是爵位。这是孔子第一个封号。二是改革官道制度。秦时开始设"国道"。汉长安城内有未央宫、桂宫、长乐宫、北宫、明光宫，西城外有建章宫。这些宫殿群里，有街道相通，还有复道相连。汉武帝开始，驰道中央3丈之路神圣不可侵犯，影响市民交通。现在，王莽予以罢除。三是宽待女性囚徒，凡女徒论罪已定均放归家，令每月出钱三百，雇人服役。四是完善农业机制，设大司农部丞13人，专门负责农业发展工作。

元始二年（公元2年），倒计时：6

郡国发生严重旱灾和蝗灾，百姓四处逃难。王莽捐钱百万、地30

---

① 《汉书》卷99，王莽传上，6册。

顷，由大农司分发给灾民。公卿们为王莽所感动，纷纷向他学习，先后有230人捐田捐房屋，连王政君也省下自己"汤沐邑"10个县交给大司农。同时，王莽派出官员巡视，百姓捕蝗交上，按数给钱。皇家园林呼池苑被撤，改为安民县，招募灾民迁徙那里，政府发给田宅，借给犁、牛、种子和粮食。还在长安城中开辟新区，建住宅200所，专门安置贫民。

王莽有太多人拥戴了，可也陆续有人深感不安，或公开表露，或拂袖而去。跟王莽对抗的没好下场，分道扬镳则礼遇。这年又有两位大夫辞官，王莽以太后令的名义安慰说："朕不忍用公务拴住你们，你们安心颐养天年去吧！"给予优厚赏赐，并送他们回家。南昌尉梅福感到王莽必出乱子，有天丢下官府和妻儿不知所往。人们传说梅福成了神仙，也有人说他改名换姓在吴城市场当门卫。古代吴城在江南就有几个，不知指哪。我老家福建泰宁旧县志写梅福在城北居炼丹，上清溪及栖真岩名由此而来，还有板有眼地写着："今丹炉尚存。中有朝斗石、采药涧。"我曾经去那里寻觅过，遗憾没收获。

委派钦差大臣44名，持节巡视守边的士兵。针对匈奴大量接收逃亡的百姓，王莽派员出使，约法四章：今后凡汉人、乌孙人、西域各国佩汉印绶者及乌桓人逃入匈奴，不得接纳。

有个叫成重的江洋大盗带着200多名徒弟四处为害。王莽派员去招安，让他们改邪归正，发给田宅，其余均还本乡。

元始三年（公元3年），倒计时：5

皇帝刘衎只有11岁，皇后未立，嫔妃也空缺。于是决定为他选12个女子，条件是商、周天子的后裔，或周公、孔子的后代，或在长安的列侯之女。王氏家族有多名女子名列其中，包括王莽之女。王莽谦逊说："我女儿才质下等，没资格跟她们排一起！"王政君下诏说："王氏女子是我娘家人，就不参选了！"激起朝野不满，平民、诸生和官吏在宫门外上书，公卿大夫"强烈请求让安汉公女儿母仪天下"。王政君只好顺从民意，不知是不是真的逆王莽之心。

王莽继续推进社会经济文化改革，推出吏民养生、送终、嫁娶、奴婢、田宅等方面的新制度，确立帝王祭祀的社宫，在郡国、县邑、乡村层层设学官，配备经师。注意：王莽登帝前后改革的内容大不一样，之前这些改革都不伤害谁的利益，纯粹是好事。

王莽的心腹陈崇与张竦写一封奏疏，对王莽功业进行一次大总结：一是讨伐叛贼，堪比周公诛管蔡；二是当年因忠言被刘欣逐回，堪比伍子胥、屈原被流放；三是罢斥董贤，堪比姜子牙辅佐周武王；四是女儿被纳入宫而不受赏，堪比舜帝功成不受奖；五是勤俭节约、赈济贫穷，等等，堪比……总之，王莽集尧舜禹三代之功于一身，不似周公，胜似周公，理当突破"非刘氏不王"之限。此文长达2500多字，在古文当中罕见之长，却全文收入《汉书》，令人叹为观止。

外戚政治的危害，刘邦夫人那时开始出现。出于同样考虑，王莽不许刘衎母子见面。王莽的儿子王宇认为这样不妥，但又不知道怎样劝阻。王宇的老师吴章出个主意："你父亲不喜欢进谏而好鬼神，可用怪事吓唬他！"于是，王宇指使大舅吕宽，半夜将狗血洒在王莽府邸门口，但被发现。王莽大怒，将王宇赐死。儿媳吕氏因为怀孕，产后再杀。吕宽潜逃不久被诛杀，并灭三族。不仅如此，还进而逼敬武公主等上百人自杀。前些年，王莽另一个儿子王获因为杀一个奴婢，已被他逼迫自杀。

这事又让朝野震惊。有人赞美王莽大义灭亲，也有人因此看透王莽。北海郡有个小吏叹道:"三纲绝矣!不去,祸将及人。"说着解下官帽挂在城门上,拂袖而去。

元始四年(公元4年),倒计时:4

王莽依然如旭日冉冉上升。女儿正式册立皇后。又有大臣称颂王莽的功德,建议增加王莽的封国,让他像周公一样荣光。对此,有官民8000多人响应,实在是一大奇迹。

很可能连王莽自己都不敢相信这是真的。有道是"恭敬不如从命",他只得笑纳。于是,上年陈崇与张竦关于突破"非刘氏不王"之限的呼吁有了结果,王莽加号"宰衡"。因为周公为大宰,另有夏末商初被誉为中国历史上第一个贤能相国、帝王之师伊尹是"阿衡",合二为一,无上荣光。

王莽又拒绝封地,只要精神嘉奖,不要物资鼓励。为此,又有大臣上书:"不受千乘封地,推辞万斤黄金奖励,就是周公也没这么大公无私啊!应当把这种精神广为宣传,让天下妇孺皆知!"这奏书得到批准实施,举国上下迅速掀起向王莽学习的新高潮。然而,孔子的14世孙、大将军、丞相孔光感到不寒而栗,辞职回乡。王政君挽留说:"辞官就不必吧!你可以不必上班,隔10天入宫一次就行。宫里准备几案、手杖,你可以享受特殊待遇。"孔光晋升太傅、太师,但第二年还是称病辞归了。

王莽继续推出一些改革措施。如诏令妇女非自身犯法,及男子80岁以上7岁以下,如果不是朝廷指名特捕,不得囚禁;派遣8名官员分赴各郡国考察民风;创立明堂(天子举行重大典礼的地方)、辟雍(天子所设大学)、灵台(天子望气之台);为学者筑舍上万区;编印《乐经》;增加博士数名,征天下通经教授11人,还征得古籍、天文、月令、兵法、史学方面人才千余及治河技术员百余。

王莽派员带着金银招安塞外羌人。使者回来汇报说:"太皇太后圣明!安汉公至仁,天下太平,五谷丰收,有的禾苗长到一丈多高。4年来,羌人日子过得可幸福啦,十分感激大汉的英明领导!特此献地一块,略表谢意,恳请笑纳!"话说到这个份上,王莽不好意思不接受,于是在那里设西海郡(今青海湖等地),并新增50条法律,将全国各地成千上万的罪犯强行集中到那里去劳动改造。因为那里太艰苦,"民始怨矣"——王莽的人气开始负增长了!

元始五年(公元5年),倒计时:3

年初诏选郡国有德者为师,加强宗室子弟的教育。同时向全国招聘通晓逸经、古记、天文、历算、钟律、小学、史篇、方术及《五经》《论语》《孝经》《尔雅》的老师数千,到首都任教,待遇优厚。

群臣议论:"周公摄政7年,制度始定。如今安汉公辅政才4年,天下就礼乐融融,一点也不比周公逊色。"官吏和平民计有48万人陆续上书,诸侯王公和皇族们则直接上朝叩头,一致请求加赏"安汉公"。

派往各地了解民情的风俗使回到长安,带回各地歌颂王莽的民歌3万多字。1980年,考古工作者在未央宫前殿遗址发现100多枚火烧过的木简,残片上有"嘉禾、灵芝并见""五枝合为一心""葛根下有铜""礼乐长常甘露下""瑞十二""瑞五十九"等文字,很可能就是这批风俗使带回的成果。[①]

---

① 张向荣:《祥瑞:王莽和他的时代》,上海人民出版社2021年版。

全国没有称颂王莽的地方官仅两人，马上被弹劾："公孙闳伪造不祥信息，班稚拒不汇报祥瑞，是因为他们嫉恨圣政，应当予以严惩！"公孙闳时任琅琊太守，人家汇报工作喜气洋洋，他却汇报什么大灾大难。班稚是班彪之父、班固祖父，时任广平相，别的地方都采集到一叠叠颂诗，他却一首也没有，幸好在上头关系硬。太皇太后亲自说情："班稚是后宫班婕妤的家人，也是我喜欢的人，你就饶了他吧！"结果，公孙闳被杀，班稚谢罪后辞职，但食故禄终身。

王政君下诏给王莽赐九锡。九锡是帝王赐给诸侯、大臣有殊勋者的9种礼器。这些礼器一般只有天子才能使用，加赐大臣表示最高礼遇。不过，九锡之礼究竟怎么回事，谁也说不清楚，只是《周礼》中有"九仪之命"四字记载。但这难不倒王莽及刘歆等儒士，大胆而富有想象力地创制。此外，明堂、辟雍、灵台、祫祭等儒家道具及典仪也失传，都得靠这批人重新创研制作。在为儒家传承办实事方面，王莽比孔子贡献大多了。从此，一代代儒士只要照搬照套就是。

这年末，刘衎突然死了。《资治通鉴》认为王莽在酒中下了毒。[①]

刘衎死的时候才14岁，没有太子，群臣想在刘询曾孙5人中推举一人，王莽说5王都是刘衎的兄弟，不能为帝，应在刘询玄孙当中选。刘询玄孙有23人，却挑一个襁褓中的刘婴为嗣，理由是卜卦他最吉利。

刘婴离不开照料他的保姆，更需要帮他当政的周公。大臣纷纷推荐安汉公升为摄政王，代天子行政。这时，有人报告从水井得到一块白石，上有朱红字："宣告安汉公王莽为皇帝。"王政君说："这是骗人的，不能听！"可是大臣说："事已至此，只能这样了！王莽不敢有太

[①]《资治通鉴》卷36，汉纪28，2册，"时帝春秋益壮，以卫后故，怨不悦。冬，十二月，莽因腊日上椒酒，置毒酒中。"

多想法,只是想用摄政来加强权力,稳定天下。"王政君还有些犹豫,征求意见。群臣便建议制定一系列规矩,如王莽的车驾出入等全按天子礼仪执行,祭祀辞称"假皇帝",臣下和平民称他"摄皇帝",他自称"予",在朝见太皇太后、皇帝和皇后时则只能用臣下之礼。这样一变通,王政君准奏。

居摄元年(公元6年),倒计时:2

王莽一路飙升,终于有人公开说不。安众侯刘崇与他的大臣张绍密谋说:"王莽明显是在篡夺汉室,人们意见很大,但没人敢站出来,实在是皇室之耻!我如果率先站出来,天下人肯定纷纷响应!"没想到,只有100余人响应,进攻宛,连城门都没摸着。

更想不到的是:张绍的堂弟张竦和刘崇的远房伯叔刘嘉怕受株连,主动到官府自首。王莽赦免他们,没给治罪。张竦感恩戴德,代刘嘉写奏章歌颂王莽,痛斥刘崇,说:"我要为皇族带个头,父子兄弟背着箩筐,扛着铁锹,到南阳去掘刘崇的宫室,作为污水池。刘崇的土地神社,要像亡国的宗社一样毁掉,分给各王侯,作为永久的警示!"王莽看了非常高兴,立即封刘嘉为率礼侯,他7个儿子为关内侯。长安人编歌谣:"想封侯,找张竦。拼命斗,不如巧上奏。"从此有条不成文法,把谋反者的房屋掘成污池。

不仅如此。群臣上奏说:"刘崇等人反王莽,说明王莽的权力还小,应当再提升,他才能镇服天下。"于是,王政君令王莽在朝见她的时候也自称"假皇帝"。

倒计时至此,仍然看不到明显的末世景象,好奇怪!这是因为,这个末世的朽气被勃勃的生机所掩盖。

居摄二年（7年），倒计时：1

刘崇的号角还是唤醒了一些人。趁京城忙于科举，东郡太守翟义率众反王莽。翟义控制当地的战车、骑兵和弓箭手，征募勇士，拥严乡侯刘信为天子，自号大司马、柱天大将军，向全国各地发文告说："王莽毒杀平帝，摄居皇位，想要灭汉。现在真天子已立，让我们共同代天行罚！"各郡国震动，很多人响应，民军很快增至十余万。趁官军主力向东镇压之际，京城附近的豪杰赵朋等人也起事，从西面直攻长安，在未央宫前殿就可以望见战火。同年底，翟义战败而死。

王莽惶恐不安，饭都吃不下。王政君很同情他，对左右说："人同此心，心同此理。身为一个女人，我也知道他现在心里多难过。"王莽一方面拜孙建、王级等人为将军，委派他们去镇压反叛；另一方面日夜抱着刘婴到郊祀祭坛和宗庙祷告，沉痛地对群臣说："遥想当年，周公代理朝政，管叔和蔡叔发动叛乱，现在翟义效仿。连周公那样的大圣人都难免这种事，何况我这样的小人物呢？"王莽这话博得同情，群臣说："没有这样的灾难，不能显示您的圣德啊！"王莽的话很睿智，大臣的话很到位，一唱一和，轻易将一场兵谏危机化解为显圣的大喜事了。王莽又仿《周书》写一篇《大诰》，词句几乎一一对应，明文宣布一定会像周公那样将权力归还，派人传布全国。

居摄三年（8年），倒计时：0

年初赵朋等民军也败。王莽依周制设五等爵位，大封平叛功臣，然后清算首逆，派人挖翟义的祖坟，夷三族。皇宫卫士张充等6人谋划劫持王莽，准备改立刘询的曾孙刘纡为帝，没来得及行动便东窗事发，被杀。

这年底，呼吁王莽当真皇帝的人倒是增多。临淄亭长辛当，夜里梦见天使对他说："摄皇帝当为真皇帝。如不信，亭中新井便是证。"第二天早晨起来一看，亭中果然出现一口百尺深的新井。长安举子哀章，私制一个铜匮，上刻"王莽为真天子"谶言，趁黄昏交给太祖庙门卫。守庙官报知，王莽赶往一看，果然如此。

第二天，王莽率群臣入太祖庙拜受金匮，回未央宫就端坐前殿天子位，发布文告说："我很敬畏天命，现在汉高祖在天之灵命我受皇位，我敢不接受吗？"①一副很无奈的样子。须知道，汉人是非常信鬼神的。当时每月祭祀一次高帝庙，每次都要将刘邦生前的衣冠从庙中请出来，有模有样地巡游一番，跟生前巡视一样。现在说刘邦亲自禅让王莽，没几个人不信。随即宣布改国号为"新"，废刘婴为定安公。狼要吃羊总是有理的，政客要食言更是堂皇。上年说会还权的《大诰》墨迹未干，就被"上天"彻底改了。

这次"禅让"，多难得！第一次是舜帝禅让大禹，不过，那一次只是传说，这一次是实打实的。有了这第一次，以后就常见了。

王莽披上黄袍后，派人去向太皇太后王政君索要传国玉玺。王政君这才觉得上当，气得要命，不肯给，边哭边骂："你们几代人依靠汉家富贵，不但没回报，反而利用托孤夺权，连猪狗都不如，天不会容！你要当新皇帝，自己去做新玺啊，干吗要这个亡国玺？我是汉朝的老寡妇，我要这玺殉葬！"经再三劝说，她还是一肚子气未消，将玉玺一扔，玺钮上的蟠龙摔掉一个角。不过，好歹她还是接受了"新室文母太皇太后"的新职。文母本指周文王之妻，不是俗人可以企及的。

---

① 《汉书》，卷99，"赤帝汉氏高皇帝之灵，承天命，传国金策之书，予甚祗畏，敢不钦受！"

相对而言，王莽篡权总体算是平静，之后十来年也没发生一起针对他的反叛或民变，表明朝野都比较乐于接受这次和平过渡。这在中国历史上是唯一一次基本没什么流血的改朝换代。

董仲舒们花多少力气才将皇帝包装为"天子"，王莽不费吹灰之力就将这个神话给戳破了，眼睁睁看着将一个凡夫俗子吹捧上天。从此，想当皇帝的人只会更多不会更少。

后人对于王莽的人品争议很大。北京大学历史系教授刘华祝说："班固借用《论语》的话，说王莽'色取仁而行违'，但通观《汉书》可以看到，王莽代汉而立的前后，其人格还是比较一致的。"① 实际上，西汉有比秦更残暴的一面。当时大儒扬雄支持王莽，就是以周政反对西汉延续秦政。汉朝在历史上名声并不太好，总让人联想强秦，只是到清朝才开始转为正面形象。

后果：假如王政君负起责任来

西汉之亡，不假思索便能看出是几个皇帝太小的问题，不然不会给王莽机会。但这样的反思没意义。可以说根本的问题在于王莽，如果他能像前辈霍光那样，不仅不会篡汉，还可能开创盛世。可我还是更愿意从统治者王政君的角度考虑。

王政君是刘奭皇后，刘骜生母，刘欣奶奶，是中国历史上寿命最长的皇后之一，其身居后位（包括皇后、皇太后、太皇太后）长达61年，历史给足了她机会。然而，夫君刘奭没成明君，儿子刘骜也没成明君，

---

① 卜宪群：《中国通史》，卷2，华夏出版社2017版。

那都属于本章倒计时之前，姑且不计较。问题是步入倒计时之后，她仍然长时间大权在手，却没有作为，不仅没能挽救汉室，反倒有意无意帮着篡汉者王莽。她有太多普通人那种自私与善良，偏爱侄儿王莽，也偏爱后宫家人班稚（当然班稚无辜），没有原则立场。即使看出白石上"宣告安汉公王莽为皇帝"的文字不可信，嘴上说"这是骗人的，不能听"，却不能坚持，让舆论牵着鼻子走。直到王莽登基废汉索要玉玺，悲愤不已，她也只是砸玉玺发泄一下。刘邦在天之灵看了，非气吐血不可。

假如这时碰上刘邦之妻吕雉，历史恐怕不是这样。吕雉有智慧，虽像武则天一样心狠手辣，名声不好，但政绩显著。刘邦原来只是个乡下流氓小混混，吕雉为他造反夺权立下汗马功劳。历史学家吕思勉说：

> 汉高祖东征西讨，频年在外，中央政府所委任的，却是何人呢？幸而他的皇后吕氏是很有能力的……所以高祖死后，嗣子惠帝虽然懦弱，倒也安安稳稳地做了七年皇帝。惠帝死后，嗣子少帝，又做了四年。①

吕雉先后掌权达 16 年，认真贯彻执行刘邦的遗嘱，继续重用萧何、曹参、王陵、陈平、周勃等能臣，继续奉行"无为而治"国策，在政治、经济与文化各方面均取得进一步发展，为"文景之治"奠定了坚实的基础。司马迁将她列入记录皇帝政事的本纪，说她"政不出房户，天下晏然。刑罚罕用，罪人是希。民务稼穑，衣食滋殖"②。

---

① 吕思勉：《中国通史》。
② 《史记》卷9，吕太后本纪，1册。

如果王政君像吕雉，这最后 10 年她应该会果断地选一位成年且心智正常的皇帝，或者自己直接当政。应当承认王莽相当优秀，对这样的人才应当重用，但也应当有底线。已经看出他的野心，并有人公开站出来说不的时候，她完全可以借助内外力量控制王莽进一步篡权，挽救时局。可她没有，一步步退让，一次次默认，眼睁睁看着事态发展到不可收拾的境地。没有成年的皇帝，也无具有从政能力的太后，却有怀异心的能臣，这样的政权能生存下去岂非怪事？

第三章

新朝末 10 年

提要

公元 14—23 年为新朝倒计时 10 年，王莽掀起史无前例的大改革，方方面面全盘照搬照套古书"周政"，引起上上下下、里里外外大混乱，又逢天灾，饥民纷纷揭竿而起，贵族官人也卷入，烽火连天，王莽直接被杀。

假如王莽能像武则天那样"乱上而不乱下"，不要弄得"天下骚动"，那么旺的人气何至于迅速冰冻三尺？

前因：照搬照套古典的大改革

读本卷有一点别样的滋味，就是《桃花扇》中那句"眼看他起朱楼，眼看他宴宾客，眼看他楼塌了"，前一章是王莽起他的新朝朱楼，这一章就是他楼塌。

王莽代汉建立新朝，取年号为"始建国"。这显然是模仿"始皇帝"，此后为始建国二年、始建国三年以至永远。然而，新朝也像秦朝一样十几年便夭亡，比秦更狼狈的是亡在开国皇帝王莽自己手上。

不少史书将王莽新朝忽略不计，我认为不该，所以专写一下新朝之末。

新朝开国皇帝王莽与中国历史上所有开国帝王都不同，他是被朝野一步一步推举上台的。王莽在做"假皇帝"的时候提出："为市无二贾，官无狱讼，邑无盗贼，野无饥民，道不拾遗，男女异路。"① 卜宪群《中国通史》评论：

> 这其实就是王莽的终极理想，他想要按照经书，建造一个小康社会，甚至于建造一个人人平等的大同世界。这种理想，不只是让天下儒生为之倾倒，也几乎激励了各个阶层的民众。②

试想：还有哪一个开国帝王拥有这样的"人和"？仅公元5年，就有官吏和平民48万多人陆续上书请求给王莽加赏，认为他赛周公。第二年安众侯刘崇号召阻止他"篡汉"，却只有100余人响应，连城门都没摸着就被平息。从现代角度看，可以说新王朝的来源是最合法的，无可比拟。王莽真实地开创了中国历史上"禅让"的先河。

始建国元年（公元8年），王莽的政权建立，国号为"新"。这个"新"字，让王莽的心迹昭然若揭。王莽立志按照周公、孔子们的理想，创建一个崭新的美好天下。2001年在长安城四号遗址发现一枚玉牒残

---

① 《汉书》卷99，王莽传上，6册。
② 卜宪群：《中国通史》卷2。

片，残留 29 个字，如"万岁壹纪""作民父母""退佞人奸轨""延寿长壮不老""封亶泰山新室昌"，从末尾几个字可知这是王莽所制，可见王莽的心愿：新朝要万岁，要爱民如子，要警惕小人，要长生不老，要像秦始皇、汉武帝那样有成就有资格上泰山封禅……

皇位到手，王莽甩开膀子大干。他像孔子一样决心拯救"礼崩乐坏"的现实，但比孔子更幸运，因为他谋到帝王之权。王莽雄心勃勃地将伟大的理想付诸实施，仿照周朝制度开始推行一系列新政。从始建国元年四月至二年十一月，先后推出王田制、"六筦"制、禁止奴婢买卖等新政。

人算不如天算。踩在悬崖边上的王莽，说不清踩失了哪一脚，人气像气球一样转眼间破灭，坠入倒计时。

最大看点：满手好牌给打烂

天凤元年（公元 14 年），倒计时：9

这年气象反常，夏四月降霜，冻杀草木。六月本当碧空万里，却黄雾四塞。七月天，大风拔树，刮飞北阙直城门屋顶上的瓦片，冰雹砸死了牛羊。

这年是王莽始建国天凤元年，本来他信心满满，决定只用一个年号"始建国"传之万亿年，无奈国势越发不如人意，只得改了。步入新的纪年，王莽心情好多了，不仅大赦天下，而且宣布二月开始巡狩之礼，随从官员自带干粮，不给地方添麻烦。他具体说：

予之东巡，必躬载耒，每县则耕，以劝东作。予之南巡，必

躬载耨,每县必薅,以劝南伪。予之西巡,必躬载铚,每县则获,以劝西成。予之北巡,必躬载拂,每县必粟,以劝盖藏……①

这话像《诗经》一样美丽动听。问题是全国这么大,带着干粮一年内巡遍东南西北可行吗?群臣不得不质疑:"今一岁四巡,道路万里,春秋尊,非糒、干肉之所能堪……"由此可见,王莽之政多么随意,多么浪漫,极富个性与象征意义。

王莽虽然在经济等方面多学秦始皇、汉武帝,但政治文化方面是否定秦汉的,要彻底回到周公时代,诸多招式直接照搬《周礼》等先秦儒家经典到现实当中。说透了,其实这也是"霸王道杂之"。

"大司马"是个重要职位,《周礼》即有此名,掌邦政,相当于宰相。西汉时常授给掌权的外戚,多与大将军、骠骑将军、车骑将军等联称,也有不兼将军号的。王莽曾任此职,所以他对此特别重视,或者说特别敏感。前年大司马去世,去年二月大司马退休,命逯并接任。本年三月末出现日食,这在当时看来不是好兆头,于是大赦天下,将大司马逯并免职,以示有人负责;改以苗䜣接任,希望他能给新朝带来好运。

王莽继续深化改革。这次改的是系列名称,以《周官》为依据,新设"卒正""连率""大尹",职如太守;新设"州牧""部监"25人;分设长安城郊6乡,各配帅1名;分3辅为6尉郡,河内、河东、弘农、河南、颍川、南阳为6队郡,并改了大堆官名和地名,分并郡县,共1万个封国。例如"符离"改为"符合"、"无锡"改为"有锡",等等。随后又经常变更,甚至一个郡名改了五六次,最后还是恢

---

① 《汉书》,卷99,王莽传中。

复原来的。因为谁也无法记清，每次诏书都得附上原来的名称。王莽热衷于改名，无非是求"新"，以便从形式上将新朝与旧朝区别开。

更重要的是钱币改革。此前，已经于居摄元年、始建国元年、始建国二年进行过3次钱币改革。比如始建国元年那次，诏令明说："夫'刘'之为字'卯、金、刀'也……其去刚卯莫以为佩，除刀钱勿以为利，承顺天心，快百姓意。"劉是刘的繁体字，意味着刘氏江山的阴影，对于王莽来说刺眼得很，必欲去之而后快。问题是王莽随心所欲。在王莽各种经济改革中，最混乱、最荒唐的是货币改革。这已是第四次，罢刚通行不久的大、小钱，改行货布、货泉、大钱3种。莫名其妙的是，货泉重5铢，货布重25铢，1货布却值25货泉。所以，这次币制改革不仅未能理顺货币制度，反而使之更加混乱，导致"农商失业，食货俱废"的后果。此后于地皇元年（公元20年）进行第五次货币改革，基本恢复五铢钱制度，应该是较为成功的，但没来得及收效……

自汉宣帝以来，汉与匈奴几十年基本和平相处。这期间，匈奴在安定中逐步恢复强盛，汉朝倒是动乱不已。王莽急于构筑儒家"华夷"秩序，一再威临匈奴。匈奴单于乌珠留忍无可忍，怨道："先单于受汉宣帝恩，不可负也。今天子非宣帝子孙，何以得立？"宣布不再承认新朝政权的合法性，重启战争。本年乌珠留去世，其弟咸继位，改而向新朝求和求亲。再说，本年边地又发生饥荒，到人相食的地步。大臣如普进言说："军士久屯塞苦，边郡无以相赡。今单于新和，宜因是罢兵。"可是，校尉韩威却说："以新室之威而吞胡虏，无异于口中蚤虱。臣愿得勇敢之士五千人，不赍斗粮，饥食虏肉，渴饮其血，可以横行。"王莽听了这番豪言壮语，大为感动，即提拔韩威为将军。说大话空话的韩威个人捞到了好处，王莽及民众则很快将被这种思维坑惨了。

在今广西百色西林、云南文山一带，古代有个句（gōu）町国。此前，王莽对外也改制，贬句町王为侯，引起强烈不满。本年，那里的民众起兵叛乱，王莽命冯茂为平蛮将军，率巴郡、蜀郡、犍为郡吏士前去镇压。

天凤二年（公元 15 年），倒计时：8

才二月，王莽又对大司马不满了，将苗䜣左迁即贬官，改任陈茂。

这年有一大好事，就是与匈奴和好。单于令各部落首领不许侵犯汉塞，并将之前叛逃过去的将领交给新朝处理。由此可见，直到此时匈奴尚友好，北边可望安定，可以集中精力处理内部改革与发展。可是王莽啥都想折腾，委派官员出访匈奴，带去大量金币，但是改称其"恭奴单于"。单于不是傻瓜，只不过觉得金币更诱人，乐呵呵收下金币，对辱称姑且装傻。

又有人造反，这回是五原、代郡一带，但规模更大，一伙多达数千人，经一年多才平息。

相对来说，这一年还算平静。

天凤三年（公元 16 年），倒计时：7

二月地震，又降大雪。关东地区雪深丈余，有的竹子、柏树枯死。为此，大司空王邑上书引咎辞职。王莽不同意，劝慰说："大地有震有动，震有害而动无害。《春秋》记载地震，《易经》只说地动，动的时候就张开，静的时候就合拢，万物由此发生。"看来，王莽不信"天人感应"。

王莽个人肯定不差钱且视钱如身外物，上台之前又是捐赠又是拒赏。他也如此要求广大官吏，以制度未定为由延迟发俸禄。那可不是一般的欠薪，一欠七八年，有些人家里揭不开锅了，只好贪污受贿，敲诈勒索。本年五月，王莽终于过意不去，也可能是终于发现问题的严重性了，下诏说："欠薪这么多年，每当想到这事我心里就不安。现在困难基本过去，国库虽然不是很足，但已经稍宽裕，现决定从六月开始正常发放广大官吏的工资。"各级官吏共分15个等级，年薪从66斛至万斛不等。随后还补发通知说："古时候，年岁丰收加薪，歉收则减薪，官吏与平民同喜同忧。现在我们也这样做，如逢灾年，以十为率相应减扣。"

长平馆西岸坍塌，把泾河阻塞，决口向北流去。有人认为这就是《河图》所指点用土镇水吧，是灭匈奴的好兆头。王莽调集大量兵马，屯于前线，准备彻底收拾他们。随后，王莽又换大司马。严尤是王莽的老同学，自比乐毅、白起，著有兵书《三将》，征战无数，胜多败少，颇受王莽器重。大司马换上严尤，显然是用兵的准备。

这年的兵事明显增多，而且不大顺利。前年出征句町遭瘟疫，士兵死十之六七，只好在当地大敛民财，十取其五，加剧官民冲突。王莽把平蛮将军冯茂调回，下狱至死。然后，再发广汉等郡官员丁壮为战士10万，加上运输民工共计20万人，再击句町。初战告捷，杀敌数千。不久又发生军饷供应不上与瘟疫问题。王莽再召廉丹、史熊。这两位将军决心大，表示不胜不生还，但请求加大支持力度。大臣冯英反对说："西南夷叛乱十来年了，征剿没停过。现在廉丹、史熊生怕没把握，又要搜刮民财，这可能激发更多反叛啊，弄不好没完没了。我认为应该停战，派兵驻守并屯垦，公开悬赏捉拿叛乱分子即可。"王莽听了发怒，罢免冯英。

王莽派特使王骏、李崇和郭钦出使西域，各国君王到郊外热烈欢迎，王骏却阴谋趁机袭击。焉耆将计就计，表面投降，暗中集结兵力。王骏等率莎车、龟兹7000余人，分兵数路入侵，焉耆伏兵突起，而姑墨、封犁、危须等军队突然叛变，同焉耆一起作战，把王骏等人全部斩杀。郭钦稍后入焉耆，趁焉耆军没来得及返城，袭杀老弱，取道车师入塞回国。从此，西域与中原隔绝。

天凤四年（公元17年），倒计时：6

王莽登帝第二年即此前8年，推出重大经济政策"五均六筦"。五均指均市价；六筦指酒、盐、铁专卖，官府铸钱，并对山、泽征税。筦即管，由国家经营管理之意。说是根据《周礼》制定的，实际上是汉武帝刘彻经济政策的翻版。还说以此限制商人对农民的过度盘剥，制止高利贷猖獗，实际是想借以增加财政收入，并为豪族权门大谋私利。结果，大商人与地方政府、豪门富户狼狈为奸，盘剥百姓。市官收贱卖贵，甚至以贱价强取民物，赊贷过期便要处以刑徒。税赋繁重，连不事生产的城市居民也要纳税。因为招致民怨，推行起来困难重重。所以，本年诏令重申六筦之禁，增加规定严重违犯者可至死罪，并在各郡招聘富商为督查"五均六筦"的专管员，名为"羲和命士"。羲和是传说中的太阳神。

琅琊海曲县吏吕育被县官冤杀，其母尽散家财，备置兵器和酒食，招徕一些贫穷少年。本来，吕母只是想招几个亡命之徒为儿子报仇，不想没饭吃的人太多，一听说有人招兵买马，纷纷投奔，迅速聚集数百人。吕母率这些流民攻县城，杀了县官。吕母复仇的目的实现，正愁怎么解散这些乌合之众，可是恨官府的人太多了，一听杀县官就以为是反叛，从四面八方涌来，很快增至数万，推举吕母为领袖，然后向四方蔓延而去。

在吕母的鼓舞下，其他地方纷纷揭竿而起。如临淮人瓜田仪，在会稽长洲率众起事。新市人王匡、王凤等为首领起事，以绿林山（位于今湖北省京山市）为根据地，因此称"绿林军"，不久增至万人，成为反王莽的主力军，活动几遍大半个中国，影响巨大。此后，"绿林"一词还成为中国黑社会或造反者的代名词之一。

天凤五年（公元18年），倒计时：5

对内对外军费开支日益增多，国库不堪重负。王莽又学汉武帝招数，本年初诏令：近8年以来，诸军吏及边疆吏大夫以上贪官的家财，没收4/5充作军费。对于隐瞒家产的，鼓励吏士举报其将，奴婢揭发其主。这明显是学汉武帝的"算缗告缗运动"伎俩。

天灾人祸不断，造反不断增多。樊崇率众在莒县起事，以泰山为根据地，转战黄河南北。为了与官军区别，他们以赤色涂眉，因此称"赤眉军"，也很快成为反王莽的主力军之一。差不多同时，刁子都率众起事，转战于徐州、兖州一带，众达六七万。官兵四处镇压，根本应付不过来。

外部更加不安。大汉曾给匈奴送去一大美女王昭君和亲，王昭君如今已儿孙满堂，女婿须卜当长大成人并为官。这年，匈奴单于去世，新单于继位，并愿与中原友好，遣使奉献。王莽却冒出个主意，要扶持须卜当这个"自己人"为匈奴单于。严尤连忙劝谏："须卜当在匈奴朝中为官，有什么动静及时通报，所以这几年比较平静。如果请到长安来，他只是一个普通的匈奴人，意义就不大了！"王莽还是诱逼须卜当到长安来，宣布立他为匈奴单于，准备派大军护送他回国就职。匈奴单于闻讯大怒，立即出兵南侵。

这年还值得一说的是大文豪扬雄死了。扬雄这人很有意思，孤傲而纯粹。家里很穷，口吃多病，可是安然得很，嗜酒如命，如果想拜他为师得带上酒菜。他才华横溢，是汉辞赋四大家之一，却认为辞赋属"雕虫篆刻"，"壮夫不为"，转而研究哲学，成为汉朝道家思想的继承和发展者。扬雄崇拜孔子，认为自孔子死后，圣道的发展受阻，希望能恢复孔子的正统儒学。他模仿《论语》作《法言》，模仿《周易》作《太玄》，被人称为"孔子"再生。他受王莽赏识，也竭力支持王莽，著文称王莽是周公以来最有德行的人。钜鹿侯芭崇拜扬雄，拜他为师，跟他一起居住。现在他死了，侯芭为他建坟，并守丧3年。

天凤六年（公元19年），倒计时：4

又一个新年到，但好兆头依然没有出现，王莽便决定自己创造一些正能量。他令太史推算出3.6万年的日历，要求每隔6年改换一次年号，并诏曰："我会跟黄帝一样成仙升天！"于是，作新乐呈献于明堂、太庙。

王莽令严尤和廉丹两人准备率军出征匈奴，护送须卜当回去就职。严尤再次进言："匈奴权且放以后再说吧，先考虑山东的民变要紧啊！"王莽听了火冒三丈，立即发文将严尤免职，加紧战备。大规模召集全国的壮丁、死囚及官吏、平民的家奴，命其名曰"豬突""豨勇"，作为精锐部队。豬是家猪，豨是野猪。士兵受着如此侮辱，可能为你卖命吗？王莽想他们会贪生贪财，为此又一次向全国广大官吏和平民征税，抽取财产的1/30；令公卿及以下与郡县佩戴黄色绶带的官吏都要饲养军马，数量依官秩等级而定。

大概王莽内心也觉得这种"豬突""豨勇"不靠谱，又广泛招集有奇巧技术的战争人才。从各地推荐来上万人，有的说能够不用舟船桨楫而渡江河，有的说不要带军粮只要服食药物便可以作战，还有的说能够一天飞行1000里去匈奴侦察。王莽大为兴奋，马上召这批人才进京面试。那个说是能飞的人，头上和身上都插着羽毛，并用大鸟的羽毛做两扇翅膀，以扣环纽带操纵动作，真的能飞，不过飞几步就掉地上。王莽有些失望，但还是给他们以鼓励，全都任命为理军，赏赐车马，等待出征。

地方官韩博奏报："有个名叫巨毋霸的奇士闯入我府中，自告奋勇要去征匈奴。他身高1丈，体大10围，小车装不下，3匹马拖不动。我用大车套4匹马，才将他运来京城。这是上帝派来辅佐新朝的天将啊，请陛下备1领特大的铠甲，1辆高车，1套古代勇士孟贲、夏育穿的衣服，并派大将1人和虎贲武士100人到郊外新丰迎接。京师的门户肯定太小了，请把城门加高些。有了巨毋霸，不仅可以对付内贼，还可以向蛮族示威，震慑天下。"这回，王莽怎么看都不是滋味，脸面感到火辣辣的。因为王莽的字是"巨君"，所谓巨毋霸很难说没有恶意。王莽指示让巨毋霸留在新丰，韩博自己先进京。结果，韩博下了狱，以出言不当获死罪。

益州那边的形势还没有好转，王莽改派将军，要求尽快平息。可是天灾人祸，造反的还是越来越多。翼平郡主官田况汇报说："虽然这些年加了税，可是对民间财力估计严重不足，百姓没机会为国家做更多贡献。"王莽听了十分感动，立即提升田况为伯爵，赏钱200万，号召向田况学习。然后，以1/30的税率向全国再征一次。如此，国库是更丰了些，全国各地的穷人则更多了。关东本来就饥荒连年，再给加税，更多人抛家弃园，老弱者死于流亡之路，强壮者加入民军，樊崇等部众增至六七万人。

地皇元年（公元20年），倒计时：3

王莽虽然杀了韩博，但不能不渴望天神相助。他再次修正新朝永远只用一个年号的理想，改为"始建国"三字前缀不变，每6年修订一次。新修了3.6万年的日历，以及6000个年号。本年开始实施，新年号为"始建国地皇元年"。如此新年，又令王莽信心百倍起来，他宣布大赦天下。

王莽认为黄色高贵，是新朝的色调；红色轻贱，是汉朝的色调。王莽要求低级官员如郎官、侍从官都穿深红色的衣服，暗示汉朝低贱。同时在长安城南兴建"九庙"即皇家祭庙，1950年在此挖掘出12座遗址，其中黄帝庙东西南北四方各长40丈，高17丈，其他半数，气势恢宏。①大臣崔发宣布：九庙规模要"万世之后无以复加。"为此，广泛征召全国工匠，花费数百万钱，役夫丧生万数。王莽和他的大臣心里想的是皇家万古伟业，死多少民伤多少财都是小事。王莽亲临工地参加奠基大典，挥舞铁锹"亲举筑三下"，隆重无比。不过，总有些乌鸦嘴让皇上扫兴。比如汝南人郅恽精通天文星象与历法，竟然认为汉王朝一定会复兴，特地上书劝王莽说："上天之所以发生异象，是在启示陛下，希望您回到臣僚的位置。取之于天，交还于天，这才算知天命。"王莽勃然大怒，立即将郅恽下狱。

造反的势头仍然居高不下。王莽心急如焚，下诏强调军纪："胆敢不守纪的，就地处决，不必等行刑季节！"本来只是秋季执行斩刑，现在

---

① 《汉书》卷99，王莽传下，6册。

春季、夏季、冬季也杀,四时血腥。随后又诏曰:"朕亲任大将军,内设大将,外设大司马5人。朕取法古人,组织完备。"于是,朝中设前大司马、后大司马、左大司马、右大司马、中大司马之职,各州牧至县宰都赐大将军、偏将军、裨将军、校尉称号。乘坐驿站传车的使者经各郡国,每天有十来批,粮食、马匹不够就征用民间的。战争的气氛笼罩全国。

钜鹿郡马适求等人阴谋串通燕、赵等地共讨王莽,当地属吏王丹发觉后,立即奏报。王莽抓了几千人,全都处死,王丹则赐为辅国侯。

前有规定:凡私铸钱的处死,破坏货币的流放。没想犯此法的太多,多到执行不过来。本年只好把处罚减轻,私铸钱的连同妻子儿女没收为官府的奴婢,官吏和邻居知道而不检举告发的同罪。破坏钱币信誉的,平民罚苦工一年,官吏免职。

地皇二年(公元21年),倒计时:2

这年开门不吉,皇后死了。之前,为了显示大公无私,王莽先后逼死两个嫡子。为此,他妻子即皇后的眼睛都哭瞎了。想想这些,王莽不能不内疚。但不久,有人建议续立皇后,说:"黄帝靠120个女子成仙。"王莽即采纳,派员45人分巡全国,广泛选取淑女。

青州、徐州、句町等地的反叛仍然不能平息。这时,有个叫储夏的人请缨,说可以去劝说瓜田仪归降。王莽当然高兴,许诺千般好处。储夏真的去了,可是瓜田仪没等出山就死了。这样的人物死了很遗憾,但死人并不等于没用。王莽将瓜田仪的尸体运出来,举行隆重葬礼,修建豪华坟墓和祠庙,并赐谥号"瓜宁殇男",希望广大叛众向瓜田仪学习。

王莽又失望了,没招到一个降,却新冒出一个女性造反头目。她叫迟昭平,本来是一个博戏专家,在平原城西南一带聚众数千人起事,抗官税,荡官衙，杀豪绅，掠贵族，一时声威大振。王莽慌忙召议对策，群臣安慰说："这些都是触犯苍天的罪犯，行尸走肉而已，撑不了几天！"

对匈奴的备战仍然继续，从全国各地运粮食、丝帛前往西河、五原、朔方和渔阳等地，每一郡以百万计。须卜当因病去世，王莽战略不变，将自己的庶女嫁给须卜当的儿子须卜奢，希望有一天能护送须卜奢回匈奴即位。

国内外形势越来越糟，王莽也感到越来越计穷，便召集群臣问计。老将军公孙禄毫不客气地说："新室之忧不在匈奴，而在朝中内部。"他具体建议杀七个奸臣以慰天下，第一是胡乱解释天象的太史令宗宣，第二是瞎弄政务的太傅唐尊，第三是作伪学的国师刘歆，第四、第五是复古井田制的张邯与孙阳，第六是扰乱工商业的鲁匡，第七是欺上瞒下的崔发。这七人都是王莽推新政的得力干将，惩治他们不等于追究王莽自己？王莽一听，脸都青了，连忙叫人将他搀走。

本年荆州牧组织2万兵马进攻绿林军，反而被杀数千。绿林兵截击荆州牧，钩住他车上的装饰板，刺杀车上陪乘的人，但始终不敢杀州牧。他们袭安陆等地，掳掠妇女退回绿林山中。此时，他们已增到5万余人，当地官府根本无法对付了。

山东的田况果敢，组织18岁以上民众4万余人，授以兵器，并把军令刻在石上，让他们随时抵抗入侵者。民军樊崇等人听闻，吓得不敢入界。田况将此事上报自责，王莽则说："没有虎符而擅自调集军队，擅动干戈，本来是要治罪的。但念你平叛有功，姑且不予处分。"随后田况请求越郡界讨民军又取胜，王莽很高兴，令他代理青州和徐州两州牧。他有些得意过头，长篇大论说："叛乱刚起的时候，他们条件差，当地就对付得了。问题是当地官吏没重视，县欺骗郡，郡欺骗朝廷，

100人只说10人，1000人只说100人。朝廷也就疏忽，没及时督察，蔓延几州了才调兵遣将。郡县应付检查问责，酒饭招待，筹备礼物，忙着为自己解脱死罪，哪有精力考虑清剿？将帅又不能亲临战场冲锋陷阵，一交战就败，士气低落，白费了钱财。听说现在又要派太师和将军下来，他们是权臣，随从多，沿途已民穷财尽，无法供给。地方官民怕他们，比怕叛军更甚，因此恳请皇上把各位使者召回，让郡县官民得以休息。"言多必失，一点不假。听了这番话，王莽倒是不信任田况了，不动声色地派人接替他。田况一走，齐地的局势变得更不可收拾了。

地皇三年（公元22年），倒计时：1

新年伊始，九庙竣工，穷极工巧，金碧辉煌，王莽亲临祭拜，浑然不觉末日已临。他的车6匹马，每匹都披着用五彩羽毛织成龙形图案的套子，头上装的角3尺长，又加华丽的车盖9层，高8丈余，用4轮大车装载，拉车的大汉一路高呼口号"登仙"。官吏们私下却议论："这像灵柩车吧，哪像神仙用车！"

函谷关以东地区的灾情更严重了，紧接着又闹蝗灾，蝗虫铺天盖地，导致人吃人的现象。入函谷关的流民达几十万，饿死者十之七八。王莽委派官员王业出去了解情况。王业受了贿，拿了米和肉回宫汇报说："挨饿的只是些流民，居民吃的都是这些。"王莽相信了，心安理得。王莽又派出大批官员深入各地"教民煮草木为酪"①，草木怎么可能变成奶酪呢？不过，王莽也发动吏民捕蝗。对于涌入京城的饥民，专门任命"养赡民"予以安置，也有驱遣，没有大劫掠发生。

---

① 《汉书》，卷99，王莽传下，"莽又多遣大夫谒者分教民煮草木为酪，酪不可食，重为烦费。"

再说樊崇等人的部众强盛后,加强军纪,互相约定:"杀人的抵命,伤人的养创。"但这时,绿林军遇到瘟疫,死亡近半,没死的有些离开绿林山。

无盐又有人起兵,攻占县城,响应赤眉。官兵收复无盐,斩杀一万余。王莽派员带着诏书去慰劳王匡和廉丹两位将军,晋封二人为公,另赐封有功的官员十多人。赤眉军别部几万人在梁郡一带,王匡想追击他们,廉丹则认为刚战无盐,士兵疲劳,应当休整一下。王匡不听,单独率军进击,兵败而逃。赤眉军乘胜杀过来,廉丹抵挡不住,结果战死。

这时,新王朝的最终掘墓人出山了!南阳的刘縯、刘秀兄弟召集当地豪杰,商议说:"王莽凶残暴虐,分崩离析,而今又连年大旱,到处兵荒马乱,这是上天要灭他,恢复高祖大业、建千秋功业的时候到了!"大家表示拥戴。乡邻见刘秀改穿将军服,大吃一惊,说:"你这么忠厚的人怎么也反了?!"

地皇四年(公元23年),倒计时:0

开局更不妙。正月初一,几股民军协同向官兵进攻,杀士卒2万余人,紧接着又大破严尤军,进而包围宛城。在此之前,民军虽有几十万人,但一直像无头苍蝇。现在不一样了,一个个自称将军,纷纷打起恢复汉室的旗号,攻城略地,传递文书,声讨王莽的罪恶。王莽看了,不免胆战心惊。

汉兵已有十余万众,选一位刘姓皇族做首领,推举刘玄,称更始将军。二月初一,刘玄登基,面南站立,接受群臣朝拜,恢复汉室。他感到难以担当,满脸流汗,只举手而说不出话来。宣布大赦,改年号为"更始"。对此,后世史家倒是多数认可,但当时英豪多失望,多有不服。

王莽心更虚，只能给自己壮胆，搞些"冲喜"的事。他染黑胡子和头发，立史氏为皇后，选嫔妃120人，封号比照公、卿、大夫、元士。然后诏令伐贼，大赦天下，并宣布："来降者不杀。如果仍然迷惑不散，即派百万大军清剿。"

王莽另派王邑等火速出征，并火线提拔通晓63家兵法者为军官。王邑到洛阳，各州郡选派精锐的士兵，由州郡长官亲自带领，汇集43万兵士，号称百万。汉军看到王莽军兵多势众，吓得跑回昆阳城，但也想分散到其他城邑。刘秀当时只是个小官，却站出来说："现在城内兵、粮既少，城外敌军强大。如果分散，势必不能保全。如果昆阳被占领，只要一天工夫，各部也全完了。"刚好侦察兵回来报告："敌人即将到城北，军阵几百里，看不到尾。"火烧眉毛了，大家冷静下来，与刘秀共商应急。这时城中只有八九千人，刘秀让王凤和王常守昆阳，自己与李轶等13人连夜出城，到外面去召集友军。

开到昆阳城下的王莽军已近10万。严尤向王邑献策："昆阳城小而坚固，我们大军向那里进逼，他们必定奔逃。如果等宛城方面的汉军失败，昆阳城自然降。"王邑反对，说："百万之众如果遇城而不能下，怎么向上交代？我们先攻陷它，踏着血泊前进，岂不快哉？"于是，把昆阳死围几十重，列营上百个，战鼓响彻几十里。挖地道，战车撞城，弓弩乱射如雨。城里熬不住了，乞求投降，王邑不理睬。严尤连忙又建议："《兵法》说'围城要留缺口'，让被围之敌逃出，让围攻宛城的绿林军害怕。"王邑仍然不听。

宛城方面，汉军围几个月了，城中缺粮到人吃人的地步，只得投降。刘玄进城，并在宛城建都。

再说刘秀出昆阳城后，调集各营全部兵力。刘秀亲自带领步骑1000多人为先头部队，在距王莽大军四五里处摆开阵势。王邑只派几千人迎战。刘秀率军冲过去，一下斩了几十首级。将领们笑道："没想到文绉绉的刘将军这么英勇，奇怪了！还是让我们冲锋在前吧！"汉军各部一同杀过去，接连获胜。刘秀从城西水岸边攻击王莽主将的营垒。王邑依然轻视汉军，亲领1万余人巡行，令各营按兵不动，单独上前交战。汉军乘机击溃敌军。这时，昆阳城中的汉军也杀出来，里应外合。王莽军大溃，尸布100多里，王邑只带几千人逃往洛阳。严尤在败退的路上，就迫不及待打出了汉朝的旗号，自称汉将……

昆阳之战的消息传出，王莽十分震惊。各地豪杰则欢欣鼓舞，纷纷响应，袭杀当地长官，自称将军，用"更始"年号，等待更始皇帝的诏命。仅一个月，势遍天下。

至此，王莽只能考虑后事了。汉军宣传王莽用鸩酒毒杀了汉平帝，王莽鸣冤叫屈。他特地召集公卿们到堂中，打开收藏在金柜中的策书，那上面写着他替平帝祈求解除疾病，并表示愿以身代死，流着泪出示给群臣看，希望大家能帮他洗刷不白之冤。将军王涉与亲信董忠等人密谋劫持王莽，投奔更始政权，没想到有人告密。王莽召见董忠，当场格杀，还用斩马剑剁董忠的尸体。接着逮捕董忠的家族，用浓醋、毒药、利刃、荆棘合成一穴埋他们。王涉只好自尽。王莽感到绝望，吃不下饭，只喝酒。读兵书倦了，靠着几案打个盹，不再上床，生怕什么意外突降。

更始帝派兵直攻洛阳，王莽不知所措。大臣说："古时候国家有难，就用哭向上天告哀。"于是王莽率群臣到南郊，陈述他承受符命的经过，仰天大哭。众儒生和百姓每天早晚集合哭，官府给他们送稀饭。哭得最悲哀的人，当即被任命为郎官，郎官一时达5000多人。

各地大姓分别起兵,从四方汇集到长安城下,争着第一个入城,希望能立大功并多抢财宝。王莽赦免监狱的犯人,发给武器,杀猪饮血,立誓说:"如有不为新朝效力的人,让社鬼记住他!"可这些刑徒还是刚冲出城就四处逃散,王莽只能关闭城门固守。汉军挖王莽妻子、儿子、父亲、祖父的坟,焚烧他们的棺及九庙、明堂和辟雍,火光冲天。

九月初一,汉军从宣平门入城,官府和豪门的人全都逃了。第二天,大火蔓延到掖庭、承明殿。王莽避火到未央宫宣室前殿,火总是跟着他。王莽穿着全套天青色的衣服,拿着虞帝匕首,席子随北斗七星转,学孔子当年仰天长叹:"上天把美好的品德赋予了我,汉军能把我怎么样?"① 至死还在模仿古典圣人,深信天命。天快亮时,群臣搀扶着王莽,从前殿退往渐台,还有1000多人跟着他。渐台在今长安县,汉武帝修建的,高20余丈,台址在水中。

十月初六,汉军听说王莽在渐台,立即将那里重重包围,弓箭对射,然后短兵相接。王邑等人战死,王莽躲进内室。有人率先冲进去杀了王莽,接着有人砍下王莽的脑袋。众人分王莽尸,几十人乱剁。第二天,王莽的头颅被送到宛城,挂在街市示众。百姓用石块、菜帮子掷它,还有人争着切下他的舌头分吃——它太能说了!

对于王莽的评价几乎一边倒。一般人们把王莽看成骗子,乱臣贼子,称帝之前那些好事全是伪装。白居易有一首诗颇具代表性:

> 赠君一法决狐疑,不用钻龟与祝蓍。
> 试玉要烧三日满,辨材须待七年期。

---

① 《汉书》,卷99,"莽旋席随斗柄而坐,曰:'天生德于予,汉兵其如予何!'"《论语·述而》,"子曰:'天生德于予,桓魋其如予何?'"

周公恐惧流言日，王莽谦恭未篡时。

向使当初身便死，一生真伪复谁知？

王莽如果只活到"假皇帝"之时，那么他的名誉该多好啊！现在落到这样一个伪装者、假谦恭、篡位者的下场，也就如子贡叹商纣王落到历史的下水沟了。王莽作为执着的儒家理念的践行者，最终遭到儒家的千古唾弃。

后果：假如王莽不搞得"天下骚动"

王莽胜利了，比谁都更"合法"地登上了开国帝王的宝座。转眼间，王莽又失败了，比谁都更惨。东汉初年的史学家班固将他定性为"篡汉"，其后2000多年来的史家几乎都认同这一结论，不视王莽为皇帝，不视"新"为王朝。

王莽上台之时拥有充足的人和，但天时、地利方面就欠缺了。据研究，西汉初年人口不过1300多万，末年增至6000多万，关东与关中一些地区每平方公里的人口密度达千人以上，与现代差别不大。在当时生产力条件下，正常年景也难以提供足够的粮食，何况西汉末年天灾不断，黄河多次改道，王莽期间仍然天灾频频，逼得人们离乡背井，甚至到人食人的地步。

王莽上台之时，汉朝承平已久，"匈奴称藩，百蛮宾服，舟车所通，尽为臣妾，府库百官之富，天下晏然"[1]。只不过当时宫中乱象多，

---

[1]《汉书》，食货志上。

人们以为汉室天命已尽,让王莽改天命,实指望"天下晏然"之世保持下去,甚至更上一层楼,哪想经他十几年折腾,全然变样。

或许,导火索在于对外。王莽之初,周边确实比较友好。宿敌匈奴不比后来的契丹、蒙古、女真等,他们并没有分享甚至吞并中原的野心,只不过为生活所迫劫掠一些边境地区。特别是"和亲"之后,随着王昭君生根开花,"在匈奴中已存在一个亲汉的集团"。在这种情况下,王莽不是进一步巩固与发展这种好的势头,而是出于偏见,鄙视"四夷",一再去破坏这种势头。贬人家"王"为"侯",将"玺"换成"章",杀人质,甚至要强行扶持"女婿"去当家。关系崩了就大规模备战——

> 募天下囚徒、丁男、甲卒三十万人,转众郡委输五大夫衣裘、兵器、粮食,长吏送自负海江淮至北边,使者驰传督趣,以军兴法从事,天下骚动。[1]

虽然最终没有交火,但这种长期大规模备战是一种"奇怪"的战争。对于王莽已经天灾人祸的自家天下来说,无异于雪上加霜。问题还在于王莽不仅针对匈奴,与西域、高句丽及西南也很快化玉帛为干戈。四面出击,导致四面楚歌,其内也"愁于征发,民弃城郭流亡为盗贼"[2]了。结果,"天下晏然"变成"天下骚动",史书描述:"战斗死亡,缘边四夷所系虏,陷罪、饥疫、人相食,及莽未诛,而天下户口减

---

[1] 《汉书》,卷99,王莽传中。
[2] 《汉书》,卷99,王莽传中。

半矣。"①没等王莽死，就重现秦末汉初"天下户口减半"的悲惨景象。

何况内郡本来就已经是正在爆发着的火山。一系列出自古书而不切实际的改革也很快搞得"天下骚动"。光那没完没了的官名、地名改革文件就把全国各级官吏搞烦了，何况几年不发工资，反而三天两头要捐款，政令可能通畅吗？"五均六筦"看似光鲜，但是得不到官僚集团的支持，只能依靠富商大贾，反而形成危害更大的官商垄断集团。为了解决沉重的军费开支，王莽学汉武帝几个狠招敛财，甚至直接收缴百姓财产。王莽听不进不同意见，严刑酷法，民怨鼎沸，曾经拥戴他的人一个个觉得受骗上当。给逼到反叛而死的地步，王莽的人气也就发生逆转。如此，他能不身败名裂吗？

假如王莽像武则天，肯定不至于暴亡。武则天像王莽一样"篡"了人家的天下，但阻力比王莽大多了，登台后还不得不采用一些铁腕手段，朝中常常血泪横飞。然而，武则天明智的是将这种"骚动"限于朝中，而不乱于外，更不乱于天下。史家公认的说法是"僭于上而治于下"，而不是王莽那样搞得"天下骚动"，上下左右全都敌对。所以，武则天不仅稳住自己的皇位，还开创了"武周之治"。再说西晋末年，司马衷皇后贾南风也不是省油的灯，她专权并滥杀政敌，但她起用能臣，史称其间"虽暗主在上而朝野安静"②。吕思勉叹王莽，总结出一条政治家的金科玉律："治天下不如安天下，安天下不如与天下安。"③是也！

---

① 《汉书》，食货志下。
② 《资治通鉴》卷82，晋纪4。
③ 吕思勉：《中国通史》。

第四章

东汉末10年

提要

公元211—220年为东汉倒计时10年,汉献帝刘协老老实实做傀儡,军阀曹操自任丞相,"挟天子以令诸侯",与刘备等其他军阀不断火拼。曹操病逝,其子曹丕继位,即接受刘协禅让,改国号为魏。

假如刘协能像康熙,以智取胜,制服曹操,何至于乖乖巧巧地窝囊至死。

前因:皇帝老老实实做傀儡

汉光武帝刘秀更始三年(25年)恢复汉室后至中元二年(57年)去世,对外和平,集中精力于内部,大力解决奴婢和土地兼并等历史遗留问题,农业劳动生产率居历史最高水平,人口达历史高峰,被誉为"光武中兴"。

明帝刘庄、章帝刘炟当政时期,从建武中元二年(公元57年)刘庄登基开始,至章和二年(公元88年)刘炟去世,恢复对西域的统治,将儒学系统化,完善历法,引进佛教,被誉为"明章之治"。和帝刘肇当政时期(88—105年),压抑外戚势力,灭北匈奴,刑法"务从宽恕",被誉为"汉和盛世"。

这样接二连三开创盛世,在中国历史上少有。然而,由于体制跟西汉无异,西汉致命的问题东汉并没有解决,外戚政治还更严重了。外戚们大多不知道珍惜权力,而只知道滥用权力,贪污暴虐,一味追求物质享受,最后到田野空、朝廷空、国库空的地步。如此能延续十几任,已是奇迹。

历史老人为东汉敲响丧钟时,末代皇帝是汉献帝刘协。刘协有幸,也不幸。他母亲虽然受汉灵帝刘宏宠爱,但是遭何皇后嫉妒,怀上刘协不敢声张,要偷偷堕胎,幸好堕胎药失效才生下。何皇后妒性大发,将她毒死。刘协尚未足月,便寄人篱下。灵帝死时,让14岁的刘辩继位。只因宫中宦官和大臣争权夺利,军阀董卓废刘辩,才改立刘协,刘协时年9岁。很自然,刘协只不过是摆设,实权都在董卓手里。初平三年(192年),董卓被他部下所杀,刘协逃亡到洛阳。刘协向各地长官写信求救,没什么人理睬,只有时任兖州牧曹操率军来护驾。刘协被曹操挟持后,依然没有实权。刘协心有不甘,暗下衣带诏,令董贵人的父亲车骑将军董承设法诛杀曹操。董承与左将军刘备等一起密谋,不想败露,董承被杀并夷三族,怀孕的董贵人(董承之女)也被绞。刘备卖草鞋出身,颠沛流离,投靠过多个诸侯。他深得曹操赏识,但在"煮酒论英雄"当中受惊,早一步另立山头,逃过曹操的追杀。

从此,刘协老老实实做傀儡皇帝。曹操自任丞相,"挟天子以令诸侯",成为东汉末年事实上的帝王,朝廷一切由曹操处理。有些文武官员劝他自立为帝,他不同意。他不知疲倦地与其他军阀火拼,征战四方。他跟王莽一样在体制内奋斗,看似保卫旧政权,实则创建自己的新政权,只不过是一文一武之别。

最大看点:老子不干儿子篡

建安十六年(211年),倒计时:9

曹操基本平定北方后,转而向南。在208年那场著名的"赤壁之战"中,曹操失败,三足鼎立的格局初步形成。在这种情况下,曹操着力于稳定内部,重整实力。上一年即建安十五年(210年)春,曹操写了著名的两篇文章。

一为《求贤令》:这"贤"可不是我们今天常说的"德才兼备"之意,恰恰相反。其中两句我印象最深:"今天下得无有被褐怀玉而钓于渭滨者乎?又得无盗嫂受金而未遇无知者乎?"这话用两个典故,头一句指姜太公出山前穿粗衣怀大志在河边钓鱼,后一句指大臣陈平提拔公示之时有人举报他跟嫂子私通又受贿,而曹操说要路无遗贤,对他们那样的人才也重用。战争岁月,当然只要拼命三郎,其他无所谓。也因为东汉崇儒,用人过于注重所谓"孝廉",不少人弄虚作假,徒有虚名,误国误民,曹操不能不改革,唯才是举,大力网罗各种人才。

一为《述志令》:针对孙权、刘备两大军阀联手抗曹,并在政治上抨击曹操"托名汉相,实为汉贼",曹操发布这篇令文,宣布退还皇帝加封的3个县,表明他的本志,反击朝野谤议。其中最让人感慨的一句是:"如今这乱糟糟的天下如果没有我,不知道会有多少人称帝称王呢！"①换言之，他在一定程度上控制了乱象。他还坦率说无心篡位，但绝不会放弃权力。

曹操文章写得坦白直率，气势磅礴，充满豪气，表现出非凡的气度和见识。鲁迅称赞说："在曹操本身，也是一个改造文章的祖师，可惜他的文章传得很少。他胆子很大，文章从通脱得力不少，做文章时又没有顾忌，想写的便写出来。"②

曹操25个儿子，几乎个个优秀。曹植七步成诗，曹冲称象，都是千古美谈。文学史上著名的"三曹"，指的就是曹操与他儿子曹丕、曹植。新年伊始，曹操任命曹丕为五官中郎将。别看曹丕这年才14岁，他6岁学射箭，8岁学骑马，博览古今经传、诸子百家。10岁那年，兄弟随曹操南征失利，兄长等人遇害，他却能乘马逃脱。此前一年有人举荐曹丕，曹操认为并不是出于公心，反而将那人免官。

曹操遣兵讨伐汉中，马超等关中诸将联合抵抗。曹操亲自率大军出征，大败联军。马超等想割地求和，曹操不允。曹军渡河，士兵先行，曹操自己率100余人在南岸断后。马超率步骑一万多人进攻，箭如雨下，曹操坐在折叠椅上巍然不动。不久，曹军全部渡河。马超等再次请求割地，并送子求和。曹操假意答应，趁机袭南昌，再败联军。马超等人败走凉州，杨秋逃回安定，关中平定。曹操进军安定，杨秋投降。曹操撤回，命众将继续西征。

为了抵抗曹操，益州刘璋听从部将张松建议，委派法正去邀请刘备入川，没想中了圈套。刘备留诸葛亮、关羽等守荆州，亲自率数万步卒入蜀。张松、法正等劝刘备袭刘璋，刘备认为初来乍到，人心未

---

① 曹操：《述志令》，"设使国家无有孤，不知当几人称帝，几人称王！"
② 鲁迅：《而已集·魏晋风度及文章与药及酒之关系》。

定,予以拒绝。刘璋蒙在鼓里,还上表推荐刘备代理大司马,配给士兵,督白水军,令他进攻张鲁。刘备到了葭萌,却驻军不前,收买人心。刘备说:"现在跟我水火不容的,只有曹操,我要跟他斗智斗勇。他严厉我就宽厚,他残暴我就仁慈,他诡诈我就忠信。事事跟他对着干,就不难成功!"[①]

建安十七年(212年),倒计时:8

从周公开始有一大套非常烦琐的礼仪制度。礼仪也可以成为奖品。刘邦灭了项羽,平定天下,论功行赏,由于争功太激烈,一年多也评不下。刘邦认为萧何第一,特许他带剑穿鞋上殿,还可以不按礼仪小步快走。从此,"入朝不趋,剑履上殿"特例给帝王拿来奖赏大臣。这年,曹操也获此奖。

还有人建议给曹操晋爵公,加九锡,像当年王莽那样,遭尚书令荀彧反对。曹操恨得要命,将他调离。后来,荀彧在寿春病亡,有人说是受曹操暗示而服毒。

曹操继续征战,击败马超部将。马超的父亲马腾及其二子被曹操所杀,并夷三族。河间有人起事,扰幽州、冀州,曹丕遣将平息。

张松吃里爬外之事败露,刘璋与刘备反目。刘备召白水军杨怀来,将他斩杀,吞并其部队,然后派大军南下进攻刘璋,占涪城。

当时三大枭雄,除了曹操、刘备,还有一个孙权。孙权在4年前的赤壁之战中与刘备联手,将曹操打败。现在,刘备等人建议:以山川形

[①]《资治通鉴》卷66,汉纪58,4册。"备曰:'今指与吾为水火者,曹操也。操以急,吾以宽;操以暴,吾以仁;操以谲,吾以忠;每与操反,事乃可成耳。今以小利而失信义于天下,奈何?'"

胜的秣陵为都城。孙权采纳，迁徙而至，作石头城，改名"建业"。

建安十八年（213年），倒计时：7

曹操亲率40万军南征孙权，破江北营寨，生擒大将公孙阳。孙权亲率7万兵抵御，相持月余，各无所获。曹操见孙权军容严整，感到难以取胜，叹道："生子当如孙仲谋！"仲谋是孙权的字。孙权给曹操写信，说："春季到了，洪水马上来，奉劝你尽早回去！"同时在另一张纸上写道："只要你不死，我就不得安宁！"曹操当然只能看到前一纸，大笑："这小子没骗我！"笑完，果真撤军北还。当时，曹操59岁，孙权32岁，如同父子，却棋逢对手。曹操能够赞赏敌人，理智而退，更令人钦佩。其实，曹操几个儿子够优秀了，并不比孙权差。

上年被荀彧耽搁的事，本年实施，刘协册封曹操为魏公，加九锡，建魏国，定都邺城（主体位于今河北临漳县），拥有冀州10郡之地，置百官。

刘璋遣将阻击刘备失败，又派李严等统帅前往，李严却率众投降。刘备军力壮大，分别平定各县，诸葛亮、张飞、赵云等率军入蜀。刘璋部连连溃败。

马超攻入翼城，杀刺史，自称征西将军，领州牧，督凉州军事。

建安十九年（214年），倒计时：6

当年董承等谋杀曹操失败，反攻倒算，流血有声。董承的女儿为贵人，怀孕在身，刘协出面求情，也不能幸免。伏皇后看了不寒而栗，恐惧不已。于是，她给身为将军的父亲伏完写信，揭露曹操凶相，请求父亲图谋铲除曹操。伏完不敢动手，不久去世。本年，伏皇后当年给父亲写密信之事败露，曹操大怒，逼迫刘协废伏皇后，并假诏华歆、郗虑统兵入宫。伏皇后紧闭门户，匿藏墙壁，华歆将伏后拎出。当时刘协在外殿，郗虑坐他身旁。伏后披发赤脚徒步经过，哭着对刘协说："你就不能救救我吗？"刘协泣道："我也不知能活几天呢！"伏后被下掖庭即宫中女监狱，幽禁至死（有的说当场被杀），所生两个皇子被毒杀，伏氏宗族100多人被斩，伏后母亲等19人被流放到涿郡。

曹操继续西征。宋建在枹罕（今属甘肃临夏县）自称河首平汉王，割据一方30余年。曹操破枹罕，河西诸羌皆降，陇右一带平定。

雒城被围近一年终于被攻陷，刘备与诸葛亮、张飞、赵云等合围成都。马超降刘备，奉命率军屯成都之北。刘备入成都，自领益州长牧，命诸葛亮为军师将军、益州太守。

刘备和诸葛亮治蜀法纪严明。大臣进言："想当年刘邦入关，约法三章，秦民感恩戴德。希望你也能缓刑弛禁，抚慰这里的百姓。"诸葛亮说："秦当时无道，苛政民怨，匹夫一呼，天下大崩。刘邦顺势而为，解民倒悬。而现在蜀地，原来的统治者仁弱，德政不举，威刑不肃，君臣之道不明……所以，我们现在要实行法治，荣恩并济，上下有节。"

正因为几个儿子都优秀，究竟选哪个接班最好？曹操也为难，一直犹豫着，暗暗观察着。他对曹植高看一眼，这年改封临淄侯。出征孙权时，令曹植留守邺城，并告诫说："当年我当顿邱令的时候，才23岁。如今你也23岁了，当奋发图强！"

建安二十年（215年），倒计时：5

汉中是益州门户，无汉中则无蜀，历来兵家必争。曹操见刘备得益州，便率10万大军亲征汉中。本来曹操听俘虏说汉中易攻，到这才发现山势险要，伤亡又大，粮草也不足，沮丧得很，准备撤退。没想到，先头部队夜里误入张鲁弟弟张卫的营地，张卫的士兵以为奇兵袭来，纷纷惊逃。曹操趁势追击，大败张卫军。而张鲁听说张卫失守，也吓坏了，连忙逃往巴中。曹操追击，张鲁只得投降，汉中落入曹操囊中。

曹操出征时，给合肥护军薛悌留一份指令，封套上写着："敌来才开。"孙权果然乘虚而来，10万大军将合肥层层包围，十分危急。薛悌慌忙打开曹操留的指令，只见里面写着："如果孙权来袭，张将军和李将军出城迎敌，乐将军守城，护军不许参战！"几位将军感到不符合情理，怀疑指令的真实性。张将军猜测说："魏公远征在外，等他来救城早陷了。我觉得这令是要我们趁敌未结集之时主动出击，先打掉他们的气焰，然后坚守。"第二天一大早，几位将军率部突然出城，冲破敌人营垒，直抵孙权旗下。孙权吓了一跳，掉头就逃。他的部下跟着逃，乱成一团，好不容易才逃到逍遥津南岸。部将痛哭，孙权亲自上前为他擦泪，沉痛地自我批评说："非常惭愧！我一定把今天这教训铭刻在心上，而不仅仅是记在绅带上。"

孙权见刘备已据益州，便想要荆州。刘备说："等我得了凉州，就把荆州给你。"孙权大怒，派吕蒙袭长沙、零陵、桂阳三郡。刘备则率兵5万下公安，关羽入益阳。这时，曹操已攻下汉中，刘备只得与孙权议和，以湘水为界平分荆州。

建安二十一年（216年），倒计时：4

刘协册封曹操为魏王，邑3万户，位在诸侯王之上，准许奏事不称臣，受诏不拜，国都邺城，王子皆为列侯。此举打破了汉朝不许给非刘姓封王的制度。

乌桓原与鲜卑同为东胡部落之一。前119年汉军大破匈奴，将匈奴逐出漠南，乌桓臣属汉，代汉北御匈奴。乌桓势力逐渐强大后，却经常扰汉。现在，代郡乌桓三部均称臣于南匈奴，恃力骄恣。曹操高度警惕，委派新太守恩威并济，单于慑服。

两个月后，南匈奴单于来朝，曹操将他留下，派左右贤王去监南匈奴国。从此，南匈奴像列侯一样每年进贡，并将其分为五部，选汉人为司马监督。

建安二十二年（217年），倒计时：3

三方继续混战。曹操进击孙权，刘备攻汉中，孙权则破丹阳等地。

曹操在建政方面取得重大突破，设天子旌旗，出入称警跸。所谓"警跸"是指古代帝王出入时，在所经路途侍卫警戒，清道止行，出为警，入为跸。可见，曹操名义上虽然还是臣，但已经享受天子待遇了。

十月更进一步，刘协赐曹操王冕12旒。古代冕冠顶部盖有一小块木板，叫"冕版"。冕版前后两端分别垂挂着玉珠，叫"旒"。旒多少依戴冠者身份而定，天子12旒，诸侯9旒，上大夫7旒，下大夫5旒，士3旒。那玉珠帘挡视线，所以人们说"视而不见"。两耳附近各垂一段丝绳，下悬一颗丸状玉石，名"充耳"，时时提醒勿听谗言，所以又有"充耳不闻"之说。这笨重的冠，仅靠一支玉笄和一根丝带固结，戴着不能自由地左顾右盼，而只能正襟端坐，显然不适合轻松的场合。仅从这一点看，皇帝上班并不轻松，难怪他们常旷工。想多戴一根旒那是大逆不道的事，而现在曹操经刘协特许。

接班人问题，曹操本来倾向于曹植，但这几年越来越失望。曹植太文人气、才子气。他率性得很，不注重修饰，喝起酒来无节制，居然还敢趁着酒兴私自坐王车，又擅自打开王宫司马门，在禁道上纵情驰骋。曹操大怒，斩了掌管车马的公车令，诸侯法规禁令从严，曹植则因此失宠。这年十月，曹操下决心立曹丕为世子。曹丕得悉，抱着辛毗的脖子说："你不知道我有多高兴啊！"

建安二十三年（218 年），倒计时：2

曹操招致一些不满。大臣金祎是汉昭帝刘弗陵四大辅臣之一金日磾之后，世代忠良，这时他联合侍中少府耿纪等人聚众千余，计谋杀都督御林军马的长史王必，挟持刘协，并暗通刘备为外援。没想王必警惕性很高，迅速出击，金祎反被杀，耿纪等 5 家宗族老少被诛。

刘备亲率大军攻占阳平，与曹军夹关对峙。曹操也亲自赶往关中，坐镇长安。

代郡、上谷的乌桓与鲜卑部族起事，曹操派儿子曹彰率军镇压。临行，曹操告诫说："在家我们是父子，接受任务就是君臣了，一举一动要按王法行事，你务必当心！"代郡的乌桓顽强抵抗，曹彰亲自上阵搏战，铠中数箭。九月破敌，俘斩千计。鲜卑人见乌桓人惨败，便请求臣服，于是整个北方基本平定。曹彰的胡须是黄色的。凯旋时，曹操高兴得捏着曹彰的胡须夸："黄须儿竟大奇也！"

建安二十四年（219 年），倒计时：1

南阳人苦于徭役，守将侯音率军起事，逐太守。曹仁率军镇压，侯音败死。但在阳平关，刘备南渡沔水，曹操部将大败。曹操率军至汉中，又遭刘备部将阻击。两军对垒月余，曹操损失严重。为保存实力，只好退回长安，把汉中让给刘备。为防止刘备进而占北部的武都，将那里 5 万多氐族迁至扶风、天水一带。氐族原在西北部,东汉起陆续迁至今陕西、甘肃、四川一带。

刘备自立为汉中王,并立子刘禅为王太子,治成都。趁曹操从汉中撤出,刘备命大将关羽从荆州向襄、樊一带发动进攻。曹操派大将于禁率兵救樊城。关羽趁洪水泛滥生擒于禁,将樊城紧围,内外断绝。当时樊城曹军只有数千,城被水淹,但曹仁率军死守。曹操从关中赶到洛阳,亲自指挥救樊城。

当时,西北武威的颜俊等军阀各据一地,相互攻击。孙狼等人起兵支援关羽。关羽威震四方,曹操感到沮丧,忙与部下商议迁都避让。在这紧要关头,不想孙权插了一手。原来孙权早想取荆州,眼看关羽就要得势,便想联手曹操,准备派大将偷袭荆州要地江陵。曹操接信后,立即通知曹仁,命他坚守,自己进一步攻摩陂,又派 12 营反击关羽。关羽急转直下,自知大势已去,一面诈降,一面解散兵卒,仅率十余骑逃亡。结果吕蒙偷袭江陵得手,关羽及其儿子被孙权部将擒杀。

曹操收到关羽的首级,以诸侯之礼安葬,然后表孙权为骠骑将军、荆州牧。孙权遣使入贡,向曹操称臣,并劝曹操称帝。曹操将孙权的信给大臣们看,说:"这不是明摆着把我往炉火上推吗?"群臣也奉劝曹操自立。曹操仍不肯,说:"如果真有那个天命,那我就当周文王吧!"曹操心志并不小。从这一点看,曹操比王莽言而有信。当初他在《述志令》中说了不称帝,至死不食言。

这年九月,邺城发生一起谋反案。趁曹操出征汉中未归,他的同乡加亲信魏讽密结私党,准备与长乐卫尉陈祎等起兵。没等行动,陈祎怕了,向守城太子曹丕告密,致数十人(有的说数千)被杀。

建安二十五年（220年），倒计时：0

冥冥之中的天命成全曹操的周文王之志。这年正月曹操在洛阳病逝，死前遗令：天下尚未安定，后事不必都遵古礼。葬礼一结束，你们要脱去孝服。屯戍者一律不得离开屯部。殓棺时就用随身穿的衣服，不许用金玉珍宝随葬。简朴得很，务实得很，一心仍然在国事上。后来，著名文人陆机根据曹操遗令写一篇《吊魏武帝文》，说曹操临终指着最小儿子曹豹对其他几个儿子说："托付你们了！"说完流泪，又交待将婕妤等人迁到铜雀台，每天早晚给她们供食，每月歌舞两次，无事时让众妾做草鞋卖，表现这位叱咤风云人物的儿女情长。

然而，曹操对身后事不放心是真的。上年，汉中被刘备夺去，荆州南被孙权占，还有魏讽谋反，令人不安。更重要的是儿子个个太强，很容易发生要命的内乱。当时太子远在邺城，曹彰抢先一步从长安赶到洛阳，一到马上询问玉玺在哪。曹彰不仅有才能，连胡须都是黄色。因为魏的象征性色彩正是黄色，要取代红色的汉朝，而黄色胡须跟孙权的紫须一样罕见，曹彰不会没想法。大臣却严肃批评说："魏王已选定继承人，玉玺在哪不是您该打听的！"经这么一说，曹彰才老老实实走开，去忙父亲的丧事。可是，如果他趁机发难怎么办？大臣不能掉以轻心。曹操的葬礼很紧凑，一天全部办完，希望能将危机也一起埋葬。

第二天，曹丕袭爵位，刘协很快下诏授予丞相印、绶和魏王玺、绶。然后，曹丕命他两位弟弟回封地去，解除后顾之忧。不想，没几天就有报告，说曹植酒醉，悖逆傲慢，对魏王使者不恭。曹丕大怒，马上追究。据说，著名的"七步成诗"故事就发生在这时：曹丕命曹植在大殿上走7步，然后以"兄弟"为题即兴吟诗一首，而诗中不能出现"兄弟"二字，成则宽恕，不成则不客气。曹植脱口而出：

煮豆燃豆萁，豆在釜中泣。

本是同根生，相煎何太急！

是啊，"本是同根生，相煎何太急"！几千年历史中，这种同根相煎的悲剧绝不是第一个，也远不是最后一个。曹丕也是才子，不能不惭愧，饶老弟一命，只是贬为安乡侯，邑仅800户。对曹植党羽就不客气了，将两家男子全杀了。

也许曹丕事后还对七步诗难以释怀吧，当年七月便将曹植改封鄄城侯，两年后又改封为鄄城王，增至2500户。就是在这次回鄄城的途中，曹植写下著名的《洛神赋》。这赋描写一位美丽多情的女神，把她作为自己美好理想的象征，寄予无限仰慕和热爱；又虚构向洛神求爱的故事，表现对美好理想的热烈追求；最后写恋爱失败，以示追求破灭，千古绝唱。就这样，曹植成为"建安文学"的代表人物。南朝文学家谢灵运说"天下才有一石，曹子建独占八斗"，曹子建就是曹植，说他独占了天下80%的才华。清初文学家王士禛评论说：汉魏以来2000年间，诗家堪称"仙才"的，只有曹植、李白和苏轼三人。

曹丕忙于内政，主持官制改革，创"九品官人法"。新任豫州刺史贾逵执法不阿，外修军旅，内治民事，兴修水利交通，受到当地百姓称道，曹丕予以表彰。

外部一片升平景象，扶余等遣使奉献，以示对新主的拥戴。刘备的部将不和，4000余私家兵降曹丕。武都的氐王也率部属内附。

也有不满的。麹演与原来相互混战的军阀勾结，联手抵抗曹丕任命的凉州长官。张掖的张进、酒泉的黄华等人叛乱，分别抓了当地太守。金城太守率兵进击，张进被诱斩，黄华降，河西一带平定，可以说没太大动荡。

就是在这种形势下，刘协宣布将皇位禅让给曹丕。曹丕"三让"之后才接受，筑受禅台即位，改国号"魏"，建都洛阳，并追谥曹操为魏武帝。历时195年的东汉，至此寿终正寝。

禅让后，曹丕给刘协留了一句客气话："天下的好东西，我们一起享受！"不久，曹丕娶刘协两个女儿为妻。据传舜就娶了尧的两个女儿，这样等于传班给女婿，跟乡里老汉"肥水不流外人田"在逻辑上高度一致。稍不同的是，曹操正因为将女儿嫁给刘协成为岳父进而挟皇帝以令诸侯，曹丕实际上是刘协的大舅子，他娶的女子虽然不是自己妹妹所生，但名分上如此。娶外甥女为妻有悖于儒家伦理，但不如此取代汉室便理由不足。而刘协成为岳父，得以保命，寿终正寝，还比曹丕多活了几年，稍可慰藉。因为尧舜禹的禅让属传说，王莽禅让属实但没搞仪式，因此曹丕是中国历史上第一个正规的禅让帝王。受禅台高约13米，遗址仍在今河南临颍。

刘备口口声声要复兴汉室。曹丕继位登帝的消息传开，人们说刘协被杀，刘备立即召集群臣服丧，第二年四月在成都称帝，史称"蜀汉"。孙权则非常能忍，虽然同年八月称吴王，但继续接受曹丕的领导，直到229年才称帝。至此，三个皇帝全部到位，正式形成三国鼎立的格局。

后果：假如刘协能够智取曹操

从最后这10年看，东汉之灭的责任人只能是刘协自己，找不出第二个。宫中基本平静，刘协极少抛头露面，偶尔一现也是不断给曹操加官进爵,以至"禅让"。这10年跟200来年前那10年非常相似,让人不能不相信历史真会重演,只不过刘协比王政君还糟。

想当初,刘协也曾勇敢。那是他9岁的时候,京城发生兵变,火烧南宫,他和少帝刘辩半夜出逃。董卓率兵来救,比刘协大5岁的刘辩吓得惊慌失措,泪流满面,语无伦次。刘协却冷静得很,不慌不忙,毫不含糊地介绍政变经过。于是,董卓认为刘协比刘辩强得多,便罢刘辩而改立刘协。后来董卓被杀,刘协又被曹操挟持。刘协不愿继续做傀儡,暗下衣带诏密谋政变,不想失败,其他涉案人员都被杀。仅这一次,他就吓怕了,再没勇气谋翻身,皇后求救也不敢帮一句腔。最后那10年他已经三四十岁,可他表现得多乖啊!

写着刘协,我老想着康熙。康熙也是个偶然坐上金銮殿的孩子,登基时只有6岁。辅佐他的周公是鳌拜等4位大臣。鳌拜有"满洲第一勇士"之称,像董卓、曹操一样专权,先后擅自杀了几位大臣。康熙越来越不满,16岁时利用一种布库游戏,将鳌拜制伏。康熙开始亲政,很快开创"康乾盛世"。刘协如果像康熙,肯定会以智取胜。在那二三十年当中,难道会没一个机会?从最后10年看,朝廷中也有人反曹操,可他没利用,很可能没再敢想利用。他乖乖巧巧地当着傀儡,低三下四地捡些残羹冷炙,窝囊至死,悲乎?

第五章

西晋末 10 年

提要

公元 307—316 年为西晋倒计时 10 年,与成汉、汉赵三国鼎立,但比当年三国更乱,晋怀帝司马炽心有余而力不足,司马越独揽大权却搞内耗。司马炽被俘继而被杀。晋愍帝司马邺即位,不久只得降。

假如司马炽能像汉和帝刘肇,巧妙制服司马越,团结对敌,未必没可能转危为安。

前因:"八王之乱"

西晋武帝司马炎当政时期,从咸熙二年(265 年)司马炎篡位开国,至太熙元年(290 年)他去世,其间结束百年分裂,制定史上第一部儒家法典,"太康文学"兴盛,"天下无事,赋税平均,人咸安其业而乐其事"①，被誉为"太康之治"，也有称"太康盛世"。

可惜司马炎命薄，这个盛世仅十来年。更可惜的是司马炎没能管教好皇室，他一死就发生"八王之乱"，一乱16年。

更糟的是"五胡乱华"，匈奴、鲜卑、羯、羌、氐5个胡人游牧部落，趁西晋王朝衰弱，大规模南下，建立数十个强弱不等的政权，与中原政权对峙。老天爷雪上加霜，并州闹饥荒，各郡县百姓无法生存，州官只好率吏民2万余人到冀州讨食，称"乞活"。

光熙元年（306年）年末，那位认为百姓没米吃可以吃肉的晋惠帝司马衷因吃饼中毒而死（有人说司马越下毒），23岁的司马炽继位，即怀帝。司马越被封为东海王，独掌西晋实权，成为"八王之乱"最终胜利者。司马越个人是胜利了，西晋却随之开始倒计时。这样的烂摊子早该解散了。

史家对司马炽个人评价挺好："怀帝天姿清劭，少著英猷，若遇承平，足为守文佳主。"②只可惜他碰到的时代远非承平之世。这时期事实上也是三国鼎立，除洛阳的西晋之外，还有成都氐族李雄的成汉，平阳匈奴刘渊的汉赵，而实际上比魏、蜀、吴三国更混乱，这里只能做个简要梳理。

最大看点：皇帝相继而降

永嘉元年（307年），倒计时：9

新皇帝司马炽想力挽狂澜，正月初一宣布大赦，废除灭三族的酷

---

① 《晋书》卷26，食货志，11册。
② 《资治通鉴》卷88，晋纪10，5册。

法。叛军陈敏的大将周玘等想归附，暗中联络晋征东大将军刘准。刘准立即派扬州刺史刘机等率军攻历阳（今安徽省历阳镇），陈敏遣弟弟陈昶率兵数万进屯乌江。没想到，陈昶的部将钱广与周玘是老乡，两人密谋将陈昶杀了。周玘进而劝陈敏部将甘卓投降，也得逞。陈敏亲自率万余人征讨甘卓。甘卓部将隔江喊话："原来我们为陈敏效力，正是为了周玘。现在周玘已经反陈敏，你们还图什么呢？"这么一煽动，陈敏军不战自溃，陈敏只好单骑逃命。司马炽收回墨迹未干的法令，杀陈敏三族。

琅琊王司马睿为安东将军、都督扬州江南诸军事，坐镇建业。有人说司马睿并非皇族血统，而是琅琊王府小吏牛金的儿子，所以后世有人戏称司马睿为"司牛睿"，称东晋为"南朝晋牛氏"。也许真有此事，所以司马睿为人低调，不太热衷交结，爱好史籍，没有权力野心，未卷入"八王之乱"，颇受称赞。但现在到南方不一样了，吴人认为他人微言轻，到任很久还门可罗雀。司马睿对谋士王导非常信任，称他"仲父"，比为自己的萧何。现在，王导献一计，请司马睿出游城郊，仪仗队开道，威风凛凛。当地名士一见，惊呼："江东有主！"连忙大拜，先后归附。

王衍在中国历史上是个挺有名的人物。早在他年纪很小的时候，便有名士说："不知哪位老妇，竟然生这样的儿子。将来误尽天下的，必定此人！"王衍喜欢老庄学说，手里总拿着一把与肤同色的玉拂尘，神态从容潇洒，谈论精辟透彻，能言善辩，时人称他"口中雌黄"。因父亲是将军，王衍平步青云，官至宰相。然而，他身居要职并不以国事为重，仍然沉迷于"玄谈"。青州和荆州都是军事重地，物产丰饶。这年王衍将亲弟王澄任命为荆州刺史，族弟王敦为青州刺史，说："荆州有长江汉水之坚固，青州有背靠大海之险要。你们两个镇守外地，我留京师，可谓'狡兔三窟'，发生什么变故也不怕！"现代人们还常说"空谈误国"，本来指的就是王衍。

老天爷似乎没了耐心，狠心跟百姓过意不去。雍州以东饥荒严重，无数百姓流离失所。还有六州蝗灾，寸草不生，牛马脱毛，又暴发瘟疫，尸布河面，白骨蔽野，逼得更多人叛乱。

上党羯人石勒，原是个佃户，20来岁被卖到茌平为奴，所以后来被称世界历史上唯一一个奴隶皇帝。这是一个不安分的奴隶，利用相马特长拉了18个人为盗，与人贩子汲桑一起投奔叛军公师藩。不久，公师藩被官军斩杀，石勒与汲桑潜逃，但他们又劫郡县囚犯，招亡命之徒，重集反叛势力。本年汲桑发动起事，自称大将军，以石勒为扫虏将军，所向披靡，大败官军。当时邺城早被掠空，只有司马腾家中殷实，但他非常小气，将士不肯为他卖命，轻易被石勒攻破，杀司马腾等万余人，烧了宫殿，掠妇女珍宝。然后，从延津渡河，南击兖州。司马越大惊，连忙派苟晞等将征讨，相持数月，大小30余仗难分胜负。最终，苟晞大败汲桑、石勒，追杀万余人。汲桑逃茌平，被乞活军斩杀。石勒则逃乐平，归附刘渊。当时，乌桓人张伏利度有2000余兵，盘踞乐平，刘渊曾多次去招募都没成功。石勒假装从刘渊处叛逃，投奔张伏利度，结拜兄弟。张伏利度派石勒率部去抢劫，敢作敢为，令人敬畏。石勒见时机成熟，便说："如果要干大事，你们看我与张伏利度谁更适合当头儿？"众人推举石勒。于是，石勒率部众回刘渊部。刘渊封石勒为督山东征讨诸军事。

苟晞被司马越重用为督青、兖诸军事。他说是依王法办事，姨妈的儿子犯了法照样杀，杀完穿素服去哭："杀你的是兖州刺史，哭你的是表哥!"可他为了立威,每天都要杀人,青州人称他为"屠伯"。

这年大乱还有:贫民刘灵力大能制服奔牛,腿快能追上奔马,但没人举荐。他怀才不遇,常抚胸长叹:"天啊,世道为什么还不乱呢?"终于等到有人造反,他随即自称将军,率众进击赵魏,后来投奔刘汉。率万人起事的刘伯根败死,但他部将王弥自称征东大将军,继续攻青州、徐州,不久归降刘渊。秦州流民邓定等掠汉中,官军镇压,李雄救援,将汉中百姓强迁入蜀。

永嘉二年(308年),倒计时:8

司马越从许昌迁鄄城,后迁濮阳,又迁荥阳,四处逃命。他想招安乞活军田甄部,田甄不受。派兵讨伐,田甄逃往上党,部众投降。

刘渊是汉人和匈奴混血,熟读儒家经典,海纳百川。他儿子刘聪也如此,聪明过人。然而,他们认为:"晋人无道,对我们像奴隶!"因此,他们的反叛深得人心,刘渊曾在20天里聚众5万,日益强大。本年初,遣刘聪等十将南据太行。

王弥接连攻陷几个郡县后,屯于洛阳津阳门。王衍督军迎战,这回倒没误国,部将募勇士百余人偷袭,王弥大败,烧了建春门东逃。王衍派将军追击,又败王弥。王弥逃至平阳,刘渊派大臣到城外迎接,说:"我要亲自到王弥家中,为他拂坐洗酒杯,待他如王衍!"刘渊果然有气度。

石勒在常山被官军10余万骑兵击败,死万余,退据黎阳,但随即转攻信都,杀冀州刺史,连败晋将。刘渊大喜,授石勒为镇东大将军。随后,王弥、石勒进犯邺城,那里的守将弃城而逃。接下来,石勒、刘灵率3万人进犯魏郡等地,50多村百姓望风而降。石勒给村头目授将军、都尉的印和绶带,从百姓中挑选5万壮士为兵,老弱病残的予以安抚,"军无私掠,百姓怀之"①。石勒又先后杀魏郡太守等,并攻乞活军。

刘渊称皇帝,大赦囚犯,任命百官,宗室以亲疏等级封郡县王,异姓以功劳等级封郡县公侯。

李雄遣兵屯晋寿,多次攻汉中,那里的百姓被迫逃荆州等地。

永嘉三年(309年),倒计时:7

这年最风光是刘渊。年初,大臣进言:"大王您虽然如龙腾起,如凤翱翔,天降大任,晋廷余部尚未灭,紫宫星还指向晋氏,但不出3年必能克洛阳。这里地狭,不可久安。平阳有天子气,希望您上合天象之变,下合地理之祥。"刘渊采纳,即从蒲子迁平阳。有人在汾水河中捡到玉玺,上有文字"有新保之",显然是王莽的,这人便加刻"渊海光"3个字。刘渊认为这是好征兆,于是大赦境内囚犯,改年号为"河瑞"。晋将朱诞降刘渊,说洛阳已经非常虚弱,劝刘渊攻取。刘渊采纳,命朱诞为前锋,相继攻下黎阳等地,将3万余人溺杀于黄河。叛徒比一般敌人更可怖。

这年夏,老天爷又跟晋过意不去,长江、汉水、黄河、洛河全都干涸,人可以徒步而过。刘渊的运气仍然不错,匈奴和鲜卑也有些部落来归附。

别看石勒没学历,可是很有文化意识,很喜欢儒生读书给他听,他也常发表自己的"听后感"。比如听到汉臣张良进谏,他感叹说:"幸

---

① 《晋书》卷104,石勒载记上,13册。

亏汉高祖能纳谏！"官家子弟张宾，博涉经史，自视为西汉张良，对石勒佩服得五体投地，说："我认真观察过当今这些战将，没一个比得上石勒，跟他可以成大业！"他到石勒军营门前高呼求见。石勒收留下，但认为他并没有什么超群之处，不予重用。后来张宾多次献计策，料事如神，石勒才感到他不同寻常，提升为军功曹，一举一动都请教他。这年夏，石勒攻取巨鹿、常山，部众增至10余万。石勒还听取张宾建议，从部众当中挑选一批读书人成立"君子营"。不过，石勒不久被晋与鲜卑联军大败。

刘聪大显身手，连败晋将，产生轻敌思想。弘农太守假称投降，趁夜偷袭，刘聪大败。刘渊心疼儿子，穿白衣迎接。刘渊遣刘聪、王弥等率精骑5万再攻洛阳。晋将强力反击，刘聪连连受挫。王弥说："我军失利，说明洛阳守备还坚固，不如暂还平阳。"刘聪同意，明智而退。

这年还有些人添乱。平阳人刘芒荡起事称皇帝，随即有人响应，聚众数千，但不久败死。又有颍川等四郡流民起事，杀官吏，随后归附王弥。

与此同时，晋廷内乱继续。中书监王敦对他亲信说："现在司马越独揽大权，但用人方面仍然按过去的程序，司马越心里肯定不满，肯定会杀人！"果不其然，司马越怀疑司马炽的心腹缪播、尚书何绥等人跟自己作对，便诬他们作乱，派3000士兵进宫，当着所谓皇帝司马炽的面，将缪播等十几名高官抓了，全都处死，司马炽只能流泪叹息。

这种局面有人早预料到。何绥的爷爷何曾是司马炎的丞相，他曾私下对儿子们说："司马炎称帝以来，我每次在宴席上见到他，从来没听他谈论治国谋略，而只是说些生活琐事，不是好兆头。国家在他手上也许能够安定，后代就危险了。你们这一辈，也许能免祸……"他指着几个孙子说:"他们肯定会死于国难。"现在何绥果真被杀。何绥的哥哥何嵩哭诉道:"我爷爷真是圣人啊!"旁人也有预料。何绥家人不但生活奢侈,而且狂妄无礼。名士王尼看了他的信,对友人说:"何绥身居乱世而傲慢到如此地步,肯定会有祸!"友人连忙劝道:"别乱说!让何绥听到,没你的好处。"王尼大笑:"等他听到我这话时,肯定死了!"再过几年,何家绝后。

司马越处死何绥等人后,又与荀晞结怨,说是近年朝中多次发生变故,大多由宫中人引起,因此将宫中警卫全都罢免,换上自己的亲信。司马越一系列所作所为引起众人不满,他自己也忧郁成疾。

永嘉四年(310年),倒计时:6

王弥率3万兵会同石勒攻徐、兖、豫。石勒杀兖州刺史,马不停蹄过济河,攻冀州各郡县,有9万民众随从。这年七月刘渊病死,长子刘和继位。这新皇帝疑心过重,父皇尸骨未寒,有人进言:"先帝考虑不周,让刘聪领10万重兵驻扎近郊,现在陛下如寄人篱下,应当尽早解除心腹之患。"刘和听信,连夜召集兄弟刘盛和刘钦,要对刘聪采取行动。刘盛劝道:"不要听信谗言!如果兄弟都不能信,您还能信谁呢?"刘和大怒,将刘盛杀了,发兵剿刘聪。刘聪不得已反戈一击,杀了刘和。刘聪要把帝位让给同父异母的弟弟刘义,刘义不肯受,哭着推辞。刘聪只得自己即位,封刘义为皇太弟,尊刘义的母亲单氏为皇太后。单氏是刘渊第二任皇后,这时仍然年轻漂亮,与刘聪关系暧昧。刘义知道后,觉得母亲有悖道德,予以规劝,单氏羞愧而死。刘聪加封石勒为征东大将军。石勒即率军南征襄阳,攻陷襄江以西垒壁30余处,又取襄城,屯江西,试图雄踞江汉。谋士张宾反对,劝石勒北还,石勒不从。

李雄对部将张宝说:"如果你能得梓潼,我提拔重用你!"张宝便杀人,逃到梓潼,骗取晋将的信任。不久,有重要客人到访,晋将出城迎接。没想到,张宝突然紧闭城门,轻易占据。

不断有新的反叛冒出来。吴兴钱某起兵,自称平西大将军、八州都督,立孙晧之子孙充为吴王,进攻阳羡(今江苏宜兴)。周玘率乡里武装配合晋军镇压,斩杀钱某,稳定江东。但更多反叛失控,特别是这年幽、并等六州发生蝗灾,草木及牛马被吃光,民众四处逃难。雍州的流民多在南阳,距都城洛阳很近。司马炽要求遣返这些流民。流民则以关中饥荒为由,抗旨不归。派兵催他们走,流民王如便率众起事,自号大将军,很快发展到四五万人,袭击官军。年末平阳又有流民起事。

京城地区的形势日益严峻,司马炽发出紧急诏令,并派使者前往各地,征召军队援助京城。行前,司马炽心急如焚地对这些使者发表重要讲话,说:"请你们务必替我给各地说清楚,今日京城尚可救,再迟就来不及了。"结果,只有镇南将军山简派兵前来救驾,却被刚起事的流民王如打得落花流水。朝议怎么办,许多大臣建议迁都,未被采纳。司马越请求出征,司马炽心忧说:"现在胡人逼近京郊,你怎么能离京城?"司马越说:"我这次出征如果能胜,可以重振国威,总比坐以待毙好!"于是率兵4万去讨石勒。宫中没剩什么防守力量,饥荒加剧,盗贼公行,各官府挖战壕自卫。

永嘉五年(311年),倒计时:5

这一年石勒仍然是重要角色,新年伊始攻克江夏,接着北寇新蔡,上党、广平太守率众降,进而陷许昌。

荀晞与司马越的矛盾公开化。荀晞向各州发布檄文,声讨司马越的罪状。司马炽不甘当傀儡，秘密下诏，委派苟晞讨伐司马越。司马越也发布檄文，并派兵剿苟晞。苟晞早有防备，派骑兵杀了司马越的党羽。司马越急火攻心，病死于项城，"八王之乱"至此最后终结。众人共推太尉王衍为元帅，送司马越的灵柩回东海国安葬。

石勒获悉司马越死讯，派骑兵包围溃败的10万士兵和家属，弓箭射杀，无一幸免，尸堆如山。至此，西晋最后一支主力被消灭，再无可战之兵。石勒抓了王衍等大臣，讯问晋亡之故。王衍运用他那擅长"清谈"的三寸不烂之舌，详陈内情，强调责任不在于他，清高地说自己从小就没想当官，不参与世事，并借机奉劝石勒建国称帝。王衍本意想讨好石勒，幸免于死，不想石勒听了大怒，驳斥说："你年纪轻轻就入朝为官，名扬四海，身居要职，怎么不想当官呢？败坏天下的，正是你这种人！"石勒命人推墙，将王衍等人活埋。然后，命人打开司马越的棺材，焚烧他的尸体。石勒说："乱天下的，就是这人！我为天下人报仇！"不久，司马越的长子及48位亲王也被石勒俘虏，全部杀死。[①] 苟晞被俘，但授官。

司马越死了，朝中并没安宁。有人建议迁都，司马炽同意，但大臣们犹豫。不久洛阳发生饥荒，到人吃人的地步，文武百官十有八九已逃亡。等司马炽决心迁都时，没了像样的卫侍，车马也找不到，只好步行。没走几步，遭盗贼洗劫一空，幸好有些流民抢了些粮食送给他，才没被饿死。司马炽想逃往长安，被王弥等追捕，3万余官吏和百姓被杀。刘聪将司马炽贬为"平阿公"。

司马炽被俘后，众人在江南共推琅琊王司马睿为盟主，置百官。

---

① 《资治通鉴》卷87，"东海世子及宗室四十八王皆没于勒。"

刺史华轶不服，司马睿派兵杀了他。史称司马睿"恭俭有余而明断不足"①，虽然算个好人，但没有能力治天下，内乱不已。他之所以侥幸为盟主，完全靠地方权臣拥立，只是司马家族的代表而已。

王弥与石勒表面亲近，内心互相猜忌。石勒俘了荀晞并重用他，王弥心里很不平衡。王弥给石勒写信，酸溜溜地说："您抓了荀晞又用他，多了不起啊！让荀晞做您左司马，再让我做您右司马，天下就不难平定了。"石勒看了这信，心里很不安，对张宾说："王弥位高而话语谦卑，他一定有什么图谋。"张宾劝石勒趁王弥现在力量较弱，找个机会除掉他。这时王弥正与晋将刘端紧张对峙，王弥向石勒求援，石勒本来不肯答应。张宾说："这是天赐良机啊！"于是，石勒出兵将刘端斩杀，王弥大喜，以为石勒跟他铁哥们儿，不再质疑。石勒请王弥赴宴，酒喝得正来劲时，石勒突然亲手将王弥杀了，然后兼并他的军队，这才向刘聪汇报，说他反叛。刘聪勃然大怒，派使者责备石勒擅自杀朝廷重臣，心中无主，但还是给石勒加官镇东大将军，督并、幽二州诸军事，兼并州刺史等职，予以安慰。

本年战乱还有：李雄攻陷巴西、涪城。蜀流民李骧起事，据乐乡，被晋将击败，归降被杀。蜀流民杜畴不满官军屠杀，率众起事。湘州刺史扬言杀光流民，激变四五万家流民，共推杜弢为主，并称梁、益二州牧，领湘州刺史，随后攻长沙，南破零陵、桂阳（位于今湖南郴州市），东袭武昌，斩长沙等地郡守。

---

① 《资治通鉴》卷92，晋纪14，6册，"帝恭俭有余而明断不足，故大业未复而祸乱内兴。"

永嘉六年（312年），倒计时：4

套用一句时下流行话来说：只有更混乱，没有最混乱。老天爷不忍心看，索性日食，让瘟疫在黑暗中大肆流行，让人在黑暗中相互厮杀。

在这个混乱的历史舞台上，石勒不知疲倦地演着主角。年初他在葛陂筑营，向百姓征税造船，准备攻建业。司马睿当然不会坐以待毙，不等石勒备战，便迅速调集大部队，主动征讨石勒。这时，老天爷似乎有意调停，大雨连下3个月不停，双方都没法进一步行动。石勒军中缺粮，又遭流行病，死亡过半。将领商讨对策，有人建议向司马睿求和，等对方退兵后伺机而动。这显然是屈辱，石勒无法接受。张宾不客气地说："石将军陷了京城，囚了天子，杀了王公，占了王妃公主，拔下头发也数不清您的罪，怎么能以臣事晋呢？现在数百里大雨不停，是昭示不该在逗此留。"按照张宾计策，全军顺利撤回。

石勒渡黄河，想攻三台。张宾不同意："当前大敌是王浚和刘琨，应当先征他们。况且目前天下饥荒混乱，您率大军离乡背井，人心未定，不如选个便利之地，多多囤积，向西占平阳，谋取幽州、并州，这才是霸业！"于是，石勒即攻襄国，又令诸将攻冀州，将各郡县粮食集中到襄国。

王浚是晋大将，长期坐镇北边，不会坐等石勒。他委派段末杯等将出征，石勒几战失利。石勒恼火，想动用所有兵力决一死战。张宾反对："鲜卑军中段氏最凶悍，段末杯尤其勇猛。他们定下日子来攻北城，认为我们虚弱不敢出战，轻敌麻痹。我们最好将计就计，在北城暗暗挖20多条地道，等他们到来，突然袭击，打他们个措手不及！段末杯一失败，其余不攻自破。"石勒采纳，果然成功，段末杯也被生擒。段氏请求用人质换回段末柸，而有人建议将其杀了。石勒说："鲜卑与我们素来无仇，只不过受王浚利用罢了！现在因为杀段末柸一人而与一国结仇，不值得。不如放回去，他感激我们，王浚也少一份势力！"石勒招来段末柸，以酒相待，结为父子。段末柸回去后，一心归附石勒，王浚势力果然衰弱。

刘聪忙于享受。年初，刘聪要娶太保刘殷的女儿，因为同姓有人反对，可也有人辩护："刘殷是周代刘康公的后代，与陛下不同源，不算近亲。"于是，封刘殷两个女儿为左右贵嫔，又娶刘殷4个孙女为贵人。从此，刘聪忙于"六刘"，政事都由宦官传奏决定。

有意思的是，刘聪不忘与俘虏司马炽分享。刘聪宴请司马炽，酒过三巡后说："你做豫章王时，我曾与王济到你那。你说久闻我名，把你写的乐府歌给我看，说'听说你会写辞赋，帮我看看'。当时我和王济写的都是《盛德颂》，你很赞赏。又领我去射箭，我得12筹，你和王济都得9筹。你送我柘弓、银砚，还记得吗？"司马炽受宠若惊："我怎敢忘，只恨没早识您帝王之相！"刘聪大笑，换个话题："你家骨肉相残，怎么那么厉害？"司马炽奉迎说："这不是人事，是天意。您应天受命，所以我们为陛下互相驱除。我家如能奉行大业，各家和睦，陛下怎能得天下？"刘聪听得飘飘然，酒话说到天黑。临别，将小美女刘贵人赐给司马炽。

因为鱼蟹供应不上，刘聪杀了负责水域的官员；又因为温明、徽光两座大殿没修成，斩了木匠。王彰劝谏："现在百姓附汉的心尚不坚，思晋心还强，刘琨又近在咫尺，到处有刺客，陛下您外出游玩要注意安全啊！"刘聪听了大怒，要将王彰处斩，经王彰女儿求情才改为囚禁。太弟等人抬着棺材进谏，刘聪发怒："难道我是暴君吗？"太保刘殷等一百余名大臣免冠涕泣劝谏，刘聪这才说："朕昨晚喝得太醉了！"

晋阳守将刘琨很有政治头脑,诗琴一流,打仗也常胜,可跟刘聪一路货色。刘琨向各州郡发布檄文,约定十月在平阳会合攻汉,可他天天沉湎女色。护军令狐盛多次进谏,刘琨将令狐盛杀了。刘琨母亲生气:"你不能驾驭英雄豪杰实现自己的抱负,只会除掉比自己优秀的人,将来肯定会祸及我身。"果然,令狐盛的儿子令狐泥投汉,带走大量军事情报。刘聪大喜,马上派兵出击并州,让令狐泥当向导。刘琨调兵东线,汉军乘虚袭晋阳,令狐泥亲自杀了刘琨之母。

王澄既善清谈,又勇力过人,跟他哥哥王衍一样年轻时就名扬四海。可是,刘琨对王澄说:"你外表虽然洒脱,内心却有侠义,像你这样的人难以善终。"王澄时任荆州刺史,多次被民军杜弢打败,但仍然傲慢。他去拜访正在征讨杜弢的族兄王敦,认为自己的名望在王敦之上,根本不把他放在眼里。王敦大怒,诬王澄与杜弢有书信往来,随手将他杀了。

永嘉七年(313年),倒计时:3

正月初一,刘聪在光极殿宴请群臣,心血来潮要司马炽穿着青衣为大家斟酒敬酒。所谓"青衣",在古时候也是帝王、后妃的春服,但自汉以后多为地位低下者所穿。要当过皇帝的司马炽穿着青衣给大家倒酒,显然不敬。可现在司马炽是刘聪的阶下囚,别说青衣,囚衣也得穿!一同被俘的晋臣庾珉等人看着司马炽在那里强装笑颜,忍不住大哭,让刘聪扫兴。刘聪目的是要看笑话,你怎么坏事?正巧有人告发庾珉等人谋反,刘聪一怒将庾珉和司马炽等俘虏全杀了。

刘聪一副小人得志的样子,为所欲为。廷尉陈元达进谏:"陛下即位以来,已建宫殿40多所。如今战争不停,饥馑疾病流行,百姓家破人亡,您还要建新殿,符合天意吗?"刘聪大怒:"朕是天子,难道建个宫还要请示你这样的鼠辈吗?"说着一挥手,让人将陈元达拉出去,连同他妻儿一同斩首示众。大臣当场说情,刘聪不理。刘皇后听说,一面暗中命令停止行刑,一面亲笔上疏说:"陛下杀他们是因为臣妾造宫殿,不久天下人会将所有的罪孽都归罪于臣妾,请您直接赐死臣妾好了!"①刘皇后这话,字字句句在理,我们今天读来也不免为之一恸。昏庸的刘聪不能不有所清醒,立即叫人把陈元达带上来,将这疏给他看,说:"外有你这样的人辅佐,内有皇后这样的人辅佐,我还有什么可忧?"他下令将"逍遥园"改名为"纳贤园","李中堂"改名为"愧贤堂",又对陈元达说:"本来是你怕我,现在我要怕你了!"刘聪这一变倒值得肯定。

获悉司马炽死讯,长安举行祭奠,由司马邺即位,为晋愍帝。这时的长安城中不满百户人家,荆棘成林,百官没有官服印绶,只能把官衔写在桑木板上做标志,军队不过1旅,公私车只有4辆。皇室、世族纷纷迁江南,西晋中原王朝已名存实亡。

周玘因为家族势力大,又"三定江南"功勋卓著,被封为建威将军、吴兴太守。但由于北方士族相继南渡,司马睿所用重臣大都是在中原丢官弃职的人,造成南北士族矛盾。司马睿对周玘心怀恐惧,而周玘也怨恨,便与江东人士密谋政变,事泄失败,忧愤而死。周玘临终对儿子周勰说:"杀我者诸伧(指中原人士)子。能复之,乃吾子也!"周勰纠集地方武装密谋起兵,也未举而失败,但司马睿没追究。

---

① 《资治通鉴》,卷88,晋纪10,5册,"陛下为妾营殿而杀谏臣,使忠良结舌者由妾,远近怨怒者由妾,公私困弊者由妾,社稷阽危者由妾,天下之罪皆萃于妾,妾何以当之……妾诚无面目复奉巾栉,愿赐死此堂,以塞陛下之过!"

司马邺任命司马睿为左丞相，督陕东军事。司马邺诏书指示："我朝当务之急是扫除刘聪这样的鲸鲵，奉迎怀帝灵柩。现令幽州、并州出兵30万，直抵平阳，右丞相率秦、凉、梁、雍数州军直达长安，左丞相率所属精兵同时抵达平阳。"鲸鲵比喻凶恶的敌人。紧接着，又诏令司马睿按时行军，与皇帝的车马在中原相会。司马睿推辞说："我刚定江东，无力北伐。"结果，这年底汉兵入长安，司马邺躲到射雁楼才逃一命，所幸另一位将军赶跑汉军。

祖逖素有远大抱负，成语"闻鸡起舞"说的就是他，被司马睿任用为军谘祭酒，相当于高级军事参谋。祖逖向司马睿毛遂自荐："晋室败落到今天这地步，并不是君主无道导致臣下叛乱，而是因为宗室争权夺利自相残杀，使外敌趁机入侵。现在晋室遗民都不甘，大王您如果下令，派像我这样的人统军去收复中原，一定会有很多人望风响应。"司马睿听了，左右为难，只好任命祖逖为豫州刺史，给1000人的口粮、3000匹布，但不给武器，让他自己去募集。祖逖热血得很，不在乎司马睿冷淡，带着私家兵100多人北渡长江。在江中，他还敲打着船桨发誓："我如果不能恢复中原而要再渡江回来的话，就像这江水一样流去！"祖逖驻扎淮阴，制造兵器，招募2000多人，然后继续前进。他曾一度收复黄河以南大片土地，使得石勒不敢南侵，凭此功劳晋封镇西将军；后因受官场忌惮，忧愤而死。

王浚虽然有所衰弱，但依然不可小视。只因段氏不肯攻石勒，王浚用重金贿赂拉拢拓跋氏，又邀慕容氏，三方联军共击段氏。就为此，石勒也想收拾王浚。张宾出谋划策说："王浚名义上是晋将，实际上想废帝自立，只不过怕别人不服，暂时忍着。将军您威震天下，如果想收拾他，还怕没机会？"石勒听从，便给王浚写信诚恳地说："我本来只是个小小胡人,只因世道太乱,流窜到冀州,聚些人保性命而已。现在晋室没落,中原无主,适合登帝的除了您还有谁呢?希望您能顺应上天和百姓的意愿,早登皇位。我尊奉您,如同尊奉天地父母,请您也将我视如儿子!"王浚看了这信,非常高兴,但高兴之余不免感到肉麻,起些疑虑:"石将军这人可信吗?"他问的是送信人,送信人早备有一番说法:"自古以来,胡人辅政是有,但没一个做帝王。石将军并不是不想做,只因为他知道没有这天命,不如成全您!"听这么一说,王浚不能不信,立即派人回访。这时,王浚有个部将私派使者归附石勒,石勒却将这人杀了,又将他的首级交送王浚。这样,王浚半点怀疑也没了。

此外还有些混战,上年反叛的胡亢有个部将叫杜曾,能够穿着铠甲渡河,因被猜忌杀了胡亢,自号南中郎将。荆州刺史陶侃(陶渊明曾祖)败杜弢,但被杜曾击败,只身而逃。不久又有流民杨武起事,攻陷梁州,归附李雄。

建兴二年(314年),倒计时:2

新年伊始又有离奇天象,说是流星从牵牛星座入紫微星座,星光照亮地面,坠落到平阳却变成一大团肉,长15丈、宽13丈。满城议论纷纷,消息当然也传进宫中,越传越离奇。那位死里逃生的陈元达又放重话:"这是因为后宫宠女太多,亡国之兆啊!"刘聪听了很生气,但只是克制地驳斥:"这是阴阳变化的自然现象,跟人间有什么关系?!"

且说王浚派出的使者到石勒处,石勒将精锐部队和武器都藏起来,只让他参观老弱残兵和空虚的府库,但态度非常热情与恭敬。见使者,石勒面北称臣。王浚赠送的拂尘,石勒不敢拿在手上,而高悬在墙,早晚叩拜。石勒虔诚地对使者说:"每当我看到王公所赐,就像拜见王公一样！"然后派使者去见王浚，约定三月亲自到幽州尊奉他称帝，并给王浚女婿写信请求当个区区并州刺史，一切演得跟真的一样。石勒的使者汇报真相："幽州去年发大水，百姓无粮，王浚囤积百万石粟谷却不肯赈济灾民，刑政苛刻，赋税繁重，夷狄反叛，人们都感到这个政权要灭亡。"而王浚的使者回去却汇报看到的假象，说石勒势力如何衰弱，如何忠心不二。听这么一说，王浚更骄傲懈怠了。

石勒一面发兵远征王浚，一面连夜给刘琨送信，利用他与王浚的矛盾，痛说自己罪过，请求让他以讨伐王浚谢罪。刘琨大喜，连忙向各州发布檄文，说石勒已降，现在应合力去对付伪皇帝刘聪。石勒的军队到易水，距王浚所驻蓟城很近了，部将请求发兵阻止，王浚却发怒："石公来是拥戴我的，谁再敢胡说，斩！"接着下令准备酒宴欢迎石勒。石勒不敢相信真有这么顺利，到城门口还怕有人唱空城计，先赶几千头牛羊进去，说是送给王浚的礼物，实际上为着堵塞街巷。王浚被抓到石勒面前，这才发现上当，大骂："胡奴戏弄老子到这地步！"石勒将王浚杀了。王浚的部将纷纷到石勒门前谢罪，唯有尚书裴宪和侍郎荀绰不来。一查，其他官员家产都有巨万，裴宪和荀绰却只有书百余册及一些口粮而已。石勒大为感动，连忙招他们为官，说："得幽州我并不怎么高兴，高兴的是得两位正直的官员。"石勒带着王浚的首级报捷，刘聪奖赏他12郡。石勒辞谢，仅受2郡。

这年六月，刘聪再派大将赵染攻长安，晋派征东大将军索綝抵抗。赵染不把索綝放在眼里，长史鲁徽提醒说："晋军知道力量悬殊，很可能以死相拼，我们不可轻敌啊！"赵染不屑一顾："司马模那么强，我打他像摧枯拉朽。索綝这小子，岂用弄脏我的刀？"一大早，赵染率数百骑去挑战，还吹嘘："等我掳来索綝再吃早饭。"没想到，赵染败了。

赵染心里难过得很:"真不该不听鲁徽的话。现在,回去怎么见他?"赵染挽回面子的方式与众不同:下令先杀了鲁徽。

此时成汉李雄天下倒是一派盛世景象。对外新据汉嘉、涪陵、汉中,对内推出一系列新政。李雄善于纳谏,唯才是举,刑政宽简,尊师重教,设置史官。成年男子每人每年仅交3斛谷,成年女子减半,有病的再减半。每户赋税仅几丈绢几两绵,劳役少,新归附的人免徭役,多数百姓殷富。

建兴三年(315年),倒计时:1

晋建代国,以拓跋猗卢为王,以代郡、常山为食邑。当时,司空刘琨驻并州,与拓跋猗卢关系密切。现在,拓跋猗卢请求让刘琨的爱将莫含到代郡,实际是要他去做人质,莫含不肯。刘琨劝道:"并州势单力薄,我又没本事,之所以能在胡人、羯人的地方生存,完全是靠代王的力量。你想当忠臣,怎么能留恋私情而忘大节呢?"莫含听这么说,只好去。

王敦派陶侃等大将再次讨伐叛军杜弢,打了几十仗,杜弢终于抵挡不住,请求投降。晋同意,让杜弢担任巴东监军。他接受任命,可晋将还是攻伐,他非常愤怒,再次反叛,一举攻陷豫章。

陶侃与杜弢相互攻击,难分胜负。杜弢派一个叫王贡的部将出去挑战。陶侃不忙着应战,而站在老远发起政治攻势,说:"杜弢本来是益州小吏,盗用州库钱财,父亲死了也不奔丧,不是好人。你本来是个好人,为什么要跟他?天底下会有白头到老的贼寇吗?"这话比一通刀枪更厉害,王贡立即投降,将士溃败,杜弢只身逃命,不知所往(有的说投水死)。陶侃乘胜克长沙,湘州全部平定。这一切归功于王敦,提拔他为镇东大将军，督江、扬、荆、湘、交、广六州诸军事及江州刺史。

陶侃平湘州后，乘胜进剿叛军杜曾，但因轻敌，反被杜曾打败，死伤数百。杜曾进而包围宛城，守将荀崧因兵少粮尽，想向襄城求援。没想荀崧13岁的小女儿荀灌率几十名勇士连夜突击出城，已到襄城。在襄城方面援助下，杜曾果然退兵。

王敦部将嫉妒陶侃的战功，趁机诋毁。陶侃为自己辩护，王敦大怒，将他贬为广州刺史。当时的广州可不似当今，偏僻荒凉得很。陶侃在广州无所事事，只好每天一早将100块砖搬到屋外，天黑又搬回屋里。他说："我要收复中原，要锻炼好身体。"可惜，陶大人只能是"梦里挑灯看剑"。

汉军进犯北地，几乎快到长安城郊了。当时，晋在灵武尚有驻军，但兵力太少，不敢救援。司马邺多次要丞相司马保征召军队，司马保的近臣叹息："被蛇咬到手，断腕保命。现在胡兵气焰正盛，我们应当截断陇地的路。"有人当即反驳："现在是蛇咬到头了，可以砍掉头吗？"他们只能将司马邺护送到司马保那里去。索綝说："司马保得到天子，肯定有个人目的。"因此，他没去。从此，西安以西地区也不再进贡，朝中百官只能靠自己采野谷充饥。

三月东宫竟然下血雨，显然不是好兆头。太子太傅崔玮、少保许遐劝太弟刘义说："现在相国的权势超过东宫，殿下不仅难以继承皇位，还朝不保夕，应当早做打算。"刘义没听从，但崔玮和许遐还是被人告发，于是被杀。刘义上表请求做一个普通百姓，并请立刘粲为继承人，没被理会。

汉青州刺史曹嶷夺了齐、鲁所有郡县，军队多达10万之众，沿着黄河设防。石勒看了很不放心，上表说："曹嶷有独据东方的野心，请让我去讨伐。"刘聪怕灭了曹嶷难以控制石勒,不同意。

刘聪新娶部将靳准两个女儿月光和月华,立月光为皇后,刘贵妃为左皇后,月华为右皇后。陈元达认为3位皇后并立不符礼制极力反对,并说月光有不光彩之举。刘聪无奈,只好将月光废了。月光含恨自杀,刘聪从此更恨陈元达。

建兴四年(316年),倒计时:0

刘聪继续沉湎后宫享乐,有时百日不出宫,政事委相国刘粲,只有决定生死或高官任免时才让王沈等近臣进宫报告。王沈虽然很有文才,曾作《释时论》指责世族制度对人才的压抑,可他本人并不是一盏省油的灯,会按照自己喜好决断转呈给刘聪的报告。陈元达看不过去,与河间王刘易等人一起进谏:"如今晋尚未最后灭亡,巴蜀也未归服,石勒图谋占赵、魏,曹嶷想称齐王,陛下心腹四肢何处没有祸患?还要让王沈再添乱?"刘聪将此谏交给被告,嘲笑道:"这群小子,跟陈元达一混,都变书呆子了。"结果,不仅没处理王沈,反而提拔他为列侯。刘易又上书劝阻,刘聪大怒,将他谏书撕了。刘易气不过,含恨而死。陈元达哭道:"以前正是仗着刘易大人,我可以进谏。现在他死了,我再不能进言,苟活有什么意义?"哭完刘易,陈元达回家自杀。

樊氏是张皇后生前的婢女,刘聪却把她立为皇后。从爱情角度说可以理解,从礼制角度说显然不该。问题还在于,除3个正式皇后之外,刘聪另有7个佩戴皇后玺绶的女人。他沉醉于后宫,朝中大事由小人操纵,乱象迭出。大将军刘敷看不过去,一次次哭着劝谏,刘聪大怒:"你咒我死啊!干吗一天到晚哭?"刘敷给活活气死。

然而,昏庸的刘聪却有几位骁勇的部将,刘曜是其一。5年前他率军攻入洛阳，掳走司马炽。本年他又围长安，断了内外，城中人饥饿难忍，出现人吃人现象。司马邺心善，泣道："到如今这地步，外援无望，我当忍辱，趁城未破出降，让士民活下去！"司马邺派侍从送降书，索綝却暗中拦下，改派自己儿子，并擅自对刘曜说："如果能封索綝为万户郡公，我们就献城而降。"刘曜听了大怒："帝王之师，当按道义行事。索綝居然说这样的话，真不是东西！"刘曜将索綝儿子杀了，送还尸体。司马邺按照亡国之礼投降，口衔玉璧，袒露着臂膀，坐着羊拉的车。群臣有的挽着羊车，有的抬着棺材，一路哭号，天地悲之。有的大臣不愿降，当即自杀。至此，历时52年的西晋王朝正式灭亡。

刘曜将俘虏押送平阳，司马邺向刘聪跪拜行礼。刘聪给司马邺封光禄大夫、怀安侯，但在刘聪打猎时司马邺只能像猎狗一样跑在最前面，刘聪上厕所时司马邺得在一旁打扇。

第二年三月，司马睿在建康称晋王，太兴元年（318年）改称帝，如同西周与东周、西汉与东汉，史称"东晋"。318年刘曜在赤壁（位于今山西省河津市）称帝，以石勒为大司马、大将军，后改国号"赵"，史称前赵。太兴二年（319年）石勒称王，国号"赵"，史称后赵。

后果：假如司马炽能亲政

就像对子婴、刘婴，我不多说司马邺的亡国责任。相反，我想表扬司马邺。司马邺受命危难之时，当务之急是扫除刘聪那样的鲸鲵，可惜积重难返，根本指挥不动残余的军队。长安城又被围，城中饿得人吃人，外援无望，他毅然选择忍辱，趁城未破出去投降，让士民活下去。有些传统观念是很没人性的。司马邺不想以人肉为军粮继续抵抗，图一个英雄的虚名。在刘聪宫中那样屈辱，可我猜想他是在学越王勾践，或者说为了其他人免遭屠戮。我原谅司马邺，甚至赞赏他在大难之时闪耀出来的人性光芒。

司马炽没有明显错误，但是难以谅解。他被司马越扶持为傀儡皇帝时14岁，向司马越发动反击时已经28岁，心智应当正常。当时天灾人祸不断，刘聪等反叛势力越来越壮大，而晋廷内部争权夺利仍然十分严重。在这种情况下应当以大局为重，而不该发动讨司马越的战争。他们是有些矛盾，司马炽要司马越保卫京城，司马越则主张出征，认为："如果能胜，可以重振国威，总比坐以待毙好吧！"于是率兵4万去战石勒，毕竟是在御共同之敌吧，怎么能大敌当前而利用司马越与大将苟晞的私仇，指令苟晞去讨伐他，自相残杀？结果，司马越气死，石勒乘势追击，晋军最后主力被歼，苟晞被俘叛变，司马炽自己也被俘以至被杀。晋以内乱起，终以内乱亡。

可以理解司马炽讨伐司马越的动机。他皇兄惠帝司马衷当年被毒死，司马越是最大疑凶。这些年司马越独揽大权，压制司马炽，不久前又杀他的心腹缪播、何绥等十几名高官。如果杀了司马越，稳定内部，然后一致对外，也许能够挽救时局。如此，那么他该学汉和帝刘肇。刘肇继位时才10岁，由养母窦太后执政。可这窦太后不是善人，临朝后大谋私利，大搞外戚政治。窦宪在战争中立大功，旧病复发，更加跋扈恣肆，竟然欲谋叛逆，非诛不可。刘肇这时虽然才14岁，可不像司马炽那样大大咧咧，向各州发布檄文，浩浩荡荡出兵，而不动声色用计策，将窦宪的死党全都逮捕，下狱诛死。刘肇亲政后开创了"汉和盛世"。司马炽如果像刘肇那样巧妙制服司马越，开始亲政，团结对敌，未必没可能转危为安吧？

第六章
隋末10年

> **提要**
>
> 公元609—618年为隋朝倒计时10年，609年还一派盛世景象，但从此剧变，杨广一再大征高句丽，引发内乱，而他还固执地远巡江南，以致侍从哗变，直接被杀。
>
> 假如杨广能像刘彻在紧要关头猛然醒悟，改弦易辙，不难稳定江南，进而恢复中原。

前因：醉心于大排场、大征战、大享受

隋文帝杨坚当政时期，从开皇元年（581年）开国至仁寿四年（604年）去世，实现大统一，官制、科举方面的创新影响深远，开世界上最早的运河，藏富于民，"朝野欢娱"，被誉为"开皇之治"。

杨坚突然死亡，其子杨广继位，即隋炀帝。"炀"字本意指熔化金

属，烘干，烤火，用以评价帝王是贬意。《谥法》曰："好内远礼曰炀，去礼远众曰炀，逆天虐民曰炀，好大殆政曰炀，薄情寡义曰炀，离德荒国曰炀。"

但是大运河是在杨广手上完成的，科举制是在杨广手上完善的。短短十几年时间，他还开拓疆土，畅通丝绸之路。说"开皇之治"延至杨广前期未尝不可。

不过，杨广又的确是地地道道的亡国之君。他醉心于大排场、大征战、大享受，国势突然急转直下。

最大看点：梦断江南

大业五年（609年），倒计时：9

新年伊始，杨广将东京（今河南洛阳）改名为"东都"，更重要的政令是全国实行"均田制"。早在春秋时期，齐国大夫晏婴就提出"权有无，均贫富"思想，孔子也说国人一大特点是"不患寡而患不均，不患贫而患不安"，但秦以后土地兼并问题日趋严重。为此，西汉推"限田法"，西晋推"占田制"，北魏、北齐、北周则推"均田制"。均田制"计口授田"，指政府根据所掌握土地数量，授予每人几十亩桑田和露田。桑田可继承，露田在年老或死后收回。开皇二年（582年）规定，官人"永业田"（也称"世业田"，身终不还）自诸王以下至都督，多至百顷，少至40亩；内外官也按其品级高低授职分田，多至5顷，少至1顷。杨广上任当年，还免除妇人和奴婢、家兵的租调，并取消他们的授田。从此，诸王以下至都督都给永业田，多者100顷，少者40顷。这政策延续至唐中叶。

杨广命户部侍郎裴蕴负责人口普查工作，要求地方官员对脱漏户口及虚报年龄逃税赋的，要"大索貌阅"，即按照户籍登记的出生年与本人的外形、相貌进行核对，发现有一人不实即治户籍管理官员之罪；鼓励民众检举，凡发现一丁作假便令被检举之家代输赋役。本年共检出24.3万丁，64.15万口。至此，全国共有190郡，1255县，890万户，为隋朝之最。①

帝制时代，天子有出巡狩猎之礼。杨广循例西巡。行前，命裴蕴到高昌等属国打前阵，送上厚礼，要求届时来朝，以免冷场。花红柳绿的时候，西域27国首领得了好处，早早恭候在路旁，夹道欢迎，杨广觉得好有面子。但他觉得不过瘾，又要求武威和张掖地方政府组织一批美女打扮得漂漂亮亮来捧场。穿戴不漂亮的，督促她们当即回去换装。此行最大收获是伊吾请降，献地数千里，隋在那里设西海、河源、鄯善、且末等郡，从全国各地调服刑犯人去当兵守卫，广开屯田，保障与中央政令通畅。但回程太扫兴，遭遇风雪，士卒冻死大半，马驴损失十之八九。

吐谷浑本为辽东鲜卑慕容部的一支，晋咸和四年（329年）立国建朝。可汗受刘宋封为河南王，又受魏封为西平王。开皇元年（581年）杨坚登基不久，吐谷浑就攻凉州。隋将出击，俘斩万计，可汗率亲兵远遁，众人受降。第二年吐谷浑入侵临洮等地，隋军将他们击退。开皇四年（584年），隋将又大败吐谷浑，杀男女万余口而还。从此，双方关系转为友好。开皇十一年（591年），吐谷浑遣使入隋表示称藩，敬献土特产，并请求赐给美女充实后宫。杨坚给他们礼遇，美女舍不得。开

---

① 张习孔，田珏：《中国历史大事编年》卷2，北京出版社1997年版。

皇十五年（595年）吐谷浑又入隋奉献。第二年杨坚终于同意和亲，嫁一位公主去当皇后。开皇十七年（597年）吐谷浑发生内乱，新可汗伏允对隋不友好。大业四年（608年），杨广曾命重兵大败吐谷浑；本年五月继续出击，降男女10余万口，伏允逃入党项。前些年伏允曾送儿子来朝，杨广留为人质，现在立他为吐谷浑可汗。

或许杨广潜意识感知历史老人已悄然开启隋王朝的倒计时，这年初禁民间兵器，铁叉、搭钩、刃之类一律严禁。看来杨广也心虚，他应该知道：秦始皇统一全国后也曾收天下兵器，集中到咸阳，铸12个铜人，每个重达千斤，结果如何？

才子薛道衡，隋代诗人中成就最高。其代表作《昔昔盐》描写思妇孤独寂寞的心情，其中"暗牖悬蛛网，空梁落燕泥"一联，为千古名句。薛道衡备受杨坚信任，担任机要职务多年，皇太子及诸王争相与他结交。杨广对薛道衡的文才也极爱慕。有一次，薛道衡被人弹劾结党，流放岭南。杨广当时是晋王，坐镇扬州，秘密派人到长安让薛道衡到扬州，留在幕府。杨广即位后，薛道衡回京师，写一篇《高祖文皇帝颂》奏上，没想拍错马屁。杨广看了这颂辞，发怒说："这不是《鱼藻》吗？"《鱼藻》通过歌颂周武王而讥刺周幽王。① 杨广认为薛道衡借此把自己和周幽王联系在一起，产生杀心。这时，薛道衡的朋友劝他杜绝宾客，以求保全，薛道衡不以为然。本年朝臣们讨论新令，争论不休，薛道衡又口无遮拦。裴蕴落井下石说："道衡负才恃旧，有无君之心。见诏书每下，便腹非私议，推恶于国，妄造祸端。"杨广看了，称赞裴蕴："公论其逆，妙体本心。"于是将薛道衡逮捕，令自尽。临刑

---

① 《诗经·鱼藻》，"鱼在在藻，有颁其首。王在在镐，岂乐饮酒。鱼在在藻，有莘其尾。王在在镐，饮酒乐岂。鱼在在藻，依于其蒲。王在在镐，有那其居。"

前,杨广嘲笑薛道衡:"你还能作'空梁落燕泥'吗?"因此,有人把薛道衡之死看做"诗祸"。

609年是隋王朝一道分水岭。司马光称这一年为"隋氏之盛,极于此矣"![①]

大业六年(610年),倒计时:8

杨广父亲开创的"开皇之治",留下了丰厚的国库资产。杨广继位时,"户口益多,府库盈溢,乃除妇人及奴婢部曲之课。男子以二十二成丁"[②]。曲课是酒税。成丁指男子可以服役的年龄,历代不同,一般是15岁左右,唐天宝年间为13岁,隋初由18岁提高到21岁,杨广又推迟至22岁。国家太富了,根本不需要老板娘纳酒税,也不需要太多人服役。此外,还经常临时减免赋税。

女人穿了新衣要上街,男人衣锦得还乡,否则就是锦衣夜行了。杨广就有这种心态。这年正月,组织在首都洛阳端门大街上表演丰富多彩的文艺节目,戏场周围5000步,光演奏乐器的就有1.8万人,从早到晚,从月夜到黎明,灯火映天地,声传几十里,从正月十五演到二月十五,你想象那是多热闹的盛世景观!从此成为惯例,"元宵节"由此而来。不仅如此,杨广还令街边的店铺装修一新,到处设帷幄,摆满名贵货物,街两旁的树则用丝绸缠绕得漂漂亮亮,充分体现大隋多繁荣,杨广的领导多么英明伟大。店家还要邀请过路的外国游客入店吃喝,酒足饭饱,不收分文,热情地说:"我们大隋富啦,吃喝点从来不收钱!"那些外国人听了,自然大加赞美,不过也有人质疑:"大隋应该还有穷

[①] 《资治通鉴》卷181,隋纪5,11册。
[②] 《隋书》卷24,食货志,23册。

人吧?为什么不把这些丝绸给他们做衣裳而要缠树呢?"简直夏虫不可语冰!

随后,从各地征乐工3万多人组建皇家歌舞团。2013年从萧皇后墓中出土成套编钟16件、编磬20件,是迄今为止国内唯一一批出土的隋唐编钟编磬实物,填补了中国音乐考古史上一项空白。这些编钟编磬不仅是权贵的象征,也证明隋代音乐水平之高,更说明杨广本人对音乐多么热爱。

江都即今江苏扬州,风光旖旎,是当时最繁华的大都市。为了到此一游,杨广早早征调100余万役夫开通济渠,沿运河建皇宫40余所,每所美女二三百,随驾宫女数千。出游之时,仅纤夫就得8万。一万余只船首尾100余里,骑兵夹岸,万马奔腾,旌旗遍野。南巡回来又北游突厥。北方缺水,改船为车。车跟船一般大,不用车轮,而由人肩抬着走,又得人山人海。本年春暖花开时,杨广再游江都。负责江都城市建设的张衡曾向杨广进谏:"这几年劳役繁多,百姓疲惫已极,希望陛下能稍加节制。"杨广听了很不高兴:"难怪到涿郡(今北京市西南部分及河北、天津部分地区)时,那里欢迎朕的百姓衣冠不整,原来是他心怀不满。"于是,将张衡外调为榆林太守。但张衡毕竟是自己宫廷政变的大功臣,杨广还是将他从偏远的西北重用到繁华的江都来。没想到,礼部尚书杨玄感报告说张衡为上年被杀的薛道衡鸣冤叫屈,江都郡丞王世充又报告说张衡贪污宫中建设物资。杨广大怒,将张衡贬为平民,提拔王世充为江都宫监。王世充是胡人,从小随母改嫁入隋,善于拍马,负责建宫中楼台亭阁,深受杨广恩宠。这年底,杨广又命开江南运河,自京口至余杭,长800多里,宽10余丈,可通龙舟。这是中国南方和北方首次连为一体。

这年还有一大盛事是外征凯旋。608年，杨广曾派使者到琉球招抚，被拒绝。不久派兵万余，从义安（今广东省潮州市）出海到琉球。琉球人以为是商队，涌上船做生意。不想隋兵登岸，攻占都邑，斩杀琉球王，俘1.7万人。另有倭国、室韦（今黑龙江中上游两岸及嫩江流域）、赤土（今泰国南部及马来西亚北部一带）等遣使入贡。

百姓反抗开始增多。这年正月，洛阳有几十人白衣素冠，焚香持花，自称弥勒佛，入都城后抢夺卫士的武器，试图暴乱。结果全被杀，另有1000余家受株连。

外部也有人不买账。与高句丽关系时好时坏。上年视察突厥的时候，见高句丽使者也在那，却没主动朝隋，杨广一肚子不高兴，即向高句丽使者宣诏："归语尔王，当早来朝见。不然者，吾与启民巡彼土矣。"① 启民是突厥可汗，两个帝王联手"巡"你的地盘，什么意思，还用说得更直白吗？可是等了一年，高句丽王的影子也没见。杨广觉得很没面子，开始筹划征高句丽，要求全国富人买马，马价涨至每匹10万钱；又令检查兵器，凡粗制滥造的，监造者立斩。

不来朝拜就讨伐，这也是形势所迫。对中原的主要威胁，以前是匈奴，现在突厥也交好，而高句丽不知不觉发展壮大起来，并形成军事对峙。早在十几年前，杨坚就给高句丽王下过诏："你那辽河比得过长江吗？你高句丽人比陈国更多吗？朕连陈国都灭了，你能抵挡多久？"② 赤裸裸地进行威胁。不过，大凡高调的人，往往都带有轻敌的硬伤。几年后，因为高句丽伐营州，杨坚派30万大军水陆两路反击，不想途中

---

① 《隋书》卷3，隋纪3。
② 《隋书》卷46，高丽传，24册，"王谓辽水之广，何如长江？高丽之人，多少陈国？朕若不存含育，责王前愆，命一将军，何待多力！殷勤晓示，许王自新耳。宜得朕怀，自求多福。"

遭遇大风，船多沉没，死十之八九，让杨坚死不瞑目，也让杨广耿耿于怀。后来，李世民等也一再伐高句丽。

大业七年（611年），倒计时：7

这年二月，杨广从江都乘龙舟至涿郡，正式宣布向高句丽开战。他令在东莱的海口赶造战船300艘，船工日夜在水中，不得休息，腰以下生蛆，死十之三四。随后向全国征水、陆军，汇集到涿郡；另调江南水手1万名，弩手3万名、枪手3万名。五月又命河南、淮南、江南造战车5万辆。七月发江淮以南民夫及船只运粮至涿郡，陆路另外常有数十万人。车夫两人推米才3石，因为路途又险又远，所运粮食还不够车夫路上吃，只好畏罪而逃。史书描述那情形："往还在道常数十万人，填咽于道，昼夜不绝，死者相枕，臭秽盈路，天下骚动。"①

这时，老天爷雪上加霜，山东、河南水灾，淹没30多郡。各地百姓纷纷造反，如邹平的王薄因兵役繁重，自称"知世郎"，作歌号召民众不要当官兵去辽东白白送死。②这可逮住了杨广的软肋，那些想逃兵役的人纷纷归附"盗贼"。又如平原郡刘霸道率众起事，从者10余万；漳南孙安祖因为家被洪水淹没，妻子饿死，县令又逼着服兵役，他便杀了县令，率众起事。最著名是窦建德，因胆力过人，在官府征兵中选为200人的小头目，但因帮助孙安祖起事，家属被杀。他认为："先帝时，天下富足，国家强盛，发兵百万征高句丽，尚且失败。如今洪涝成灾，百姓没法生存，皇上却不知体恤，还要征高句丽，天下肯定要大乱。"

---

① 《资治通鉴》，隋纪5。
② 《无向辽东浪死歌》："长白山前知世郎，纯着红罗绵背裆。长槊侵天半，轮刀耀日光。上山吃獐鹿，下山吃牛羊。忽闻官军至，提刀向前荡。譬如辽东死，斩头何所伤。"

于是，他起事投奔民军。史称当时"天下皆叛，隋政不行"[①]，仅文献中能够确认的造反组织就有200多个，官军根本应付不过来。

大业八年（612年），倒计时：6

杨广没把百姓起事放在眼里，加紧对外备战。年初，大军会集涿郡，陆路左右各12军，共113.38万人，号称200万。望着如此浩浩荡荡的兵马，杨广充满信心，想讨几句奉承，于是对部将说："高句丽总人口还不如我们一郡！现在，朕派这么多兵，你看如何？"部将小心翼翼地说实话："此战当然可以取胜！不过，世事毕竟难料。陛下亲征万一失利，恐怕有损皇威。不如留在这里，派部将出征，授权作战，火速行军，出其不意，必定能胜。"杨广听了不高兴，他想要干的事，没人能够阻拦。杨广出征也非常讲排场，亲自指挥每天发兵一军，每军相隔40里，头尾相继，鼓角相闻，旌旗相连，绵延960里。另有水军从东莱出海，船舰首尾相连也数百里。场面之壮观，闻所未闻，但根本不是什么征战格局。在杨广想来，区区高句丽一见这阵势就会吓得投降。

杨广还有一个致命问题，就是把兵权抓得太死，要求部将"凡军事进止，皆须奏闻待报，毋得专擅"！攻辽东城时，眼看要破城，敌军请降，前线隋军却不敢接受，急忙飞马请示杨广。等到杨广批示领回来，战机已失，敌人转为固守拒降了。如此反复几次，杨广反而怒骂部将："你们怕死，不肯拼命！"

水军登陆高句丽，乘胜入平壤城，却中埋伏，4万兵只逃回数千。35万兵马渡鸭绿江，要求每人带百日粮，弃米粮者斩。士兵实在不能重

[①] 《资治通鉴》，隋纪8。

负，只好偷偷埋在帐下，导致行军中途就缺粮。到离平壤30里处，士兵疲惫不堪，一战就败，丧30万，杨广只好下令班师。九月回到洛阳，追究责任，贬的贬杀的杀。

这年老天爷仍不顺人心意，山东等地大旱，然后瘟疫，人多死。

前年将张衡贬回老家后，杨广不放心，特命他的亲人加以监视。果然，杨广从辽东回来时，张衡之妾告发，说他诽谤朝廷。于是，杨广令张衡在家中自尽。张衡仰天大喊："我究竟做错了什么？我还想活啊！"监刑人把自己两耳捂起来，催促他快点了结。

本年，杨广密诏江淮以南各郡：每年须从民间选送一批姿质端丽的童女入宫。他在亲自指挥国内外大事的同时，没忘淫乐。

大业九年（613年），倒计时：5

这年初杨广下令再从各地征兵，安排新的将领，并修筑辽东古城贮粮。四月他再次亲临辽东，命宇文述等率兵进击平壤。这回杨广接受了点儿教训，同意前线将领灵活作战，但高句丽守军更巧妙。20余天攻不下，双方伤亡重大。

形势发展大出意外，百姓起事依然层出不穷，仅这年春新爆发了好几起。灵州（今甘肃省吴忠市）的奴隶出身的白瑜娑（又称"白瑜妄""奴贼"）起事，夺官马，北连突厥，很快壮大至数万人。济阴（位于今山东省菏泽市）的孟公海起事，占两州，众至3万。他们见"称引史书"，即见到谈论中引经据典的文化人便杀，异常恐怖。渤海的孙宜雅起事，众至10万，称齐王。他们与其他民军联合，屡败官兵。那一带郡县官兵望风而逃，只有齐郡丞张须陀率军抵抗，杀民军常常以万计，血流成河。

还出现一种新的严重情况：官军反叛。杨玄感是重臣杨素之子，理当是国之栋梁。可是杨素自恃功高，常表现倨傲，让杨广觉得没面子，怀恨在心。杨素死后，杨广还对近臣说："杨素如果没死的话，少不了灭族之祸！"这话让杨玄感不寒而栗，暗生异心。杨广备战高句丽，杨玄感主动请战，负责运粮。没想到，杨玄感从中挑选壮夫五千，另征船夫三千，号召说："独夫无道，不以百姓为念，天下大乱，这是上天要灭他。我身为高官大臣，家有万金，已经够富贵了。可我还是要冒着被灭族的危险，领义兵诛无道，只为救百姓于水火。"大家听了很感动，民军很快发展到10万之众。

杨广在辽东城久攻不下之时，灵机一动，命人缝制100万只布袋，一只只装满泥土，准备堆起来，高出城墙，让射手居高临下攻城内。可就在这时，突然传来杨玄感在黎阳（今河南浚县）起事的急报。杨广大惊失色，叹道："此人聪明，恐怕成大祸！"杨广不敢大意，连忙掉头，军用物资丢弃如山。杨玄感抵不过增援来的重兵，洛阳月余攻不下，转攻长安也告失败。仅剩十余骑时，杨玄感感到绝望，对部下说："我不能忍受别人凌辱，请你杀了我吧！"

没亲手杀杨玄感，杨广觉得不解恨，竟然说："杨玄感一呼，居然有10万人响应，可见天下百姓不能多，多了会相聚闹事。如果不多杀，不能惩后。"于是挖地三尺追究杨玄感的同党，杀3万多人，其中大半冤死。杨玄感曾在东都开仓放粮，凡是收过米的百姓都被当作同党坑杀。

著名诗人王胄曾经跟随杨广东征，跟杨玄感也交好。现在杨广杀王胄，跟杀薛道衡一样，嘲讽说："你的'庭草无人随意绿'写得很好，今后还有人能写吗？"杨广很在意跟文人较劲，常对近臣说："天下人以为我是靠父亲才当皇帝，其实即使跟士大夫们比高低，我也是该当天子的！"①他甚至明说："我不喜欢什么进谏！如果是显贵的人想用进谏出名，更不可容忍。如果是卑微之人，还可以稍加宽容，但也绝不让他有出头之日。你们要记住这点！"②我也不忘记下这点，一是看清帝王的本质，二是别忘了杨广也想通过公平竞争获得天下认可。

杨玄感失败了，但各地仍然纷纷响应，如余杭刘元进等。时值杨广再次发兵征高句丽，人们说："以前父辈在国家强盛时征高句丽尚有大半没回来，现在国家这么糟，我们去肯定送死。"于是，人们纷纷投奔刘元进。刘元进率部数万攻占吴郡，称天子，置百官。又如唐县宋子贤起兵，直接图谋杀杨广；扶风僧人向海明自称弥勒佛出世，起兵数万，称帝改元；章丘杜伏威等率众起事，推向淮南，与其他民军联手进逼江都。

杨广残酷地镇压，将俘虏的叛军绑在木桩上，命九品以上的官员手持兵器乱砍一通不算，还要加以车裂。对刘元进的部下，召集投降者到菩萨像前焚香发誓，宣布其他逃散的人只要投降都不杀。把人骗回来后，又将3万多人全部坑杀。杨广下令：凡是参与民变的，家属与财产都要没收。这样，郡县官吏权势更大了，更是对百姓作威作福，反过来助长叛乱。

大业十年（614年），倒计时：4

征高句丽再三无功而返，杨广耿耿于怀。年初再命百官讨论征高

---

① 《资治通鉴》卷182，隋纪6，"天下皆谓朕承藉绪余而有四海，设令朕与士大夫高选，亦当为天子矣。"
② 《资治通鉴》卷182，隋纪6，"我性不喜人谏，若位望通显而谏以求名，弥所不耐。至于卑贱之士，虽少宽假，然卒不置之于地。汝其知之！"

句丽问题，几天没人敢说话，那就视如同意啦！杨广又下令从全国各地征兵，多路进军。到临渝祭黄帝，杀逃兵用其血涂鼓，实指望将士们望而生畏，可逃兵还是越来越多，而且有很多兵根本不来报到。想当初，"国家殷盛，朝野皆以辽东为意"，一致主张征高句丽，只有儒生刘炫写一篇《抚夷论》，认为高句丽不可伐，而应当采取亲抚之策，"当时莫有悟者"。三征而过，杨广不得不认可刘炫之说。当然杨广不可能认错，他后来还曾下令伐高句丽，只是没再实施而已。

高句丽虽然能抵御入侵，但给长期的战争拖怕了，提出和解，并送还斛斯政。斛斯政本来是杨广的兵部侍郎，因为暗通杨玄感，叛逃高句丽。现在连叛徒都送来，杨广觉得有面子。回到西京，杨广将高句丽使者和斛斯政杀了，用他们的血祭太庙，并将斛斯政的肉煮了要求百官吃。百官吃了斛斯政的肉，就能治反骨吗？

反叛更多了，不胜枚举。一个新特点是：直接自称皇帝的多了，如扶风的唐弼、延安的刘迦论、离石郡的胡人刘苗王等，邯郸的杨公卿还敢袭击从辽东返京途中的杨广军队后部。

杨广是个屁股坐不住的人。这年底，又要巡视东都。太史令庾质进谏说："这几年东征高句丽，百姓实在是太疲惫了！陛下应当坐镇关内安抚，让百姓安居乐业，三五年国家富裕后再去不迟。"杨广听了很不高兴，坚持要去。庾质称病不能随行，杨广发怒杀了他。

大业十一年（615年），倒计时：3

江山摇摇欲坠，杨广还有雅兴给秘书省增加120名官员，授予学士职称，负责修撰工作。在观文殿前建书房14间，门上垂锦幔，上置两个小巧的飞仙，门外地面有开关。每当有人进书房，领路的宫人在前踩踏开关，两个小飞仙自动下来，收起锦幔，门与书橱都自动打开。人步出，则自动关闭。这应该可以申请技术专利，可惜不知发明者姓甚名谁。突厥、契丹、新罗等20余国遣使入贡。二月的一天，有10余人看见两只孔雀从西苑飞到朝堂，连忙上报。等杨广亲自赶来，那孔雀早已飞走，但他依然大喜，百官庆贺，一派升平景象。

对于此起彼伏的造反及逃亡，杨广诏令"民悉城居，田随近给"，要求各郡、县、驿、亭、村、坞都要筑城而居，既防民军进攻，又防良民出逃。

杨广自我感觉仍然良好，又北巡准备第四次征高句丽。隋与突厥本来友好，近年他们渐渐强大，大臣建议提防，于是杨广想以宗女嫁突厥可汗的弟弟，并任命他为南部突厥可汗。这弟弟不敢接受，而可汗知道后怀恨在心。见杨广北巡，可汗率数十万骑截击。幸好义成公主遣使急报，杨广连忙躲入雁门（位于今山西省代县），但仍然被围困。那一带41座城被占39座，城中粮食仅够20来天。突厥攻势很猛，利箭飞到杨广脚边。杨广吓坏了，抱着幼子哭，两眼哭肿。真想不到，好战嗜杀的杨广会如此怕死。义成公主是隋朝宗室女，在杨坚手上和亲入突厥，先后为启民可汗及其3个儿子之妻，对娘家人还是挺有感情。大臣萧瑀说："依突厥习俗，可贺敦（汗妻）可以参与政务，向义成公主求救也许有希望。"杨广连忙遣使向义成公主求救，同时诏各地募兵救援。16岁的李世民——未来的大唐帝王，就在这时应招入隋军。杨广亲自激励将士说："你们一定要努力杀敌！只要能够活着出去，谁都不用愁富贵，我一定不会让舞文弄墨的官吏埋没你们的功劳。"结果，义成公主冒死骗可汗说北边有军情，致其慌忙撤兵。后来义成公主还救了杨广的遗孀萧太后，但最终被唐将所杀。

且说杨广死里逃生，回到东都，斜眼望着街市，竟然感慨："还是大有人在啊！"意思说杨玄感反叛时杀得太少。至于奖赏兑现，雁门守军1.7万人只有1500受勋，打一仗得第一功的才升一级，没有勋级的打4仗才能升一级，大打折扣。至于萧瑀，杨广怒道："区区几个老鼠样的突厥窜雁门，能掀什么大浪？萧瑀竟然吓得不成样子，实在是丢脸！"说着将他贬出洛阳。杨广下令再讨论征高句丽，没人敢有异议。

李渊后来成为大唐开国皇帝，但这时候还是隋军大将。杨广命樊子盖率兵镇压民军，有来投降的都坑杀，百姓怨恨，更多人上山为盗。杨广令李渊代樊子盖。李渊善待四方，来降者越来越多。

大业十二年（616年），倒计时：2

这年开局不祥，缺席元旦大朝会的多达20余郡。当时全国总共190个郡，也就是说抗命的超过十分之一。其因不详，但显然与各地愈演愈烈的民变有关。这次朝会主题是布置发兵平叛工作。然后，杨广继续忙于享乐。他下令汇集10郡兵士数万，在毗陵郡（今江苏省常州市）新建宫苑，周围12里，内设离宫16所，新奇豪华的程度超过现有的西苑（位于今河南省洛阳市）。三月三上巳节是古代中国最浪漫的节日。这天，杨广与群臣在西苑水上宴饮。他令学者收集古代72个关于水的故事，木雕出来，其中有妓女和酒船，木质的人物能动能发声。他在享乐方面跟他杀人一样有很多新奇的点子，命人捉了数斛萤火虫，一斛是10斗。你不用想象抓那么多萤火虫多不容易，只要想象那么多萤火虫能发多少光。他夜游就将这些萤火虫放出，照得山谷如昼，别有诗情画意。

四月的一天，大业殿失火，杨广以为民军攻入，躲到草丛里，直到火灭后才出来。虽是虚惊一场，但他的心再也无法安宁，夜夜失眠，常常半夜惊醒，大叫"有贼"，要几个美女安抚一番才能入睡。

各地民变形势究竟如何？杨广心中无数，便问大臣。总领军事的大将军宇文述回答："逐渐减少。"宰相苏威听了，回避到大柱后面去。杨广见了，连忙追过去问。他只好说实话："我没管军事，不知道天下究竟有多少贼兵，只知道他们离京城越来越近了。"杨广吓一跳，问为什么。苏威说："他们以前在长白山（位于今山省东邹平市、济南市章丘区、淄博市交界处），现在到汜水（位于今河南省荥阳市）了。最近上报的情况都不实，朝中措施不当。陛下在雁门避难之时，曾许诺不再征辽东，可现在又恢复。失信于民，怎么平息民愤？"这话让杨广不高兴。不久，杨广又问征高句丽的事，苏威直接说："希望陛下不要再征兵。只要赦免贼兵，派遣他们去辽东，不愁高句丽不灭。"杨广听了更不高兴。苏威一出门，裴蕴便说："简直胡说八道，天下哪来那么多贼兵？"这话说到杨广心坎上，他不由骂道："这老家伙诡计多端，想用贼兵来吓唬我，真想给他一巴掌！"不日，裴蕴指使河南一个平民告状，说苏威在高阳的时候滥授官职。于是杨广下诏将苏威削职为民，消了自己心头一恨，更消了裴蕴心里一妒。

自欺欺人一番后，杨广第三次出游江都。将军赵才进谏："现在百姓疲惫，国库空虚，政令不畅，请陛下留在宫中安定民心！"杨广大怒，当即将他下狱。大臣任宗进谏，结果更糟，在朝堂被杖死。然而，不怕死的官吏还是不少。洛阳出发时，大臣崔民象在建国门上表，说各地贼兵太多，不宜出巡，杨广命人将他下巴敲了再斩首。大臣王爱仁上表，请杨广还京。杨广将他杀了，继续东行。有个人拦御驾，上书说："如果陛下坚持游江都，那天下就不是陛下的了！"杨广又将这人斩了。杨广的雅兴丝毫不受影响。他留诗给宫人："我梦江南好，征辽亦偶然。但存颜色在，离别只今年。"① 杨广计划此行离京只暂别，哪曾想会是永别。

在杨广游山玩水之时，各地民军不仅继续不断地冒出来，而且由乌合之众发展壮大成"品牌"。杨广侍卫李密，自幼有才子之誉，后称病辞职，乘黄牛读《汉书》，因卷入杨玄感案，投奔瓦岗。翟让原来是东郡的司法官，因罪被判死刑。有个狱吏却看重他，说："天时人事，也许可为，你怎么能够在这里等死？"趁夜将他放了。翟让大为感动，泣拜说："我逃走，追究起来您怎么办？"那狱吏怒道："我以为你是个大丈夫，能够解救百姓，怎么儿女情长起来？快走，别管我！"翟让上瓦岗，聚集一些流民只是为盗。李密到来，鼓励翟让向刘邦、项羽学习，帮他出谋划策，商定灭隋取天下大计，又说服一批民军并入瓦岗军。杨广命张须陀率两万大军进剿，李密分兵千余设伏，大破隋军，张须陀也被斩。

涿郡通守郭绚率万军进剿高士达，高士达委命于窦建德，窦建德大败隋军，郭绚丧命。隋将杨义臣继续进剿，高士达不听窦建德建议，结果失败，自己也战死。窦建德收了高士达的散兵，自称将军。对于隋官与贵族子弟，民军往往全杀了解恨，只有窦建德善待俘虏。于是，窦建德常常获降城，很快发展到精兵10余万。

且说杨义臣向杨广报告实情，杨广大吃一惊："不可能吧！哪来那么多贼兵？"内史郎虞世基说："毛贼虽多，不足为虑。杨义臣打胜仗，拥兵不少，又长期在外，倒是堪忧。"立即派人追杨义臣，遣散他的兵力。为此，御史韦云上奏参劾说："虞世基和裴蕴执掌中枢机要，却将

---

① 颜师古：《大业拾遗记》，"帝意不回，因戏飞白题二十字，赐守宫女云：'我梦江都好，征辽亦偶然。但存颜色在，离别只今年。'"

四方上奏的军情告急隐瞒不报，将贼兵多说成少，以致出兵不力，讨而不胜，形势日益严峻。请将他们法办。"没想到又有大理卿说韦云的话不实，杨广将韦云贬职。

杨广继续陶醉在江都梦中。据说仅江都宫中的美女就有3万，全国各地总数超过15万。江、淮各郡的官员来见，送礼多的升官，少的贬官。那一带的百姓则一方面被盗贼掠夺，另一方面被官吏盘剥，加上饥荒，被逼得吃树皮或稻草，最后吃人。官仓虽然满满，可是官吏畏罪，不敢开仓放粮。虎贲郎将罗艺看不下去，愤然说："城中粮仓堆积如山，却不肯放舍穷人，我们拿什么激励将士？"他毅然起事，队伍开进城，把国库中的物品分给将士，粮食分给贫民。

李渊仍然在隋军中，忙着镇压民变。杨广命李渊率数千兵讨伐起义军领袖甄翟儿，两军遭遇。甄翟儿的兵有一万多，将李渊包围几层。幸好李渊的儿子李世民率兵来救，反败为胜。

大业十三年（617年），倒计时：1

李密建议趁东都空虚去攻占，然后谋天下。翟让贵有自知之明，说："这是英雄韬略，不是我能担当的，还是让我听您的吧！"既然他这么说，李密不客气了，率7000精兵攻下洛阳附近的兴洛仓，让百姓取粮。开始时，由于没人管理，白花花的大米丢得到处是，路上铺起几寸，洛水两岸10里远望而去像大片沙滩。望着这些浪费的大米，再想想各地那些饿死的百姓，能不悲愤吗？还不明白杨广该灭吗？附近郡县官吏纷纷归依。翟让推举李密为王，尊号魏公。李密军增至数十万，夺取河南大多数郡县。

刘武周原是马邑太守王仁恭的校尉，因与王仁恭侍女私通，这年杀王仁恭,得兵万余,归附外敌突厥。突厥立刘武周为定杨可汗,赐给狼头纛。刘武周即位皇帝。

隋军郎将梁师都也反叛,杀朔方郡丞,占郡邑,归附突厥。梁师都攻取延安等郡,称皇帝,国号梁。突厥可汗也授予狼头纛,称"大度毗伽可汗"。梁师都进而勾引突厥入河南。

翊卫郭子和因罪流放榆林,时值郡中大饥荒,郭子和便串通18人杀郡丞,开仓放粮,很快拥骑兵2000多人,自称永乐王,也北附突厥。突厥突然得这么多隋将,笑得合不拢嘴,连忙晋封刘武周为安杨天子,梁师都为解事天子,郭子和为平杨天子。郭子和谦逊些,不敢当天子,便改封为"屋利设"即酋长。

金城令郝瑗命校尉薛举率数千兵清剿民军。没想到,给士兵授武器,摆酒饯行之时,薛举突然翻脸,抓了郝瑗,然后开仓放粮,自称西秦霸王,很快攻占陇西一带,拥兵13万。

李密仍然围洛阳。后来大名鼎鼎的秦叔宝、程咬金都在这时归附李密。守洛阳的越王委派元善达突围,千里迢迢去向杨广哭诉:"东都城内已无粮。如果陛下迅速返回,鼓舞士气,那些乌合之众肯定溃败。否则坚持不了多久!"虞世基却说:"越王年轻,那些人骗他。如果真像他说的那样,元善达怎么能够平安到这来?"听这么一说,杨广大怒:"元善达这小人,怎敢在朝廷上欺骗我!"元善达被贬去东阳运粮,被民军所杀。从此,再没人敢向杨广如实汇报军情了。

就是在这样的时候,李渊和李世民正式登上历史舞台。追溯起来,李渊不仅世受国恩,母亲还与杨坚之妻是姐妹,换言之,李渊与杨广实为表兄弟,他怎么忍心反叛?李世民却与有识之士达成共识:世事乱到如今地步,取天下易如反掌,不出半年帝业可成。李世民建议父亲起

兵,李渊大吃一惊:"你怎么敢说这样的话,我真想把你绑送县衙!"结果他还是反了,原因为何,流传的版本有两种:

一是说适逢突厥侵扰马邑,李渊派员出击失败。不久,杨广派员来押解李渊到江都问罪,更多人建议他起事了。李渊只好听从,命人作伪诏,征兵击高句丽,杀了不愿合作的副手。

二是说太原附近有个晋阳宫,配备不少漂亮的宫女,随时恭候杨广光临。杨广也许一辈子也不可能光临,那些宫女便常与宫监裴寂喝酒。裴寂跟李渊是哥们儿,李世民便策划请老爹去喝花酒。臣子与宫女饮酒作乐是犯大禁的,酒喝到一半李渊就后悔了,可是木已成舟,只好反叛。

李渊写信向突厥求援,突厥承诺卖给千匹马并派兵送入关。李渊派使者回访,暗中交代说:"胡人兵马入中国,实际上是一大祸患。我之所以请他们出兵,只是想防止别人这样做。用他们壮壮自己的声势,几百人就够,不可多。"李渊宣布:尊杨广为太上皇,而拥 13 岁的代王杨侑为帝,自称大将军,然后命儿子李建成和李世民攻西河郡。

李渊率军 3 万向霍邑出发,一路慰问百姓,一天就任命 1000 名官员。代王杨侑命大将分兵抵抗,因连续下雨无法前进。李渊写信招李密来归附,李密不屑一顾。李渊只好尊他为大,以免多树一敌。这时,军中粮食不足,又传闻突厥和刘武周乘虚袭晋阳,李渊要回去救老窝。李世民哭诉:"我们举义,向前才可能胜,后退必然涣散人心。人心一散,后有追兵,很快就到末日。"李渊恍然大悟。

八月雨停,李渊率军直抵霍邑城下,一举攻占,然后论功行赏和授官。奴隶出身的士兵担心不能平等论功,李渊说:"战斗是不分贵贱的,论功怎么能区别?"至于授官太多,李渊解释:"杨广正是吝啬官位才失人心,我怎么能像他一样?"随后又攻克临汾等地,韩城归降。

李渊部日益壮大，每天来投奔的上千。于是，一边留诸将包围河东，一边亲自统兵直捣隋王朝的老巢——长安。这时，李渊的女儿李氏（后来的平阳公主）等人也在鄠县（今陕西省户县）起事，领精兵万余在渭北与父亲会合，号称"娘子军"。

李渊到长安城下，各路兵马20余万全部汇集。李渊遣使向城内发最后通牒没回应，便令进攻。十一月，长安城被一举攻破，代王杨侑近臣都逃散，只剩侍读姚思廉一人。除曾经参与毁李渊祖坟的十几人斩杀，其余不究。与百姓约法12条，将隋法令全都废除。然后践诺拥杨侑为帝，尊远在江都的杨广为太上皇，李渊自称大丞相，封李世民为唐王。山东各州纷纷归附李渊，巴、蜀二郡也被攻下。

中原逐鹿、老巢危亡之时，杨广在江都也不得安宁。身边的士兵逃亡者越来越多，只好下令招江都的寡妇和处女从军为妓。[1] 这些女人难道能挽救他的命运吗？

义宁二年（618年），倒计时：0

新年伊始，李渊给自己定特殊礼仪，可以带剑穿履上殿，见皇上行礼不用通报姓名。他用书信招谕各郡县来归附，每天发百来封。同时，命世子李建成和秦王李世民率兵十余万进攻东郡，断了杨广的归路。

杨广心灰意冷，不想再回北方，只想保住江东。有大臣反对："江东地小，内要奉养朝廷，外要供给三军，百姓承受不起，恐怕也要反！"也有人奉迎："陛下亲临抚慰百姓，三生有幸啊！"杨广下令修建丹阳宫，准备迁都丹阳。

---

[1]《资治通鉴》，卷181，隋纪5，"悉召江都境内寡妇、处女集宫下，恣将士所取；或先与奸者听自首，即以配之。"

形势很快逼得杨广自行了断迁都梦。他怎么也没想到一个强大政权瓦解起来跟摧枯拉朽一般，只能做最后打算。他顾影自怜，叹道："我这么帅的头颅，让谁砍呢？"转念一想，他舍不得让人砍，自备一缸毒酒，交代宠妃："贼兵来了，你们先喝，我马上跟着喝。"没想到他的禁卫军宇文化及比民军还快，直接哗变……

宇文化及祖上是匈奴人，姓氏很有趣，意思是"破野头"。杨广当太子的时候，宇文化及做他的卫官，两人关系极好。他多次受贿多次罢官，只因杨广宠着，每次都很快恢复。有一年，杨广巡视榆林，陪同的宇文化及竟敢偷偷跟敌人突厥做生意，杨广大怒，下令斩他。刽子手已将他五花大绑，剥衣解发，只待时辰到就开斩。可是，像很多戏演的一样，在这生死关头，南阳公主（宇文化及的弟媳）出面求情，杨广只好免他死罪。后来，杨广念及旧情又起用他做将军。可现在，见杨广众叛亲离，大势已去，宇文化及却拥军政变，逼着杨广用自己的绢带自缢。

李渊闻讯哭道："我依然是隋朝臣子啊，隋帝我不能去救，多悲伤啊！"李渊所能做的是追谥杨广为"炀"。富有戏剧性的是，当年陈叔宝降隋后，杨广给他的谥号也是"炀"。

宇文化及掀了隋桌，当然想自己吃那桌上的酒肉。宇文化及紧接着杀几十位大臣和外戚，立秦孝王杨浩为帝，自任大丞相，然后从水路西归都城。然而，抢食的狗太多。除了早就在桌下虎视眈眈、争先恐后的大大小小一群，又新闯进来一群群：吴兴太守沈法兴起兵讨宇文化及，至乌程得精兵6万，连克余杭、毗陵、丹阳十余郡，自称江南大总管，置百官；梁王萧铣称帝，克南郡，岭南多地的隋将、刺史、太守纷纷归附，很快拥地东起九江，西达三峡，北自汉水，南至交趾，兵力达40多万；东都留守官们拥越王杨侗为帝……

这时，李渊才逼杨侑禅位，自己称帝，国号"唐"，定都长安，彻底取代隋。

后果：假如杨广最后关头猛醒

明君难终，昏君难醒。

当年刘彻执政54年50年打仗，"师旅之后，海内虚耗，人口减半"，[①] 为此，只得加税，实际征收是法定的数倍。加上天灾，逼得各地饥民接二连三起事，几十万成百万农民逃离土地。"文景之治"几十年积累的成果被刘彻毁于一任。刘彻晚年对自己所作所为颇有悔意，悬崖勒马，下《轮台罪己诏》，坦陈"朕即位以来，所为狂悖，使天下愁苦，不可追悔"，宣布"自今事有伤害百姓，糜费天下者，悉罢之"。刘彻自此彻底整改，重回休养生息的国策，天下逐步恢复兴盛与和谐，从而避免像强大秦朝一样暴亡，为下任开创"昭宣中兴"奠定了基础。

假如杨广能像刘彻，哪怕是在江都那最后关头，诚诚恳恳地发布一份"罪己诏"，切实反省自己的"狂悖"之举，果断宣布"伤害百姓，糜费天下者，悉罢之"，打开各地官仓解救饥民，恳请全国百姓相信他会脱胎换骨，重新为帝，号召大家团结平叛，那么宇文化及非常可能根本不敢生哗变之念，杨广也许不难稳定江南，并进而恢复中原。

[①] 《汉书》卷7，昭帝纪，4册，"承孝武奢侈余敝，师旅之后，海内虚耗，户口减半。"

第七章

唐末 10 年

> **提要**
>
> 公元 898—907 年为唐朝倒计时 10 年,"安史之乱"后三次中兴也未能扭转衰势,昭宗李晔只是个傀儡,藩镇趁着镇压民变的机会相互争战壮大自己。朱全忠挟天子令诸侯,却杀李晔改立李柷。李柷后改名李枧,禅让朱全忠。
>
> 假如李晔能像李纯,利用各藩镇与宦官、朝臣及他们相互间的重重矛盾,各个击破,是否也可以重振大唐雄风?

前因:双重之恶

唐太宗李世民在武德九年(626 年)通过政变上台后华丽转身,至贞观二十三年(649 年)去世,其间以人为本,裁减官吏,参政议政蔚然成风,经济繁荣,犯罪率低,文化多元,具有世界主义色彩,被誉为

"贞观之治"。

紧接着,高宗李治当政时期(贞观二十三年至弘道元年,即649—683年)疆域为唐时之最,法律被誉为中华法系的代表,人丁兴旺,被誉为"永徽之治"。从天授元年(690年)武则天称帝开始,至神龙元年(705年)被迫退位,其间乱上而不乱下,重用人才,无外患之忧,经济、文化持续发展,被誉为"武周之治"。从先天元年(712年)玄宗李隆基政变上台,至天宝十四载(755年)"安史之乱",其间追谥孔子为"文宣王",李白、杜甫等涌现,"海内富安,行者虽万里不持寸兵",人口创大唐之最,被誉为"开元盛世"。

"安史之乱"是整个大唐的转折点。历时近九年的"安史之乱"落幕,依旧是大唐江山,但是风光不再,国势也一天不如一天。有三次短暂的回光返照:宪宗李纯统治期间(贞元二十一年至元和十五年,即805—820年),不惜对军阀开战,取消宦官监军,藩镇割据暂告结束,中央权威初步恢复,被誉为"元和中兴";武宗李炎任期虽短(开成五年至会昌六年,即840—846年),但大幅裁官,将贪官与"十恶"相提并论,大禁佛教,抵御外敌,国势大振,被誉为"会昌中兴";宣宗李忱统治期间(会昌六年至大中十三年,即846—859年),果断结束"牛李党争",收复被吐蕃所占领土,一洗200年之耻,取得进一步兴盛,被誉为"大中中兴"。

"大中中兴"之主李忱还有"小太宗"之誉,可惜他的努力只能暂时延缓衰败的大势,而无法彻底扭转。乾符五年(878年)爆发王仙芝、黄巢起事,起义军从中原南下福建、广东,然后回北,直指唐王朝的心脏。广明元年(880年),起义军攻入长安,建立大齐政权,黄巢称帝。唐僖宗李儇步李隆基后尘,逃入四川。

唐以前的战争，主要依托于战略要地，攻守城池。黄巢时开始变化，以运动和流窜的方式，专攻薄弱环节，令官军防不胜防。不过他们也有劣势，长期流动作战猴子掰玉米般一边攻占一边丢，手中只留长安一块地盘。没多久，李儇调集各路兵马包围，大将李克用率4万骑兵进攻。在这关键时刻，黄巢的大将朱温叛归官军。黄巢兵败，退出长安，自杀了结。光启元年（885年），李儇虽然回到京城，但京城早已面目全非。人们说那个世纪最后二十年有三个显著特点：

一是全国农村彻底破坏，一向被称为中国心脏的中原地区一片荒凉，繁华的洛阳已变得荆棘丛生，狐兔乱窜。

二是所有战区都脱离中央，自行割据，互相攻战。皇帝的命令出不了首都，宰相和宦官分别与军阀勾结，各自寻求利害关系，作为在小朝廷内斗的后台。

三是中原居民大批南逃，直到五岭山脉一带，在蛮荒丛山中定居，成为新的"客家人"。

文德元年（888年）李儇崩，昭宗李晔即位。李晔由当时掌权的宦官杨复恭所拥立，只是个傀儡。藩镇趁着平民变的机会壮大自己，对中央的威胁一天比一天严重。李晔想恢复中央实权，反而引起藩镇疑心。唐代的宦官之祸，始于明皇，盛于肃宗，成于德宗，极于昭宗。这样，上下左右矛盾重重，战乱不休。如此，能不开始倒计时吗？

最大看点：虎落平阳被犬欺

乾宁五年（898年），倒计时：9

在《中国历史大事编年》上，本年正月第一条："帝下诏罪己。""罪己诏"是皇帝的自我批评书。实际上它是一种判决书。"罪"显然比"批评"性质严重多了，但这是皇帝自己定的调，且用"诏"这样一种庄严无比的公开形式，以示深刻检讨、彻底悔改的诚意与决心。那么，唐昭宗李晔有什么"罪"？

李茂贞原名宋文通，普通人家出身，屡立战功，很快被提拔为武定节度使，李儇赐姓名李茂贞，寄予厚望。唐朝帝王大度得很，很爱拿自家姓氏作为奖品，不知李姓老祖宗是否有意见。"节度"意为节制调度。唐节度使常以一人兼统两三镇，多者四镇，威权极重。所统州县官吏虽由中央任命，实际听命于节镇。后来又设"采访使"，与节度使逐渐归一，也即政权与军权合二为一。不久，李茂贞又被加封凤翔和陇右节度使。从此，他以凤翔为根据地，继续扩充地盘，先后攻占凤州等三地。至此，可以说当年安禄山叛乱的条件，李茂贞都具备了。李茂贞变得骄横，莫说大臣，对皇上也不恭。凤翔离京城近，万一有人作乱难以收拾。因此，李晔下令出兵讨伐李茂贞，没承想失败了，李茂贞便领兵进长安问罪。李晔慌忙杀了两个当事人，请求李茂贞退兵。不久，李晔为防止被人控制，决定另行招募军队，让皇族统辖。李茂贞说这是防他，又进长安，逼得李晔出逃，投奔镇中军节度使韩建。李茂贞纵兵抢掠，把许多宫殿付之一炬。韩建出面调停，李茂贞不但没被治罪，反而被加封为岐王。李茂贞装模作样上表请罪，表示愿出资修复宫室。乾宁四年（897年），李晔调李茂贞为西川节度使，改嗣周为凤翔节度使，显然有防李茂贞之意。李茂贞不是傻瓜，坚决拒命，并围攻嗣周。李晔发怒，削李茂贞官职，恢复他原名，并发兵征讨。韩建再次出面调停，本年初李晔下"罪己诏"，重赐他姓名官爵，罢讨凤翔之兵。你觉得李晔这"罪"如何？

让李晔难堪的远不止一个李茂贞。

也是这个正月,朱全忠修建洛阳宫,请李晔光临,吓了李茂贞和韩建一跳。朱全忠跟李茂贞相似。他原名朱温,虽然书香门第出身,却"以雄勇自负,里人多厌之"。参加黄巢民军后,英勇善战,短短5年成为一员大将。民军内部混乱,他很不满。谋士建议:"黄巢草莽,只是趁人之危占得长安,并不是凭真才实德建立王业,不足与谋。现在唐朝天子在蜀,各路兵马渐近长安,说明唐朝气数未尽。"他觉得这话有理,便杀黄巢的监军,率部投降官军。李儇大喜,高兴地说:"天赐我也!"即命他为左金吾大将军,还赐给他一个名字——"全忠",希望他从此全心全意忠于唐朝。朱全忠不负皇恩,大战黄巢,一直打到汴州,并以此为根据地,后来还以此为后梁的首都。朱全忠与黄巢军作战40余次,全都取胜。因为追剿黄巢有功,不断加封,地位相当于宰相,成为这个时期历史舞台的主角。如果让朱全忠将李晔接到洛阳去,那李茂贞和韩建不是都没了护身符吗?于是他们也上书,请求修复长安旧都,并请李克用出面调和。折腾一番,朱全忠虽然没接到李晔,但表现出忠诚,新加三镇节度使,没白辛苦。

这李克用又是一个大人物,"夏之卷"第十二章有具体介绍。现在,李克用也怕朱全忠"挟天子以令诸侯",不但答应出面帮李茂贞和韩建去李晔那里调解,而且承诺派出修整长安宫的人丁和工匠。李晔当然不愿部将争斗,又和一番稀泥,任命韩建为修宫阙使。

还有一个大人物叫刘仁恭。刘仁恭本来是卢龙节度使的将领,因在一次战中挖地道攻城池被称"刘窟头"。后来发动兵变,归附李克用,受到厚待,被追认为卢龙节度使,但这时刘仁恭想摆脱李克用。乾宁四年(897年),李克用向刘仁恭征兵,他借口搪塞,李克用大怒，亲征幽州，不想大败。本年三月，因为与义昌节度使卢彦争夺盐利，刘仁恭派儿子率兵袭击，占沧州、景州、德州，卢彦逃奔汴州。为此，刘仁恭替儿子向朝廷申请节度使的旌旗，没被批准。刘仁恭很生气，当面对使臣发牢骚："我又不是没有节度使旗子，只不过是想从长安得一面更正宗的罢了，小家子气也，哼！"

朱全忠与刘仁恭和好，会同魏博的军队一起向李克用发起进攻，占邢、洺、磁三州。李晔回长安，想让各藩镇和睦，委派官员调解。李克用乐意，但朱全忠不干。李克用攻邢州，想夺回三州，失败。

昭义节度使薛志勤去世，李罕之趁机进军潞州，驻扎下来。李罕之本来想读书，结果读不好书出家了，当和尚讨饭还受气，便落草为寇，先后入黄巢、李克用、朱温等势力集团。他生性残暴，曾任光州刺史等职。屯泽州后，天天率兵掠怀州等地，数百里郡邑无官吏，乡间无居民。百姓躲到山寨里，有出去的就被杀。摩云寨地势险要，百姓躲到那，也被李罕之攻下，因此称他"李摩云"。数州百姓被屠尽，十余年四处荆棘蔽野，烟火断绝。现在他先斩后奏，占了潞州才给李克用写信："听说薛志勤去世，新统帅还没到，怕潞州被他人占去，所以没等您指令我先来了。"李克用大怒，派李昭嗣征讨。

保义节度使王珙，听说朝中突然诏长期在野的王抟进京，料想王抟将获要职，便趁他经时挽留，盛情款待说："承蒙途经，深感荣幸！若不嫌我是个粗人，愿称您为叔辈。"王抟很不喜欢王珙的为人，不肯应允。王抟渡黄河时，王珙命人将他一家人杀了，上报说是翻船落水。因为乱事太多，朝廷没法深究。

光化二年（899年），倒计时：8

上年朱全忠、刘仁恭与魏博节度使罗绍威还是战友，今年伊始刘仁恭却发10万兵攻魏博，屠贝州，占魏州。罗绍威向朱全忠求救。刘仁恭先丢内黄，折兵3万；接着败魏州，从魏州至沧州500里间"僵尸相枕"。从此，刘仁恭一蹶不振，朱全忠势焰日炽。

朱全忠乘胜攻河东，李克用调兵反击，斩杀4000余级。李克用乘胜围潞州，李罕之病死。朱全忠遣兵相救，败李克用。李克用部下继续围潞州，每天派骑兵绕城巡逻，抓人打草放牧，将方圆30里内的禾黍粟全都割光。朱全忠的守将怕了，趁夜弃城而逃。于是，李克用上表请朝廷任命新的昭义节度使。

朱全忠有个部将叛逃杨行密。这杨行密也是个传奇人物。他出身贫穷，却人高马大，手举百斤，日行300里。杨行密因参加造反被抓，刺史却觉得他相貌奇特而将他放跑。后应募为州兵，但军吏讨厌他，让他去戍边。出发时，杨行密特意走近那军吏。军吏一脸笑，问他干什么。杨行密大吼一声："取你人头！"手起刀落，斩下军吏的首级，起兵为乱，占庐州。这时，杨行密已身负淮南节度使等职，淮河以南、长江以东各州，包括苏州、兖州都是他的势力范围。

光化三年（900年），倒计时：7

朱全忠发兵10万击刘仁恭，占德州，进一步围沧州。刘仁恭从幽州调5万兵救沧州，结果大败，损兵3万。李克用出面救刘仁恭，攻朱全忠的邢、洺州。朱全忠难以抵挡，加上雨久下不停，只得退兵。李克用攻下洺州，朱全忠不久便夺回，然后向成德、卢龙、义武和镇州发起进攻，成德请和，景州等20多城相继被攻克。至此，河北各镇全归朱全忠。

朝中不甘寂寞，权臣与宦官争权夺利白热化。宰相崔胤与朱全忠勾结，想除宦官，多次被罢，均因朱全忠支持而东山再起，先后4次官拜宰相，时称"崔四入"。李晔名为皇帝却没实权，自然怀恨弄权的宦官。李晔与崔胤密谋，杀专权的宦官多人。但如此一来，变成崔胤专权，引起宦官愤恨。李晔则变得"忽忽不乐，多纵酒，喜怒不常，左右尤自危"。

这年十一月，李晔到禁苑中打猎，酗酒夜归，杀了几名宦官和宫女。宦官刘季述等马上借题发挥，说："皇上这样草菅人命，怎么能治天下？废昏君而拥明主，自古就有，为社稷大计，不是叛逆！"于是领兵入宫，矫诏立太子，改李晔为太上皇，并将他及皇后十余人幽禁到少阳院。刘季述跟李晔算账，用一根卸杖边怒指他的鼻子边在地上画，数落说："某时某事你不听我的，罪行之一；某时某事你又没听从我的，罪行之二……"就这样数了十几下，然后将院门锁上，并用铁水将锁焊死，只许从狗洞里送点食物。时值寒冬，没衣御寒，主仆的哭声远传院外。我实在想不通：李晔何以让刘季述恨到如此地步？什么叫"虎落平阳被犬欺"，这是最好的注释。想想李晔的老祖宗李世民等，我都替他悲哀。

其实，刘季述并没有什么实力，不敢忘乎所以，连崔胤都不敢动。尽管宫中得势，刘季述还是派员去大梁向朱全忠汇报，承诺支持他执掌大唐社稷。崔胤不敢轻举妄动，也忿恿朱全忠趁机进长安。这当然是诱人的。谋臣进言："宫室有难，正是成就霸业的好时机。如果这时你不去主持正义，还能用什么号令诸侯？等幼主地位稳定，大权全落宦官手里，想成大事也迟了。"朱全忠恍然大悟，立即囚禁刘季述的使者，以勤王为名出兵讨伐刘季述。所谓"勤王"指君王有难时，臣下起兵救援君王。

天复元年（901年），倒计时：6

对于李晔被囚，禁军将领孙德昭常发牢骚。崔胤获悉，派人游说："这次谋逆的只不过刘季述和王仲先两个。你如果把这两人杀了，迎太上皇复位，可以富贵一世，忠义传千古。你如果不快些动手，这大功就落别人手里了。"孙德昭听从，崔胤便割衣带下指令。孙德昭找大将董彦弼、周承海密谋。新年元旦一早，王仲先入朝，孙德昭将他杀了，快马加鞭赶到少阳院，叩门大喊："叛贼已被诛杀，请陛下出来慰问将士！"李晔哪敢相信！皇后说："如果是真的，你拿他首级来看看。"孙德昭从洞里塞进首级，一看果然是王仲先，这才召集众人撬门。周承海去抓刘季述，他已被乱棍打死，只能诛杀他的党羽及全族亲人。论功行赏，孙德昭、董彦弼和周承海被赐姓李，加官晋爵奖钱财，崔胤更受宠。朱全忠救驾之功被人抢了，但凭他的忠心也升爵东平王，李茂贞升岐王。

朱全忠闲不住，将原准备讨刘季述的兵力突然转向河中。河中节度使王珂慌了，向李克用求救。李克用说他的兵动不了。王珂又给李茂贞写信，说："皇上要求藩镇不要互相厮杀，可现在朱全忠违抗圣旨。我河中如果丢了，那么同州、华州、岐州都难保，大唐江山就拱手断送在朱全忠手里。"王珂说的是实情。他的河中即蒲州与同州、华州、岐州素有"四辅"之誉，是辅翼京城的重镇。可是，李茂贞没回复。王珂想进京告御状，又出不了包围。万般无奈之下，只得投降。李克用心虚了，派人向朱全忠示好。朱全忠认为他在信中言语还是傲慢，便派兵分路向河东发起进攻，潞州等不战而降。

李晔要求崔胤将机密奏章装入囊袋并密封好呈送，千万不要在便殿面奏，以免让宦官知晓。宦官韩全诲发现这秘密，挑一批美女进献，通过这些美女暗中掌握皇上的密谋。李晔没觉察，与崔胤密商翦除宦官的计划泄露。韩全诲与藩镇节度使勾结，伺机而动。

刘季述事件后，崔胤想将宦官全除，韩偓反对。韩偓是个才华横溢的诗人，10岁时即席赋诗送其姨夫李商隐，满座皆惊，李商隐称赞其诗"雏凤清于老凤声"，现为翰林学士。韩偓说："那次事件当中，哪个太监不是恶人？应当像杀刘季述一样全都处斩，可现在没机会了！"李晔怨道："你当时为什么不说？"韩偓说："陛下诏书说除了刘季述等四人外一个都不追究，我怎么还敢说？陛下信用要紧。"李晔仍然想将宦官全除，只留几个掌管内廷事务。韩全诲从美女间谍那里获悉，加紧谋划，并开始拒绝执行圣旨，李晔无奈。崔胤请求朱全忠带兵进京。朱全忠同意，从大梁发兵。韩全诲闻讯，立即挟持李晔到凤翔，依附李茂贞。朱全忠到长安扑空，转向西进，包围凤翔。李茂贞连忙求救于李克用。

天复二年（902年），倒计时：5

李克用响应李茂贞吁求，连克朱全忠的老巢慈、隰二州，并向晋、绛等州逼进。朱全忠不能不重视，亲率部分兵力回河中。朱全忠的汴军一排10里长，一举收复慈、隰和汾三州，进而反攻李克用的老巢晋阳。李克用慌了。这关键时刻老天爷帮忙，汴军发生瘟疫，只得撤退。李克用追击，重占慈、隰和汾三州，但从此多年不敢再与朱全忠争战。

李晔受制于李茂贞，提拔吴王杨行密并令他讨伐朱全忠。杨行密奉命行动，向宿州进攻，但逢雨天，粮食供应不上，只得败退。

回鹘王国遣使入贡，主动请求发兵支援平叛。李晔同意，韩偓则反对："戎狄人面兽心，不可轻信。看我们现在人物华奢而军力衰落，必定有轻中国之心。何况他们曾经被我们打败，恐怕是想趁机来报复。应当明确告诉他们这点小事不必麻烦他们，阻止他们的阴谋。"①看来，韩偓官虽不大，智慧却不可小视。历史上此类血的教训不少。李晔采纳了这条意见。

崔胤到河中向朱全忠哭诉，甚至拿着歌板为他唱曲敬酒，请求尽快出兵救李晔。朱全忠答应，率兵5万围凤翔。但天公不知究竟想帮谁，大雨下太久，对谁都不利。因为士卒生疾，朱全忠又想退。部下劝阻："天下看着我们一年啦，怎能让他们失望？"于是用计引诱，李茂贞开城门出击，被朱全忠伏兵大败。朱全忠在凤翔四周挖堑壕，挂上铃铛，猎犬守护，城里连老鼠也休想溜走。李茂贞一方面拒绝交出李晔，另一方面严防士兵用绳索吊下投降。于是，城外的兵骂城上的兵"劫天子贼"，城上的兵骂城外的兵"夺天子贼"。

朱全忠围城太成功，可把城里人坑绝了。这年冬天的雪特别大，粮食早吃光，大街小巷到处是饿死冻死的人。有的饿倒在地还没还断气，身上的肉就被割走。街市卖肉，人肉每斤100钱，狗肉每斤500钱……初时市场售的只是死人腐肉，后来发展到当场屠宰活人，谓之"菜人"。隋末唐初武夫朱粲还教士兵怎么烹妇人与婴儿，并无耻地说："肉之美者无过于人，但使他国有人，何忧于馁""啖醉人正如糟藏

---

① 《资治通鉴》卷263，16册，"戎狄兽心，不可倚信。彼视国家人物华靡，而城邑荒残，甲兵凋敝，必有轻中国之心，启其贪婪。且自会昌以来，回鹘为中国所破，恐其乘危复怨。所赐可汗书，宜谕以小小寇窃，不须赴难，虚愧其意，实沮其谋。"

肉"。① 一句"宁为太平犬,莫做乱世民"的古谚已经让我过目不忘几十年,更哪堪这样一连串细节。

覆巢之下无有完卵。李茂贞不得不寻求退路,否则皇上及他自己最终也得饿死。年末,李茂贞给朱全忠写信说:"这一切都是韩全海造成的,我只不过是为了保护皇上。您如果真心匡扶社稷,就护送皇上回长安吧,我愿领着残兵破甲为您效力。"如此,一切迎刃而解。

天复三年(903年),倒计时:4

与朱全忠达成和解,李茂贞向李晔汇报,他自然大喜。于是立即捕杀韩全海等人,然后派韩偓带着韩全海的首级去见朱全忠,说:"李茂贞把他们杀了,希望您息怒!"朱全忠派员进城向李晔谢罪,接出李晔。到大梁,朱全忠与李晔抱头痛哭。

回长安后,崔胤建议:"请将宫内各宦官全部罢免,事务分解给相关部门,各道监军的宦官全部召回。"李晔同意。于是,朱全忠命士兵搜捕宦官数百,全部杀死,呼冤喊屈的号哭响彻宫内外。出使在外的,就地处斩。李晔事后却悄悄写祭文,烧给几个无辜的太监。

李晔褒奖有功之臣,朱全忠手下官吏都得封号之类。李晔赐朱全忠号称"回天再造竭忠守正功臣"。辉王李祚为诸道兵马元帅,朱全忠为副手,升爵梁王。朱全忠独揽大权,皇帝的一切都得经过他,朝野生畏。李晔要任韩偓为宰相,韩偓却推荐赵崇和王赞。崔胤不满,朱全忠进言:"赵崇为人轻薄,王赞无才,韩偓怎么能推荐这样的人?"于是贬韩偓为濮州司马,不久又贬荣懿尉,后再贬邓州司马。韩偓离京,李

---

① 《资治通鉴》,卷187。

晔从此无亲信之人。

平卢节度使王师范为人文雅，军纪严明，辖内百姓安居乐业。朱全忠派兵攻兖、郓二州时，王师范自知不敌，主动乞好，结为联盟。李晔被劫凤翔时，李茂贞矫诏令四方藩镇出师讨朱全忠，王师范收到诏书便与杨行密结盟，分遣诸将袭朱全忠的后方。朱全忠大怒，命儿子朱友宁率兵征讨，不想被杀。安顿好李晔，朱全忠留上万步骑及党羽在京城，遍布宫殿内外，然后归大梁。不久调兵遣将围兖州，攻青州，又亲率20万大军攻王师范。王师范吓坏了，再次乞降。朱全忠考虑王师范部众有10余万，又闻李茂贞要起兵迎李晔到洛阳，只好准允，将他全家迁往汴州做人质，命他为河阳节度使。直到后来，朱全忠灭唐建后梁，分封诸子为王，并派人到洛阳将王师范灭族，子侄200余口无一幸免。

天祐元年（904年），倒计时：3

朱全忠与崔胤相互利用。崔胤说："京城离李茂贞太近，不可不防。军中有些空缺，我想补上，让您没后顾之忧。"朱全忠不是傻瓜，一边感激他想得周到，一边派秘探去应募征兵，果然发现猫腻。于是秘密上表，说崔胤大权独揽篡夺朝政，请求将他及其党羽剿灭，顺利得逞。崔胤作为耍了一辈子心计的文官，终究败给武臣。

朱全忠不仅嗜杀，还好色。前几年征邠州时，曾占有节度使杨崇本的妻子。杨崇本是李茂贞的义子。杨崇本怀恨在心，煽动说："大唐灭亡在即，父亲您能坐视不管吗？"于是，李茂贞和杨崇本一起向京城进军。朱全忠先下手为强，请李晔迁都洛阳，拆毁长安的宫室、官署和民舍。

宫中一行人到华州（位于今陕西省渭南市），百姓还为这辈子能亲眼见到皇帝一次感到无比荣幸，夹道欢迎，热泪盈眶高呼万岁。李晔却泣不成声道："别喊了，朕不是你们的皇帝了！"到陕州（位于今河南省三门峡市），因为洛阳的宫殿没建好，在此暂留。李晔派密使拿着他的亲笔信求救于蜀王王建，王建即派兵北上，但在兴平遭遇朱全忠，无法再进。李晔用绢写密信向王建、杨行密和李克用告急，请他们快来救驾，说："如果到洛阳，朕被幽禁，所发诏书敕令就都是朱全忠的了。"

朱全忠说洛阳宫修成，请李晔出发。李晔说皇后刚产子，不便上路，要求等到十月。朱全忠怀疑他有什么企图，强行上路，并将一路随行服侍的200人都杀了，另选面貌相似的人替代，李晔好几天没认出。

李茂贞、王建等联手讨伐朱全忠，发檄文，声称要复兴唐室。朱全忠担心发生变故，指使部下朱友恭将李晔杀了，拥立12岁的辉王李祚在灵前继位，并改名为李柷。宫人感到这当中有什么蹊跷，不敢放声哭。朱全忠见状，连忙扑到灵柩上痛哭："这些奴才坏我大事啊，让我千秋蒙冤了！"随即要斩杀朱友恭等人。朱友恭大骂："用我的命堵天下人的嘴，不怕我做鬼报复吗？"

朱全忠亲率5万兵马渡淮河，向杨行密发起进攻。杨行密心虚，在城里按兵不动。朱全忠围而不攻，大掠淮南一带，把牛分给那里的百姓，收取"租牛课"，牛死租不除，一收数十年。

天祐二年（905年），倒计时：2

朱全忠指使心腹蒋玄晖设宴邀请李裕等昭宗九子，将他们全杀了，抛尸池中。

柳璨为人乖巧轻浮，极力奉迎朱全忠，进士及第不到4年便当上宰相，用现代话来说绝对是坐直升飞机。他诬陷吏部尚书裴枢，改任杨涉。杨涉这人本分得很，听说被委任尚书，对儿子哭诉："这是我们家的不幸啊，要让你受连累了！"

四月的一天，西北方出现彗星，横扫天际。占卜说："君臣有难，当诛杀祭天。"当然要杀臣保君，而不是相反。柳璨列出一堆平日所憎恶的人，向朱全忠汇报说："这些人对您心怀不满。"这份名单上除裴枢等大臣，还有豪门贵胄、文人学子和名节人士。朱全忠同意后，将这30余人押到白马驿，一夜杀尽。谋士李振曾经多次名落孙山，对科举出身的人嫉恨得很，建议将他们的尸体扔进黄河，咬牙切齿地说："此辈常自谓'清流'，宜投之黄河，使之为'浊流'！"朱全忠笑着准允。"清流"指德行高洁而有名望的士大夫，东汉后期及魏晋南北朝许多文人以此为荣，但也有不少人为此遭难。"他们作为知识分子，意志消沉，作风颓废，纵酒狂醉，扪虱清谈"[①]。朱全忠之流连这样的文人也不能容忍。

朱全忠急于升任皇帝，蒋玄晖和柳璨毕竟有些书生气，不领其意，认为自汉魏以来外人想当皇帝得先封代国，赐九锡，然后才能接受禅让，建议按程序办。朱全忠大怒，对近臣念叨："他们想当大唐忠臣啊，故意拖延。"蒋玄晖吓坏了，连忙跑去解释。朱全忠怒气未消："你们这些人花言巧语，说透了就是想阻止我。如果不受九锡，难道不能当天子吗？"蒋玄晖找个借口说："唐朝气数已尽，天命已归您。只是晋、燕、岐、蜀那些地方还与我们为敌，现在禅让，他们不服怎么办？"朱全忠又将他怒斥一通。蒋玄晖和柳璨只好立即给朱全忠办理封王加九锡仪

[①] 何满子：《中古文人风采》，花城出版社2007年版。

式,可朱全忠不理睬。柳璨请李柷直接禅让,到大梁向朱全忠汇报,朱全忠还是不接受。

这年末,有人告发蒋玄晖、柳璨与何太后勾结,夜晚宴饮,焚香发誓,要复兴大唐。于是,朱全忠将他们三人全杀了,并在城门外焚尸扬灰。柳璨在临刑时大骂自己:"负国贼柳璨,死得活该!"

天祐三年(906年),倒计时:1

"牙兵"即亲兵或卫兵,是唐末五代时期特有的一种军队。因为古称官署为牙,所树之旗为"牙旗",所居之城为"牙城",所居之屋为"牙宅",朝见主帅为"牙参",所亲之将为"牙将",卫队为"牙队",亲兵很自然称牙兵。一是方面,因为经过精心选拔,骁勇善战,牙兵在军阀混战中往往起决定性作用;另一方面,因为恃宠而骄,桀骜难驯,翻手为云,覆手为雨,牙兵往往成为祸乱之源。李克用曾叹道:"如今四方诸侯都重赏招募勇士。我如果束之以法,他们一急抛弃我,我能孤军作战吗?"魏博的牙兵就如此,屡易旧帅,天雄节度使罗绍威根本拿他们没办法,便秘密求助于朱全忠。

这年初,朱全忠出兵深州,说是要攻沧州。刚好朱全忠的女儿也即罗绍威的儿媳妇死了,朱全忠将兵器藏入袋中,选1000士兵当挑夫,说是"会葬",平平静静进入魏州。朱全忠亲率大军随后,说是去行营,没让罗绍威的牙兵起疑心。罗绍威则派人暗暗进入自己的武库,将弓弦和铠甲的系绳全都弄断,然后趁夜与朱全忠的士兵里应外合发起进攻。牙军奋起反抗,可是没一样武器可用,结果全营8000家全被杀,连婴幼都没放过。

罗绍威的牙军覆灭后,魏州各军惊恐万状,聚集几万人占据高唐,各州县纷纷响应。朱全忠派兵镇压，李克用援助失败。这一折腾就是半年，罗绍威供应朱全忠军需，钱粮积蓄全花光。虽然解除牙兵威胁，但自身也衰落。罗绍威非常后悔，叹道："把六州四十三县的铁全都收来，也铸不了这样的大错啊！"

接着，朱全忠真的围沧州。刘仁恭去救援，令境内15岁以上70岁以下的男人都要自备兵器和粮食到行营报到，集兵10万。为了鼓舞士气，在每个兵卒的脸上刺"定霸都"（牙兵番号）3个字，士人脸上刺"一心事主"4个字。可这些兵非常害怕朱全忠，躲在城里不敢出战，粮食很快耗光。

刘仁恭向李克用求救。李克用讨厌他反复无常，不予理睬。李克用的儿子李存勖进言："如今天下，朱全忠已占十之七八，黄河以北能对付他的，只有我们与幽州、沧州。我们不与他一条心，说不过去。打天下的人不能纠缠小恩怨。刘仁恭确实对不起我们，但如果我们还去救他，他一定会感恩戴德，既有美名又实惠，何乐而不为？"于是，李克用出兵与刘仁恭一起攻潞州。

潞州守将丁会对于李晔被杀非常悲愤，一直怀恨在心。现在见李克用和刘仁恭来攻，马上投降。丁会哭诉道："我不是没有防守力量，实在是不能忍受朱全忠！"

朱全忠惊闻潞州失守，立即放弃沧州，打道回府。他备的粮草剩太多，像山一样堆着烧，还在船上的就凿毁船只任其沉入水里。沧州守将连忙给朱全忠去信："我们城中缺粮几个月了。您那些粮草与其化为轻烟和泥尘，不如拯救城中人的生命。"朱全忠动了恻隐之心，将剩下的粮草送进城去。杀人如麻的朱全忠，唯此令人两眼一亮。

907年，倒计时：0

朱全忠从沧州无功而返，担忧人心失散。罗绍威劝道："如今唐室衰到这般地步，天命已改，而各地起兵还是以复兴大唐为名。您当尽早定国号，断了别人的非分之想。"

李柷派员到大梁慰劳朱全忠，用臣见君的大礼，他坦然接受。于是李柷下诏禅让，派宰相杨涉等人率百官，将传国玉玺送到大梁。

目睹如此情形，杨涉的儿子责备他说："身为大唐宰相，国家沦落到今天这地步，不能说您没责任。居然还亲手将玉玺送到他手上，您虽然可以富贵一时，可是千年之后人们怎么评价？"杨涉听了吓一跳："你不想让我们灭族吧？"因为谨慎，杨涉后来还是善终。

朱全忠变成"全不忠"，他自己估计也脸红心跳得厉害，连忙又改名为"朱晃"。晃者，日光也，天之子。玉玺送到后，先举行盛大登基仪式，然后大摆酒宴。作为新皇帝的兄长，朱全昱无比激动，但也无比困惑。稍多喝几杯，他忍不住了，直言不讳地对皇上老弟说："朱三啊，你本来只是个平民百姓，跟人造反，为人不齿。天子重用你，富贵已极。你怎么将人家近三百年的大唐给灭了？将来，会不会有人灭我们全族？"这话让朱晃吓一跳，酒醒了大半，草草散席。

朱全昱的担忧并非多余。用不着别人，仅仅6年后，朱温——曾经的朱全忠——朱晃就被他亲生儿子所杀。他的"大梁"（又称"朱梁"）也才区区16年，只是侥幸没被灭族而已。

朱温了断了289年的大唐，结束了晚唐那个混乱时代，但同时开启了一个更加混乱的时代——五代十国。

吕思勉《中国通史》用了大段文字为朱温鸣不平：

> 老实说：当大局阽危之际，只要能保护国家、抗御外族、拯救人民的，就是有功的政治家。当一个政治家要尽他为国为民的责任，而前代的皇室成为其障碍物时，岂能守小信而忘大义？在唐、五代之际，梁太祖确是能定乱和恤民的，而历来论者，多视为罪大恶极，甚有反偏袒后唐的，那就未免不知民族的大义了。①

这么说，对朱温的历史功过也应该予以历史的分析。

后果：假如李晔能利用对手间的矛盾

一连几章读到此，是不是有种似曾相识的感觉？从西汉末、东汉末、西晋末至唐末，几乎全是帝王大权旁落，而大臣犯上作乱，尾大不掉，最后还取而代之。

当然，唐末这10年还是有所不同的。这些军阀相互间明争暗斗更激烈，皇帝不是孩儿，还行使一定权力，让他们争相挟持。可是，末代皇帝李柷几乎是求着朱全忠接受禅让。李晔不同，反抗强烈，直到最后的行程中还写密信令李克用等人快来救他，否则发的诏书都将变成朱全忠的。朱全忠不是傻瓜，索性将他杀了，改立一个听他话的李柷，作为篡权的过渡。这一次失败怪不得李克用等人，李晔的努力似乎也没什么明显失误，只能说时机太迟。

那几年当中，李晔最好的时机是光化三年那次清除宦官行动。尽管受挫，反遭刘季述等人囚禁，但还得到军阀们的支持。然而，李晔心太

---

① 吕思勉：《中国通史》。

软,只追究刘季述等 4 人。等稍后再想重新清洗宦官,李晔反而遭宦官劫持,从虎穴被救出又落入狼窝,从狼窝被救出又落入毒蛇之口,再没有行动自由,没有反抗的良机。

如果李晔像唐宪宗李纯就好了!李纯上任后励精图治,重用贤良,改革弊政,第二年就果断地开始利用藩镇相互间的矛盾,先后平定四川节使度、江南的叛乱,整顿江淮税赋,招降河北强大的藩镇,全力消灭淮西节度使,使其他藩镇相继降服,归顺朝廷,结束长期以来各地藩镇专横跋扈、对朝廷不供赋的局面,其统治时期被誉为"元和中兴",李纯个人也与李世民、李隆基并驾齐驱,相提并论。

光化三年那时,各藩镇与宦官、朝臣及他们自己相互间更是矛盾重重。李晔虽然实权大为削弱,但他如果能像李纯那样利用那重重矛盾,好风凭借力,各个击破,是否也可以像李纯那样重振大唐雄风?

第八章

吴越末10年

> **提要**
>
> 公元969—978年为吴越倒计时10年,忠懿王钱弘俶继续奉行"保境安民"国策,但强邻大宋则不容他人鼾睡卧榻之侧。钱弘俶一味苟且偷安,委曲求全,甚至出兵助宋灭南唐。钱弘俶尽输国库做见面礼,实指望赵光义也能开恩,却被拘留,不得已献国。
>
> 假如钱弘俶能像姬静,改变一忍再忍的策略,拿出血性,何至于自投罗网、坐以待毙?

苟且偷安终难安

吴越处在五代十国那一大堆短命王朝当中,笑到最后,后人当刮目相看。

江南太美丽富饶了,偶然出几个帝王也"不爱江山爱美人",只想与民同享太平,吴越的君王也不例外。钱镠原来只不过是个小盐贩,书没读多少,打起仗来横冲直撞不要命,势力大了自己称王。他与众多草头王不同的是,像刘邦一样华丽转身,以文安邦,"保境安民"。吴越国很小,才一军十三州,即安国衣锦军(钱镠家乡今浙江省临安县)、杭州、越州、湖州、温州、台州、明州、处州、衢州、婺州、睦州、苏州,以及新置的秀州和后占的福州,杭州为首府,大致包括今天浙江和江苏南部及福建北部一带,都是鱼米之乡,为当时中国最富庶的地区之一。他甚至只注重经营杭州,明说:"千百年后,知我者以此城,罪我者亦以此城。"钱镠是地道的一介武夫出身,情趣倒是挺雅致。他身边不乏佳丽吧?可他对妻子一往情深。有次妻子回娘家探亲,稍多待了些日子,他就思念不已,写信去催。信刚写完,他又想到妻子回来的山路崎岖难走,连忙又在信末加一句:"陌上花开,可缓缓归矣。"①你就一边赏花,一边慢慢走吧,我不急,小心崴了你的脚!这话让现代人读了还感动不已。他很知足,经常衣锦还乡,浩浩荡荡,山林树木全都认锦覆盖,大宴乡亲,荣宗耀祖,十足的"土豪"相。酒宴上,他曾仿刘邦《大风歌》即兴大唱:

> 三节还乡兮挂锦衣,碧天朗朗兮爱日晖。
> 功成道上兮列旌旗,父老远来兮相追随。
> 家山乡眷兮会时稀,今朝设宴兮觥散飞。
> 斗牛无孛兮民无欺,吴越一王兮驷马归。

---

① 苏轼:《陌上花三首》,"游九仙山,闻里中儿歌陌上花,父老云,吴越王妃每岁春必归临安,王以书遗妃曰:'陌上花开,可缓缓归矣。'吴人用其语为歌,含思宛转,听之凄然。"

这歌词太文绉绉了，乡亲们听不懂，钱镠便改用家乡话唱起山歌："你辈见侬底欢喜，别是一般滋味子。永在侬心子里！"吴语"侬"即"我"。这山歌虽短，但是乡音土语，乡亲们"叫笑振席，欢感闾里"。这山歌长期流传，真是知足者常乐！

据传钱镠孝顺，为王后仍然每天早晚亲自背母亲上下楼，而不肯让他人代劳。另外，他为民除害，率一万精兵齐射潮神。

钱镠这人挺开明，他想立第七子钱元瓘为太子，特地召集儿子们说："你们都说说自己的功劳，谁功大的为太子。"结果，儿子们都推举钱元瓘。后来有次病重，他又召集大臣们说："我这几个儿子都蠢懦，你们看谁稍好，可以做统帅呢？"大臣也众推钱元瓘，其他兄弟没什么好争。没想到，钱元瓘继位后却政绩平平。

第三任钱弘佐在位那几年，与南唐瓜分闽国占福州，内政方面虽宠信谄媚之人，但也能摘奸发伏，差强人意。四任钱弘倧在位不足一年，乾祐元年（948年）被三朝宿将胡进思废黜，改任钱弘俶。钱弘俶励精图治，令历年欠税尽行蠲免，田亩荒废者"纵民耕之，公不加赋"，民心大悦。还置营田卒数千人，以松江辟土而耕，"境内无弃田"，粮食丰稔，斗米仅十文，一派盛世景象。

然而，钱镠们生不逢时。史料上的钱镠并不想拓展疆域，当然也不想让别人侵吞，策略是破财消灾，"保境安民"。唐亡前，钱镠向唐称臣；朱温建梁后，向后梁称臣；梁灭后，又向后唐称臣。建隆元年（960年）赵匡胤黄袍加身后，连南唐那位"问君能有几多愁"的李煜也不可容，又北伐辽、北汉，那么吴越在赵氏卧榻之侧还能鼾睡几年？

最大看点：岁月静好等日落

开宝二年（969年），倒计时：9

在《中国历史大事编年》上，这一年没有吴越的踪影。也许吴越岁月静好吧！

不过，吴越的周边，却是磨刀霍霍。

赵匡胤登帝位后，多次微服私访，还会突然造访重臣的家，弄得宰相赵普退朝回家后也不敢脱衣冠。上年，在大宋历史上可是大书特书的一年，成语"雪夜访普"及古戏《宋太祖龙虎风云会》，说的就是这一年。赵匡胤在一个雪夜出宫叩访赵普的家：

> 赵普白：陛下，不知所忧者何事？说向臣听。
>
> 赵匡胤白：寒风似箭，冻雪如刀。寡人深居九重，不胜其寒，何况小民乎！（唱）
>
> 【滚绣球】忧则忧当军的身无挂体衣，忧则忧走站的家无隔宿粮，忧则忧行船的一江风浪，忧则忧驾车的万里经商，忧则忧号寒的妻怨夫，忧则忧啼饥的子唤娘，忧则忧甘贫的昼眠深巷，忧则忧读书的夜守寒窗，忧则忧布衣贤士无活计，忧则忧铁甲将军守战场，怎生不感叹悲伤！
>
> 赵普白：陛下念及贫穷，诚四海苍生之福。

看这段戏，很容易误以为赵匡胤跟钱镠一样念苍生呢，其实他此时此刻心里想的却是要"身无挂体衣"的军人先去征战哪个地方。这一夜，他跟赵普商定了征灭邻国的战略，决定先从北汉下手。南方暂缓，但也不能让他们鼾睡。赵匡胤命南唐主李煜给南汉主刘鋹写信，希望他别再敌对，主动归附。赵匡胤"杯酒释兵权"之事，也发生在这一年。

慑于大宋的强悍，南唐、回鹘、于阗等慌忙入宋奉贡。

那么，这一年钱弘俶在干什么？没有史书告诉我。

开宝三年（970年），倒计时：8

年初二月，赵匡胤亲自率大军攻北汉，直围太原。北汉向大宋的死敌辽国求救，辽军劲旅连夜从小道突降，赵匡胤不得不撤回。不然，他很可能一口气将北汉灭了。

这时，辽国发生内乱，奴隶起事，残暴的穆宗被杀，景宗上台。景宗可不是省油的灯，但必须先稳定权力，内行宽政，对外也暂缓，以守为攻。

赵匡胤北边战略受挫，憋了一肚子气。八月南唐主李煜转呈南汉的回信，刘鋹居然拒绝对宋称臣。赵匡胤大怒，九月出征南汉，连克贺州、韶州等地。可这时，辽兵又大举进攻定州等地，宋军南下也受牵制……

这一年，钱弘俶仍然无声无息。

开宝四年（971年），倒计时：7

二月，赵匡胤对南汉加大攻势，刘鋹顶不住了，决定逃入海岛，将金银财宝和妃嫔装了十余船，没想到没等刘鋹上船就让宦官给偷开走了。刘鋹只好素服出降，60州240县17万户民尽归宋，南汉亡。

李煜吓坏了，慌忙自觉地将国号唐撤了，改印文为"江南国印"，意思为江南地区的诸侯封国，而不是独立王国；是印章而不是玺，上书乞求大宋恩准。赵匡胤欣然批示同意。

这么一来，钱弘俶再也坐不住了，连忙遣长子镇海、镇东节度使钱惟浚入宋奉贡。

开宝五年（972年），倒计时：6

赵匡胤的战略重点，转移到南方。这年二月，李煜之弟李从善代表南唐入宋进贡，赵匡胤却将他留下。这让李煜更是吓坏了，感觉赵匡胤要下手了。李煜一方面进一步减损制度，从各方面把自己的规格从皇降到王，尽量不招惹宋人；可是另一方面，又暗暗备战，缮甲募兵。赵匡胤不是傻瓜，先用计谋，让李从善通知李煜亲自入宋。李煜不敢，只是多送贡礼。赵匡胤忌惮南唐大将林仁肇，便收买他的部从，偷了他的画像，然后特地带李从善去看，"林仁肇已经准备来降了，这画像为信物。"并指着一幢楼馆说，"这是我准备赏赐给林仁肇的。"李从善听信了，连忙派人回去报告。李煜也不知是计，命人将林仁肇鸩杀，自毁长城。

那么，钱弘俶是不是也在暗中备战？仍然不知道，只知这年九月他委派大臣黄夷简再次入宋朝贡。

开宝六年（973年），倒计时：5

这一年，赵匡胤忙于内部事务，钱弘俶则无音讯。

开宝七年（974年），倒计时：4

宋辽议和，年初开始，年末达成协议，决定"用息疲民，长为邻国"。当然，这份协议不会太久，那是题外话。

再说李煜，因为李从善仍然被扣留在宋，心里很不安。这年五月遣使入贡，请求让李从善回来，赵匡胤拒绝。李煜明白了，表示愿意再降格让宋册封，赵匡胤仍不同意，反而明确要求李煜亲自入宋。李煜怕做人质，更不敢答应。赵匡胤一边调兵遣将，一边最后通牒。李煜称病坚持不入宋，于是赵匡胤令大军南下，十一月在浮梁（今属江西省）渡江。

李煜发动军民抵抗，并亲笔写信请求钱弘俶支援。李煜直言："今日无我，明日岂有君？赵某一旦行动，您也不过汴京一布衣罢了！"钱弘俶不仅拒绝李煜求助，反而将此信交给赵匡胤以表忠心，并亲自率兵协助宋军围攻南唐的常州等城。丞相沈虎子反对，说："江南，国之屏蔽，奈何自撤其屏蔽乎？"钱弘俶不仅不采纳，反而将沈虎子撤换了。

赵匡胤召见吴越使者，要求回去转告："你们协攻南唐有大功，等战争结束可以来朝。朕说过要用隆重的礼仪来接待，难道会说话不算数吗？"[①] 至此，通儒院学士崔仁冀明白宋吞并吴越是必然之势，便告诫钱弘俶说："上英武，所向无敌，天下事势可知。保族全民，策之上也。"对此，钱弘俶深有同感。

开宝八年（975年），倒计时：3

大宋与吴越联军进围金陵，从年初至十一月，居民樵采无路，李煜只得出降。19州3军108县65万户，连同李煜本人及其藏书，尽归宋。此时，赵匡胤绝对想象不到，将来他的子孙皇帝也会跟李煜一样被入侵者押解北上。

---

① 《续资治通鉴》卷8，宋纪8，中华书局1957年版，"元帅克毗陵有大功，俟平江南，可暂来与朕相见，以慰延想之意，即当复还，不久留也。朕三执圭币以见上帝，岂食言乎！"

南唐灭了，在一般人看来唇亡齿寒，在钱弘俶看来则因为有功而窃喜。

至此，五代十国仅剩吴越一个了，钱弘俶还能坚持多久？

延寿是当时名僧，钱弘俶奉为国师。这时，延寿重病在床，钱弘俶前往探望。谈及时政，钱弘俶充满忧愁，痛苦万分。降宋，当然一万个不愿意。然而，宋氏虽然相对于其他王朝更文明一些，但绝不是所谓"仁义之师"，涂炭生灵，他更是一万个不愿意。钱弘俶征询延寿的意见，延寿说："纳土归宋，舍别归总。"

年末，钱弘俶请求入宋祝贺长春节，赵匡胤恩准。长春节为二月十六日，赵匡胤生日，拍马屁的好时机，唯恐去迟了。

太平兴国元年（976年），倒计时：2

二月，钱弘俶携妻孙氏、子惟浚奉命入朝。钱弘俶入宋可不像我们现在走亲访友，他得低三下四。为了避赵匡胤之父赵弘殷名讳，他改名为"钱俶"，不敢再用那个"弘"字。据记载，他这次携带的贡品至少有白金30万两、绢20万匹、乳香5万斤，另有金玉宝器5000件、美酒数千缸等。为保证运载这批礼物的大型船队通行，特地对古河道进行了大规模疏浚。不过，赵匡胤这次对钱弘俶的恩典也"旷古少有"，一是赐钱弘俶"剑履上殿，诏书不名"，二是封钱弘俶夫人为王妃、王女为郡主。更重要的回馈是，同年三月赵匡胤西巡，钱弘俶主动请缨为护卫随从，赵匡胤不许，只留下钱惟浚侍从，而送钱弘俶回国。临行，赵匡胤又将一包袱赐之，嘱咐："途中方可密视。"途中打开一看，竟然全是臣僚奏请拘留钱弘俶的奏章，钱弘俶感动万分。

想必，钱弘俶归途的心情本来是挺好的。

传闻"自王全斌平蜀多杀人,帝每恨之",殊不知赵匡胤对南征大将授命"副将而下,不用命者斩之",这样死命令下的战事多么残酷。这年四月,也许还在快到家的路上吧,钱弘俶听到一个骇人的消息:李煜降宋后,写信让南唐军民也降,各地纷纷响应,唯独江州(今江西省九江市)军校胡则不降。宋军大将曹翰率兵强攻,然后屠城,抢劫金帛以亿万计。

江州的悲剧,让钱弘俶极为不安。如果让这悲剧在杭州重演,那是钱弘俶绝不忍心的。这年八月,宋军兵分5路大举攻北汉,辽军救援北汉,钱弘俶则出动火箭军士助力宋军。火药于唐朝末年开始运用于军事,称"火箭""飞火"。据记载,唐末民军在大风天"以火箭射城外茅屋,延及官军营",死约300人,可见威力不小。

南归后,钱弘俶的心情再也不能平静。中国古代宫殿、庙宇及帝王座位都是坐北朝南,称帝以"南面称尊",失败被俘称"败北""北面称臣"。可是有一天,钱弘俶突然改坐东南,并对大臣解释说:"西北者,神京在焉,天威不违颜咫尺,敢宁居乎!"至此,钱弘俶已主动北面称臣了。

十月,北伐未果,赵匡胤暴亡,传言是被其弟赵光义谋杀。赵光义继位,只好暂罢攻北汉之兵,安内要紧。那么,钱弘俶可以喘口气了吧?

这年十一月,钱弘俶又派员带着通天犀带、金器500斤、玳瑁500斤及涂金银香笼等财物入宋,祝贺新年。

太平兴国二年(977年),倒计时:1

赵光义忙于皇兄的葬礼等内部事务,但不等于忘了卧榻之侧。每天下班后,他要在便殿或后苑亲阅禁军,挑选强壮的留下作为亲军,老弱的遣调州县去。还在城西筑讲武台,大阅兵。兵卒士伍南北绵亘20里,以五色旗为号令,以号令统一进退,千乘万骑行动如一,令钱弘俶之辈闻风丧胆。

出身卑微的钱镠试图神化自己,佛教是他利用的手段之一。他们先后在杭州兴建了150多座寺院与数十座塔幢,素有"江南佛国"之誉。吴越保存到我们今天的印刷品都是佛经,有些寺院与数十座塔迄今可以在杭城看到。据考证,本年兴建的主要有龙华塔和雷峰塔。

龙华塔位于今上海徐汇区龙华路2853号。与此相对的有龙华寺,其名源于弥勒菩萨在龙华树下成佛的典故。相传该寺是三国时期孙权为其母所建,专家则认定建于本年。由于年代久远,原塔多毁坏,经多次维修,现存的按宋代佛教禅宗的伽蓝五堂制建造。寺内有五进殿堂:弥勒佛殿、天王殿、大雄宝殿、三圣殿和方丈楼,两侧是罗汉堂、钟鼓楼。2006年,龙华塔被列为国家重点文物保护单位,并开始对外开放。每年农历三月初三有龙华庙会,三月十五龙华香汛,三月初一到十五前往龙华敬香逛庙会、观桃花已成为上海人的习俗。

雷峰塔是钱弘俶为祈求国泰民安而建,又说他的宠妃黄氏为奉藏"佛螺髻发"与佛经而建,故称"黄妃塔"("黄皮塔")。又因地处西关门外称"西关砖塔",还因位于西湖夕照山最高峰——雷峰顶上,多称"雷峰塔"。可以说它成名于《白蛇传》,也毁于《白蛇传》。传说雷峰塔的塔砖有驱蛇辟邪之用,人们纷纷去偷挖。日复一日,千年不止,塔基给挖空,以致整座塔于1924年突然倒塌。2001年,雷峰新塔建成,采用现代工艺,是中国首座彩色铜雕宝塔。

钱弘俶求助于佛,可是佛能保佑钱弘俶吗?

太平兴国三年（978年），倒计时：0

新年伊始，钱弘俶又动身北上。他无法抑制心底里的恐惧与不安，生离死别之感强烈袭来。行前，祭别钱镠陵庙。钱弘俶的好友文莹和尚记载，钱弘俶"知必不还"①，但心里还是残存一些希冀，尽输府库所藏珍宝，竭尽所有取悦赵光义。

三月抵汴京，钱弘俶叩见赵光义之后，果然被扣留了！

四月，原南唐平海节度使陈洪进迫于无奈，改旗易帜，向宋奉献所辖漳、泉两州24县、民户15万、士兵近2万，赵光义即任命他为武宁节度使，其子分别为泉州、漳州知府，又在漳、泉大赦并免徭役赋税1年。钱弘俶听了这消息，感到自己也面临最后的抉择了。

五月，钱弘俶上表献出所掌甲兵，继而又上表辞去所封吴越国王之称及天下兵马大元帅之职，唯请求让自己回归吴越，赵光义不准。随从崔仁冀明白赵光义之意了，劝道："朝廷之意甚明，大王如不速纳土，祸将至矣！"钱弘俶叹道："其他条件均可答应，唯纳土一事不可行啊！"崔仁冀不觉厉声说："您今已在他人手掌之中，离家千里，除非有翅膀飞回去！"钱弘俶思之再三，觉得万般无奈，只好向宋献上所辖的十三州一军，共86个县、55万民户、11万兵。赵光义显然很高兴，第二天便封钱弘俶为淮海国王，并给他的儿子及重要官员以要职。

10年后，即端拱元年（988年）八月，钱弘俶六十大寿，赵光义派人祝贺，宴饮至半夜。然后，钱弘俶于醉梦中暴卒，传闻是被鸩杀的。

---

① 文莹：《玉壶清话》，"俶最后入觐，知必不还，离杭之日，遍别先王陵庙，泣拜以辞，词曰：'嗣孙俶不孝，不能守祭祀，又不能死社稷。今去国修觐，还邦未期。万一不能再扫松槚，愿王英德各遂所安，无恤坠绪。'拜讫，恸绝，几不能起，山川为之惨然。"

后果：假如钱弘俶对宋也有血性

陕西师范大学教授杜文玉说："在北宋统一全国的进程中，吴越是唯一没有经过干戈而归于一统的政权，从而使两浙地区避免了战火的破坏，有利于这一地区社会经济、文化的发展。"① 钱弘俶们功莫大焉！

我原来对吴越印象也非常好，对它被吞并抱着深深的同情与惋惜。但一想到钱弘俶与赵光义联军灭南唐，我就反感了。

吴越不但做了大宋的帮凶，而且"非常残暴"。南唐虽然同是大宋的猎物，但不该是吴越的敌人啊！南唐是大唐之后江南一个较有实力的小国，但生不逢时，敌国林立。其前身是吴国，虽然国势强盛，但不仗势欺人。当然，牙齿也有咬舌之时。贞明五年（919年），吴军大败吴越国，后者祸不单行，又逢"大旱，水道涸，此天亡之时也"，部将建议乘胜穷追吞并它，彻底解除后患。丞相徐温却说：让双方人民各安其业，君臣高枕无忧，岂不是更好吗？为什么一定要战争呢？② 徐温将军队撤回，而派出使者，与吴越和谈，保持了20多年友好关系。不久，吴国改号"南唐"，李昪勤于政事，变更旧法，但继续与吴越和睦相处，与民休息。他常说："百姓皆父母所生，安用争城广地使之肝脑异处，膏涂草野？"③ 天福六年（941年）吴越都城失火，宫室、府库、甲兵焚尽，君王则大病，将帅们纷纷建议出兵，事半功倍。李昪却坚持说："两国虽有疆域之分，但人民是不分的，尽管为不同的人主，朕

---

① 杜文玉：《夜宴：浮华背后的五代十国》，中华书局2006年版，第80页。
② 《资治通鉴》卷270，后梁纪5，17册，第11556页，"天下离乱久矣，民困已甚，钱公亦未易可轻。若连兵不解，方为诸君之忧。今战胜以惧之，戢兵以怀之，使两地之民各安其业，君臣高枕，岂不乐哉！多杀何为？"
③ 史温：《钓矶立谈》。

也不忍屠戮。"①结果，不仅没出兵，反而送去大量救灾物资。在五代十国那个"礼崩乐坏，文献俱亡"的纷乱时代，南唐却出现"儒衣书服"景象，比如我老家——当时南唐之泰宁"比屋连墙玄诵之声相闻，有不谈诗书者，舆台笑之"②，很像春秋时代的邹鲁。李昪去世的时候，还特地遗嘱太子李璟："善交邻国，以保社稷。"李煜更甚，乞求佛祖慈悲，到亲自为僧尼削揩屁股的"厕筹"的地步。大将卢绛颇有先见之明，曾建言说："吴越，仇雠也，他日心为北朝向导，掎角攻我，当先灭之……臣请诈以宣、歙州叛，陛下声言讨伐，且乞兵于吴越，兵至拒击，臣蹑而攻之，其国必亡。"③李煜不纳。对外妥协，忍受耻辱，自然是痛苦的，他只能每天与大臣借酒浇愁，悲歌不已。忍无可忍之时，李煜也会暗暗备战，把吴越当朋友求救，并英勇抵抗了一年左右的时间。相比之下，钱弘俶就太龌龊了！

假如钱弘俶像周宣王姬静就好了。姬静的父亲厉王很糟糕，宣王有意识地跟父辈切割，有针对性地实行改革，赢得民心，恢复国势，进而征战四方，全面复兴。钱弘俶如果像姬静，不助宋灭南唐，改与南唐携手并肩，说不定历史会是另外一个走向。

---

① 《钓矶立谈》，"疆域虽分，生齿理一，人各为主，其心未离，横生屠戮，朕所弗忍。且救灾邻，自古之道。"
② 叶祖洽：《诏改泰宁县记》。
③ 《续资治通鉴》卷6，宋纪6。

第九章

辽末10年

> **提要**
>
> 公元1116—1125年为辽国倒计时10年，天祚帝亲征金人失败，后院连连起火，宋又叛盟与金联手夹击。天祚帝逃亡，金兵紧追不舍，最终落入敌手。
>
> 哪怕天祚帝能像万历那样干脆什么都不干，不重用成事不足败事有余的萧奉先，不逼走忠良能臣，何至于亡？

前因：内乱无休

辽国朝中长期较乱。景宗耶律贤、圣宗耶律隆绪统治期间（保宁元年至太平十一年，即969—1031年），与宋和平相处，民族平等，"诸道皆狱空"，农牧业兴旺，被誉为"景圣中兴"。但耶律隆绪晚节不保，以为天下太平，可以放心睡大觉了，便热衷游猎，沉迷佛教。耶律宗真继位后，满足于继承到的中兴成果，生活上放荡不羁，政治上日趋保守，不愿深化改革。耶律宗真的儿子耶律洪基，即道宗，也迷恋佛教而不思改革，朝政日益腐败。史称"宗王反侧，无代无之，辽之内难，与国始终"[①]。

寿昌七年（1101年），道宗去世，其子耶律延禧奉遗诏即位，群臣上尊号"天祚皇帝"。上台不久，天祚帝即清剿奸臣党羽，为受陷害者平反，让人耳目一新。可是，他重用新的奸臣萧奉先等人，生活荒淫，迷恋游猎，不理国政，宗室贵族间陷于新一轮争权夺利。特别是对异族剥削与压迫，使得辽的统治像一座暂未爆发的活火山。但统治者总是迟钝的，醉生梦死，满足于表面的安定。

天庆二年（1112年）初，天祚帝按惯例到长春州游乐钓鱼，附近千里的女真族酋长纷纷赶来朝见，一派皇恩浩荡的样子。晚上鱼头宴，天祚帝喝酒不尽兴，命酋长们一个个为他跳舞。其他酋长都乐意给面子，轮到完颜阿骨打时，他却推辞说不会。天祚帝鼓励说："跳不好没关系，来，图个热闹。"完颜阿骨打还是坐着不动。天祚帝感到扫兴，事后还生气地对萧奉先说："没想到阿骨打如此跋扈，这种人迟早生事。你找个借口，趁早除了他！"萧奉先却说："阿骨打是个粗人，不知礼仪，不必计较。即使他有什么异心，弹丸小国，小鱼掀不起什么大浪。"听他这么说，天祚帝只好忍了。哪想完颜阿骨打果真一身反骨，从此不再奉诏，并开始对其他部落用兵，翻天覆地。天祚帝虽然早怀疑阿骨打有反骨，但还是低估了他的势头，天庆四年（1114年）六月还命阿骨打为节度使，九月他却率各部落祭告天地，正式起兵反辽，迅速攻占宁江等

---

① 《辽史》卷72，宗室传，52册。

地。第二年元旦建国称皇帝，国号大金。天祚帝不敢再大意了，亲率数十万大军进剿。阿骨打率2万兵迎战，集中兵力直击天祚帝的中军，天祚帝溃逃，全军崩散。从此，辽军处于劣势，再也没能反转。如此，辽也就开始倒计时了。

最大看点：不停地逃亡

天庆六年（1116年），倒计时：9

上年天祚帝亲征完颜阿骨打失败，没想到又后院起火。东征军副先锋元帅耶律章奴，还是皇亲国戚，竟然擅自去上京（位于今内蒙古自治区巴林左旗），要拥戴燕王耶律淳为帝。耶律淳是天祚帝的堂叔，拒绝叛乱。耶律章奴便转拜祖庙，控诉说："国家内忧外患，天祚帝却玩物丧志，我不能不站出来拯救！"[①]拜完，耶律章奴向各州县颁发檄文，号召起来反抗。响应者果然很多，很快达数万，声势浩大。耶律章奴率众攻打天祚帝的行宫失败，转而进军上京又失败，连想逃入女真也遭败。本年四月，天祚帝亲征，俘耶律章奴，将他腰斩。

本年初，渤海国君主后裔、东京副将高永昌率卒3000人反叛，自称大渤海皇帝，占50余州。天祚帝派兵镇压，高永昌则向金国求援。完颜阿骨打应援占东京地区，从后部袭辽军，辽军大败。

完颜阿骨打命高永昌取消帝号，遭拒绝后将他击败，辽东京道54州归金国。战略形势变得对女真有利，战火从边疆蔓延到辽帝国的心

[①]《辽史》卷100，耶律章奴传，"我大辽基业，由太祖百战而成。今天下土崩，窃见兴宗皇帝孙魏国王淳道德隆厚，能理世安民，臣等欲立以主社稷。会淳适好草苘，大事未遂。迩来天祚惟耽乐是从，不恤万机；强敌肆侮，师徒败绩。加以盗贼蜂起，邦国危于累卵……"

脏。完颜阿骨打进一步挑战，八月陷辽保州。

此外，还有长春州2000余户起事，天祚帝派兵镇压。乌古部（古代北方部落）叛辽，不久降。

天祚帝越发感到兵不够用，诏有杂畜10头以上者皆从军。

天庆七年（1117年），倒计时：8

二月，乡人董庞儿在南京（今北京）率众起事，迅速发展到万余人。天祚帝派兵镇压，民军败退。三月民军复聚，又遭败。此后，董庞儿转战于云州等地。董庞儿与宋联系，宋封他为燕地王，并赐名赵翊。董庞儿上表自号"扶宋破房大将军董才"，后来又归附金国。

宋人对于北方始终耿耿于怀，眼看着辽开始受金的挑战，不可能没想法。但宋徽宗赵佶在这一点上还不太昏，保持了一定理性。他得考虑：辽金是否会议和？金是否有能力灭辽？这时，金国汉人高药师等率亲属200余人想渡海去高丽避乱，不意船被风刮到宋境。他们说那里的汉人纷纷起事，契丹人已无力控制渤海，而金人已占辽河以西。赵佶获悉这情报，即召蔡京、童贯等大臣商议。本年七月选7人，每人授官，携市马的诏书，让高药师等人带着浮海西去辽东，秘密侦察。没想到，这行人才到金国边界，望见女真巡逻兵就吓得迈不开步，就此退回。赵佶大怒，将这些人全发配到远恶军州。

天祚帝招募饥民为兵，名"怨军"，报怨于金之意，共8营，布防于燕山至凉河一带。另有2.8万余人布防于卫州一带。本年末金兵又大败辽军，乘胜占显州，附近7州相继降金。

天庆八年（1118年），倒计时：7

杨朴原是辽渤海大族，进士及第，后降金，为阿骨打重用，金国朝仪制度都出于他之手。本年初，杨朴进言："自古英雄开国或受禅，必先求大国册封。"于是阿骨打遣使至辽，天祚帝也遣使至金，表示议和弭兵。七月辽又派大臣携书、诏、表、牒至金，金也遣大臣至辽，和议基本谈成。阿骨打强调说："如果你们说话不算数，就不要再派使者了。"

东路诸州年初开始大饥，民食树皮，甚至到掠人充食的地步，到处闹事。五月，汉人安生儿、张高儿聚众20万人起事。安生儿战败身死，张高儿率众转战，与霍六哥民军会合。六月，霍六哥攻占海北州，不久也败。辽通等四都之民又有800余户降金。

赵佶改派地方官马政率员公开访金，八月从蓬莱渡海，顺利抵金国上京。阿骨打接见马政一行，听说宋要联金攻辽，十分意外。经两天内部商议，金国决定同意，即委派使臣随马政回宋商议具体事宜。

这年末，辽节度使刘宏以懿州3000户降金，金委他以千户之职。

天庆九年（1119年），倒计时：6

有情报说天祚帝呈现"亡国之相"，赵佶即派大臣使辽，并随从两名画师。使者到了辽国，拜访天祚帝，说些亲热的闲话，悄然画下他的貌像，顺带还画了一路山川险要。回国后，使者汇报说："辽主看上去没有人君之神气。从相法来说，辽国亡在旦夕，请火速进兵。"赵佶听了大喜，当场拍板与金夹击辽之大计。

辽遣使册封阿骨打为"东怀国皇帝"。金不满，遣使于辽，指责此册文"轻侮"。不久又说辽册礼失期，命诸路军加紧备战。

天庆十年（1120年），倒计时：5

二月，一方面宋与金之盟密谈成功，阴谋开始付诸实施；另一方面，金与辽关于册封之事的会谈不欢而散。天祚帝认为阿骨打所称"大圣"二字与他们先世称号相同，得避讳，为此再派使者到金国协商。阿骨打烦了，怒曰："辽人屡败，遣使求和，实为缓兵之计，当议进兵！"当即召集大臣研究征辽的具体事宜。同时，阿骨打遣使至辽，责备天祚帝向高丽乞兵，妄图与高丽夹击金国，"贼喊捉贼"若此。从此，金辽恢复敌对，局势迅速升级。

四月，阿骨打亲自率兵出征，昼夜兼程，日行数百里，直奔辽都上京。当时，游手好闲的天祚帝还在外狩猎呢，哪想敌人已经在捕猎他的路上。不过，幸好他在外，不然更早当俘虏。当时，宋使赵良嗣一行又到金国，发现阿骨打已上路，生怕误事，立即追去，半路追到。阿骨打邀赵良嗣等随军观战，傲慢地说："你可以看看我怎么用兵，就明白何去何从！"

五月，金军抵辽国上京城下。阿骨打亲自督战，清晨发起进攻，仅用两三个时辰，不到午时，守军就出降了。赵良嗣等人看得目瞪口呆，根本没去想象这样的一幕很快将发生在大宋都城，只顾为金兵奇胜而高兴，捧觞为阿骨打祝寿，口呼万岁。

八月，回到金国上京（今黑龙江省哈尔滨市阿城区），赵良嗣呈上赵佶的亲笔信，请金夹攻辽，帮助宋收复燕京旧地。阿骨打说："契丹无道，疆土都是我们的了。你们与我们友好，燕京本来就是汉地，理当给你们。"赵良嗣说："咱们约定了，不可与契丹复交。"阿骨打说："即使契丹来乞和，也会把燕京还给你们了，才与他们议和。"说到这份上，一百个放心。双方还约定：金取辽中京（今内蒙古宁城县）大定府，宋取辽燕京析津府（今北京西南）。阿骨打立即出兵，要求赵良嗣马上回去尽快出征。不过，时值盛夏酷暑，金军连续征战有困难，牛马又发生流行病，只好改约明年。

赵良嗣回宋，赵佶听取汇报后感到满意，断定辽金不会议和，金肯定能灭辽，觉得与金联手之事不可再拖了，一边命童贯勒兵待发，一边再派使者赴金约定出征的具体日期。然而，双方又发生争议，主要是金不同意辽的西京（今山西大同）归宋，平、滦、营州不属燕京，也不能归宋。

没想到，没等发兵北上，也没等解决"分赃"分歧，十一月宋廷后院起火：方腊在东南州郡起事，很快发展到百万之众，赵佶哪顾得上对外？

不过，对于宋金的勾当，天祚帝还蒙在鼓里吧？

保大元年（1121年），倒计时：4

方腊之乱还要等到本年三月才平息，二月又发生更著名的宋江起事，其聚众好汉于梁山泊，在今山东、江苏一带活动，不过很快被平定。这时，金使又入宋，直到京城，追着要宋履约北上。宋哪有办法分身？这对于辽来说应该是得以喘息的好事，可他们没有这么好的运气。

内乱仍然时不时发生。天祚帝元妃之子封秦王，文妃之子封晋王。因为晋王更受好评，元妃之兄萧奉先担心秦王不能做太子，便唆使他人诬文妃的妹夫耶律余睹等人阴谋逼天祚帝退位，改立晋王。天祚帝信以为真，不由大怒，文妃被赐死。耶律余睹觉得有口难辩，只好带着家属与部从千余骑出逃，直奔金国。天祚帝闻讯，连忙派大臣萧遐灵等领兵追捕，快马加鞭，半路追上。可是，萧遐灵等大臣忽然说："主上信萧奉先言，视吾辈蔑如也。伊都（耶律余睹）乃宗室豪俊，常不肯为奉先下。若擒伊都，他日吾党皆伊都也。不如纵之。"① 于是他们放走耶律余睹，回头只说没追上。

年初金国就有大臣建言："辽主失德，中外离心。我朝兴师，大业既定，而根本未除，后必为患。今乘机可袭取之，天时人事，不可失。"阿保机赞同，即命诸路加紧备战。耶律余睹来降后，金对辽的政情、军情了如指掌，便着手实施新战略。十一月，阿保机命大军出征，打前锋的正是耶律余睹，直指辽中京。

国难当头，天祚帝连夜令官员收拾珠玉、珍玩500多包，骏马2000余匹，随时准备走。他所想只有一个"逃"字，而且脱逃有术，一次次在猎人到来之前成功地逃脱。

西夏本来坐山观虎斗，现在坐不住了，约辽一起攻宋，天祚帝拒绝。

保大二年（1122年），倒计时：3

金兵势如破竹，年初连克辽二城，陷中京，然后下泽州。

天祚帝出居庸关到鸳鸯泺。鸳鸯泺在今河北张北，其地南北皆水，势如湖海，水禽集育其中。也有人说是因为鸳鸯多而得名。不管怎么说，这是个风景秀丽之地，成为辽国诸帝春猎之所。但这次天祚帝到这儿没法乐，耶律余睹率金军正在追来。萧奉先献计说："耶律余睹此番率兵而来，并不是冲着您，只不过是为夺晋王罢了。为了您的安全，不如干脆把晋王杀了，耶律余睹也就死心，自然退兵。"天祚帝居然也信，真的赐死晋王。晋王"素有人望，诸军闻其死，无不流涕，由是人人解

---

① 《续资治通鉴》卷94，宋纪94。

体"①，天祚帝此举无异于又一次自杀。

然而，耶律余睹并没有退兵，而继续直逼天祚帝的行帐。辽国贵族与军政大臣见天祚帝连自己无辜的儿子都敢杀，寒心极了，纷纷投靠金国。天祚帝只好离开鸳鸯泺，率五千余精骑往西京逃。由于太仓促，玉玺掉到桑乾河里。这可不是普通玉玺，是秦始皇流传下来的，上面刻着"受命于天，既寿永昌"八个字，唐时更名为"受命宝"，它在谁的手上就意味着谁是合法皇帝。为此，辽圣宗耶律隆绪还特地写过一首诗《传国玺》，寄语"子孙皆宜守，世业当永昌"。可现在军情如火，逃命要紧，天祚帝根本顾不上捞"受命宝"。

到西京，终于可以喘口气了，可是天祚帝没法忘却仍然在疾速追来的耶律余睹，忽然想起耶律余睹去年还是自己的重臣，怎么突然变成了死敌？萧奉先不让他多思考，连忙说："金兵虽然占了中京，但不可能飞越三千里追到这来！"这话又给他以宽慰。

金兵攻势有增无减。几路金兵会师后，合力朝西京追来。天祚帝只好又逃往白水泺，希望能在这里安定下来。可是金军精兵六千，一日三败辽军，势不可当。天祚帝又逃往漠北。萧奉先无计可施了，只好建议丢弃辎重，轻骑入夹山。关于夹山地点有争议，有人认为是今呼和浩特市北的大青山。天祚帝在这里苟且达三年之久。

狼狈逃亡之中，在这漠北深处，天祚帝终于有机会静下心来面壁思过，忽然悟到这一连串失败的根源。他心平气和地对萧奉先说："你误我到这般地步，杀了你也不解恨。你走吧，别再跟着我。我怕将士们也意识到你的罪过，闹出乱子连累我。"萧奉先带着家人逃离，却被他的

---

① 《续资治通鉴》，卷94，宋纪94。

随从抓了送给金兵。金兵杀了他儿子,将萧奉先押往完颜阿骨打那里。没想到途中遇辽兵,将他夺回去,天祚帝只好把他赐死。

有道是"国不可一日无君"。由于战乱,消息不灵,天祚帝与宫廷的联系中断多时,大臣们不知他是否阵亡,便以"安史之乱"中拥立唐肃宗李亨的先例,在南京拥立耶律淳为天锡帝,即辽宣宗,而降天祚帝为亲王。史称此为"北辽",辽国从此分裂。

这次情况不一样了,耶律淳认真履职起来,置百官,然后向金求和,但被拒绝。转而向宋贡岁币,也不成。宋出兵20万攻南京,耶律大石率军迎敌。耶律大石是耶律阿保机八世孙,《辽史》记载的唯一一个契丹进士,智勇双全,在白沟河大败宋军。耶律淳在位3个月死,萧德妃以皇太后身份称制。宋兵又袭南京,巷中激战,辽军再次取胜。但辽军终不敌金兵,十一月居庸关失守,十二月南京被攻破。大臣们乱了心旌,有的想降宋,有的想降金,就没几个想留在本国。

赵佶令出征幽州。幽州是汉地,孤立于辽境,辽兵力也有限。在赵佶与大臣童贯等人想来,10万宋军一到,只要打出旗号,摆开阵势,那里的军民就会"怀德畏威",望风而降。所以,宋军还特别文绉绉地强调说:"奉圣旨,王者之师有征无战,吊民伐罪,出于不得已而为之。如敢杀一人一骑,并从军法。"[①] 如此一来,倒是自我约束了。五月,童贯率兵两路出击,两路都败。九月辽将郭药师等降宋。童贯遣刘延庆率兵出雄州,以郭药师为先锋,也失败。特别是刘延庆扎营卢沟南,忽见远处起火,以为辽兵来袭,马上烧了自己的军营逃遁,慌乱中自行践踏,死者不计其数。当地百姓见此情形,作歌嘲笑宋军。宋与金分享战

---

① 《三朝北盟会编》卷7。

果，纷争诸多。

保大三年（1123年），倒计时：2

耶律淳的知北院枢密事兼诸军都统萧干自立为奚国皇帝，天祚帝诏令讨之。萧干率众出山抗敌，破景州，直夺燕城。八月，萧干与宋军郭药师在峰山大战，大败。不久，萧干被部从所杀，奚国灭。

金兵逼近燕京之时，萧德妃感到无法抵挡，只好带着随从投靠天祚帝。没想到天祚帝不肯饶恕，将她诛杀，并责备耶律大石等人："我还活着，你们怎么敢另立耶律淳？"耶律大石毫不客气地回应："陛下以全国之力尚不能拒敌，弃国而逃，生死不明，生灵涂炭。在这种情况下，即使立十个耶律淳，也都是太祖的子孙，岂不强似乞求别人？"天祚帝无言以对，赐给酒食，赦免其余，任用耶律大石为都统。耶律大石率军攻奉圣州，战败被俘。金兵强迫他为向导袭天祚帝的大营，俘了天祚帝之子、嫔妃、公主及从臣多人。这样，金兵信任他，让他随军西征。但他身在曹营心在汉，没几天就出逃，又带一支部队投奔天祚帝。

四月，金国派人招降天祚帝。天祚帝拒降，并出兵5000与金大战于白水泺，但又失败，只好逃往云内（今内蒙古托克托）。

五月，夏主李乾顺遣使邀请天祚帝到他们那去避难。早在战前，天祚帝曾对左右说："如果金兵来了，我有日行350里的快马，又与宋国为兄弟，夏国为舅甥，都可以去，也不失一生富贵。"天祚帝此言倒不是吹牛。早在18年前，李乾顺即位时，即向辽国请婚。天祚帝封宗室女耶律南仙为成安公主，嫁李乾顺为皇后，其子李仁爱已被立为太子。成安公主娘家情深，多次促成出兵援助，太子也曾主动请缨。现在落到这地步还被邀请去避难，算是很有面子了，天祚帝自然欣喜。他还是一副大辽皇帝的做派，有模有样地封李乾顺为夏国皇帝。

这时，又有大臣护送天祚帝的次子、梁王雅里逃到西北部，立他为帝。同年十月，耶律雅里病逝。

这年八月，金太祖完颜阿骨打死，其弟完颜晟继位。那么，天祚帝的命运有转机吗？

保大四年（1124年），倒计时：1

天祚帝得了耶律大石带来的部队，又得到阴山部落的支持，得意忘形，自谓"天助"，决定出征燕云，收复西京与南京。耶律大石认为不可行："前些年我们全师而战还战不过，现在落到这般地步，还主动求战，不可啊！我们应当养兵待时，不可轻举妄动！"天祚帝不听，固执地开始对附近州县发起进攻。耶律大石对天祚帝绝望了，只好率铁骑200人连夜离开，自立为王。天祚帝不出所料失败，又被追捕。

金国新帝完颜晟可不是昏君，似乎更强悍。他获悉天祚帝已渡河入夏境，即派人出使夏国，请求协助围捕，许以割地的好处，否则后果严重。李乾顺禁不住软硬兼施，置亲情于不顾，称藩于金，按事辽的旧例事金。完颜晟说话算数，将原属辽国的西北部大块地盘割让给夏。李乾顺保证不再援助天祚帝，如果天祚帝入境即执送金国。这么一来，天祚帝西夏也不能去了。

赵佶忽然"欲诱"天祚帝，委托一名外国僧人带着御笔绢书去邀请。天祚帝喜出望外，连忙同意。于是，赵佶发出正式诏书，给天祚帝以皇弟之礼，位在燕、越二王之上，并为他筑第千间，置女乐300人。天祚帝高兴极了，但稍微多想想，觉得宋人不会可靠，便往阴山深处逃去。不久证明天祚帝这次选择应该是正确的,因为即使赵佶有真心也不可靠,因为北宋很快也被金灭了。

保大五年(1125年),倒计时:0

逃亡之路越来越艰险。过沙漠向西,水粮断绝,只能以雪充饥止渴。可是在这样鸟不拉屎的地方,追捕的金兵还是从天而降。天祚帝只好冒险回西夏,心想好歹是姻亲,即使李乾顺变心,成安公主及其太子总会发善心吧?

现在,天祚帝随从也没几个了,地道是亡命之徒,行宫之类早成了奢望,夜里只能借宿农家。二月被金兵追上,再也无法逃了。

八月,天祚帝被解送金国上京,完颜晟降封他为海滨王,不久改豫王。

眼看着舅国之灭,17岁的西夏太子李仁爱无法接受,恨父皇李乾顺出卖亲人太无情,悲伤而死。耶律南仙也悲伤过度,绝食抗议而死。

耶律大石离开天祚帝后,得到众多契丹人的支持。他给高昌回鹘君主写信:"我们与贵国非一日之好。如今,我想西去大食,借道贵国,请予支持。"他们一路向西北,到达辽朝北疆重镇可敦城(今内蒙古乌拉特中旗),在那里召集威武等7个军州的长官和大黄室韦等18个部族的首领,慷慨陈词,痛斥金国,现欲借力复国,得到热烈响应。于是称帝建国,史称"西辽"。1134年东喀喇汗死后,东喀喇汗国邀请西辽出兵协助平乱。耶律大石帮他们平了乱,顺手把东喀喇汗国收为附庸,割取其北疆为西辽直辖领地,并定都于八剌沙衮(今吉尔吉斯斯坦克马克),开始称霸中亚。

后果：假如天祚帝索性啥也不管

关于辽国之亡早有定论，这就是元朝史学家脱脱说的："辽以释废，金以儒亡。"辽是因为过度崇佛而亡，乍一看有理。但在最后这10年，我们并没有看到佛教的明显影响。历史上有因灭佛而复兴的，也有崇佛的杨坚开创"开皇之治"、武则天开创"武周之治"，这说明佛教与国运兴衰并没有直接的关系。

至于说天祚帝宗室内乱，最后这10年倒很明显，对于辽之灭显然有重要影响。但更明显、更重要的原因还在于天祚帝本身吧？

说起天祚帝，很容易让我联想到在其2000多年前的夏帝太康，游猎无度而"不恤民事"，导致有穷氏趁机反叛，夺取夏的都城，他再也回不去。还可以联想到历史上诸多昏君暴君，该干的都没干，不该干的都干了。他也重用了奸臣，典型如萧奉先。萧奉先严重之误至少有二：

一是倒计时之前，天祚帝发现完颜阿骨打反叛的苗头，要及时根除，萧奉先却迂腐地认为完颜阿骨打不知礼义，不必计较，小鱼掀不起大浪，劝阻了天祚帝。否则，他们也许还要等几个世纪才出现那样传奇式的领袖人物。

二是倒计时第四年，萧奉先为了自己不可告人的目的，唆使他人诬陷大将耶律余睹，逼得耶律余睹叛逃，让金对辽的实情一下子了如指掌，立马出兵侵辽，而打前锋的正是耶律余睹。否则，完颜阿骨打还得再等待观望，至少是很可能没这么快大举入侵。

此外，敌人已经出兵了，萧奉先还说他们只不过扰边而不敢深入，让天祚帝麻痹大意；又说耶律余睹此番只不过是为了夺晋王，让天祚帝杀了自己的儿子，逼得更多人投敌。萧奉先之奸与蔡京、童贯、秦桧等人不同,简直可以说是敌人派进来的奸细!几乎可以说:没有萧奉先,很可能就没有辽国之亡。

然而,我还是认为辽国之亡最关键在于天祚帝本人。昏君与奸臣相辅相成,有了奸臣君王必昏,君王不昏就不会有奸臣萧奉先。天祚帝毕竟在倒计时第三年突然醒悟,驱走又赐死,他并没有直接导致辽国的最后灭亡。

瘦死的骆驼比马大。辽国曾经是亚洲最大的帝国,国力与人心不可能一下子都被消灭。最发人深省的是耶律大石,简直堪称文武智勇全才,而且忠心耿耿。在天祚帝不知所往、不知生死的情况下,他扶持萧妃摄政。知道天祚帝的下落,又护送萧妃来投奔。被金兵俘了,他没有像耶律余睹等人那样真心叛变,而出逃又拉一支军队来护卫天祚帝。这一系列表现说明,耶律大石对于天祚帝是够忠诚的。最致命的问题在于:天祚帝一看耶律大石带来的部队(不可能太多吧),又头脑发热,不是先图生存、发展,而是立马主动去决战,无异于飞蛾投火!这才让耶律大石对他绝望,万般无奈之下,只好另立山头。耶律大石此去,无可厚非。成语"三谏之义",说的是春秋时,戎狄侵曹国,曹伯想亲自迎敌。曹羁进谏三次曹伯还不听便离去,曹军果然大败。对此,自古认为"君子以为得君臣之义也",孔子也明说:"所谓大臣者,以道事君,不可则止。"①

这是天祚帝最昏的一招!后来,耶律大石重振契丹雄风,西辽称霸于中亚,国祚达 88 年。如果天祚帝能纳耶律大石之谏,在他的扶助之下,会没可能死里逃生吗?

---

① 《论语·先进》。

假如天祚帝能像万历也好。万历早年没亲政，放手让张居正等大臣去改革；后来张居正等能臣死了，万历沉湎后宫，几十年不上班，可由于没有出昏招瞎指挥，照样开创"万历中兴"。哪怕天祚帝像万历那样干脆什么都不干，不重用萧奉先，不逼走耶律余睹、耶律大石等忠良能臣，何至于那样狼狈而亡？

帝王的每一个昏招都是为亡国加速，不信你再看一遍天祚帝的倒计时。

第十章

北宋末 10 年

> 提要

公元 1118—1127 年为北宋倒计时 10 年,宋徽宗赵佶见辽国叛出一个金国,便与金联手灭辽,血洗百年之耻。好歹算是合作灭辽了,金兵却转身入宋都,掳走宋帝。

赵佶如果能像赵恒,在辽、金间保持中立,应能坐收鹬蚌相争之渔利。金国毕竟才刚从东北角落里兴起,灭辽不可能太容易,更不大可能转身就来灭宋。

前因:改革一再失败

大宋开局非常好,从建隆元年(960 年)太祖赵匡胤开国至其于开宝九年逝世,其间立誓不杀文人,优厚解除功臣后患,鼓励官民享乐,被誉为"建隆之治"。真宗赵恒当政时期(至道三年至乾兴元年,即

997—1022年），继续以文安邦，与辽和平，集中精力发展民生与平民文化，鼓励男人以读书为业，工业化、商业化、货币化和城市化远远超过世界其他地方，中国古代四大发明中三大发明出于该时期，开创"咸平之治"，盛况远超"贞观之治""开元盛世"。仁宗赵祯当政时期（乾兴元年至嘉祐八年，即1022—1063年），"庆历新政"推行政治、经济多方面改革，人口和税收大幅增长，涌现指南车、活字印刷等先进科技，被誉为"仁宗之治"。盛世连连，许多专家学者认为宋是中华帝制时代的巅峰。

早在宋建国前半个世纪，辽即契丹国建立，其疆域是大宋的两倍。宝元元年（1038年）从宋分裂出一个西夏国，政和五年（1115年）又从辽分裂出一个金国，形成宋、辽、夏、金四国并立格局，其中宋和辽呈日薄西山之态，夏和金则是喷薄欲出之势，相互间明争暗斗。与此同时，辽、金也相继出现一系列盛世，如辽国的"景圣中兴"；金国的"大定之治""明昌之治"。

任何盛世都不是完美的，问题是弊端及时改革还是累积成患。针对"仁宗之治"时期的弊病，赵祯任用范仲淹进行一系列大改革。但改革触动一大批既得利益者的痛处，他们百般阻挠，才一年多就宣告失败。后任赵曙也很想有所作为，无奈体质太差，不得不由曹太后垂帘听政。赵曙亲政后要对旧的体制进行大胆改革，没多久却病故。俗话说："官司越拖越轻，疾病越拖越重。"弊政跟人的疾病一样，越拖只能越重。后来王安石惊天动地的改革虽然力度空前，但阻力更大，败得更惨，他只能眼睁睁看着北宋衰落。

北宋末年有一批著名奸臣。时人称蔡京为"公相"，童贯为"媪相"，他们两个与王黼、梁师成、朱勔和李邦彦狼狈为奸，被称为"六贼"。因为争权夺利，蔡京与长子蔡攸也不和，相互倾轧。蔡攸探望蔡京，帮老爹号脉，号完却马上跑赵佶那里说："蔡京身体不好，该让他下岗！"这年他们父子各立门户，互为仇敌。不过，蔡京与次子蔡绦关系极好。蔡绦后来著有《铁围山丛谈》一书，提到"六贼"时，认为他父亲是好人，其余都不好。

其实，蔡京至少是个理财能臣，首创利用现代金融工具从民间抽取巨额利润之法。当时，"交子"已经被官府玩坏了——贬值达75%，蔡京便换个马甲——改名称"钱引"，重新发行，挽救了财政危机。如果不是外交失败，也许中兴成功了。

倒计时前一年即政和七年（1117年），有两件小事不能不着重说说。

外部：宋与女真即金国陆地不接壤，海上之路久闭不通。金国高药师率其亲属二百余人，以大舟浮海想去高丽避乱，不想被大风吹得漂到了宋境。他们说：那边在与辽作战很乱。赵佶"闻之甚喜"，即召大臣商议"交金以图辽"战略，决定由高药师带队去金国，名为买马，实为侦察。

内部：帝王是人，人难免都会有些嗜好，没嗜好的人是可怕的。嗜好有好坏之分、雅俗之分，但即使俗的或者坏些的嗜好，如果没对他人造成伤害，应该无可厚非；而好的、雅的嗜好如果对他人造成伤害，那也是不可谅解的。赵佶的嗜好是艺术，又好又雅。他还嗜好珍奇之物，例如太湖、灵璧、慈溪、武康的花石，两浙的花竹、杂木、海错，福建的异花、荔枝、龙眼、橄榄，海南的椰子，湖湘的木竹、文竹，江南各种果实，登、莱、淄、沂的海产品和文石，两广和四川的奇花异果等。各地竞相进贡，一次十来船。因为一批货船称一纲，所以这类货特称

"花石纲"。异味珍苞要用快马，虽万里三四日即达，色香未变。所经之处，州县地方官不敢过问。为此，这年秋增设"提举御前人船所"，另在苏杭设"奉应局"，专门负责这方面的政务。这类官人到处搜寻，发现一块奇石一株异草，即宣布为御用，责令百姓小心看护，稍有差错就得追究。这样，百姓闻"花石纲"色变。

内忧外患，这两件事很快成为不祥之兆。

最大看点：错选敌友

政和八年（1118年），倒计时：9

和平已逾百年，北宋主要精力在于社会经济。这年初增各地酒价，宋徽宗赵佶还亲敕两浙漕司酒钱要全数上缴衙前。"衙前"是当时一种差役，职掌官物押运和供应，负责赔偿失误和短缺，官府特许他们承包酒坊。不久又诏没收空闲土地，增方田税。"方田"指当时屯田守边制，其田方形。但这年老天爷有些不配合，江、淮、浙等东南地发生水灾，朝廷遣使赈济，又诏相关地区的监司，督促所属州县的流民还乡。

虽临末世，还是不乏汉武帝那样"大并天下"之志。七年前，童贯率军征西夏有功，转而图谋辽国，请求出使。赵佶欣然同意，但大臣有意见，责问："让一个宦官代表出访，难道我们这么大一个国家都没人了吗？"赵佶坦言："辽人听说童贯大破羌人，很想见他。再说，借此机会秘密侦察一番，没有更合适的人了。"在"友好"访问中，有个叫马植的辽国高官秘密求见，献计说宋与新兴的金国联手可灭辽，此意正中童贯下怀。童贯改其姓名为李良嗣，并将他带回国。听了童贯的汇报，赵佶立马召见。马植说北国"万民罹苦"，"愿陛下念旧民遭涂炭之苦，复中国往昔之疆，代天谴责，以顺伐逆"，还说"王师一出，必壶浆来迎"。[①]这后一句是个典故：燕国暴政，齐宣王趁机出兵，燕国老百姓用箪送吃的，用壶装喝的，欢迎齐军，因此有成语"箪食壶浆以迎王师"。马植有"联金灭辽"的具体想法。听了这番激动人心的话，赵佶"嘉纳之"，即赐李良嗣姓赵，收为自家人，任秘书丞等职，开始筹划"联金灭辽"战略。应该说赵良嗣与大宋君臣见识不凡，此后几个月就是下一年即政和二年（1112年）初，完颜阿骨打公开表示不服辽主，政和四年1114年开始举兵反辽。本章相关详情，请与前章互参。

赵佶觉得时机成熟了，"联金灭辽"战略开始实施。政和七年七月，委派高药师所率7人以做马生意为名渡海去金国，才到金边界，一见女真巡逻兵就吓得不敢迈步，退回青州。政和八年初，赵佶要求重新选派秘密使者，委任马政及郭药师。马政是地方官员。这郭药师与前文高药师不是同一个人，以倒戈闻名。他们两人顺利到了金廷，转达赵佶想与金为盟的意向。金太祖与众臣商议后表示同意，于是委派使者携国书及北珠、生金、貂皮、人参、松子等礼物，与马政、郭药师一起返宋。

赵佶自称"教主道君皇帝"，经常请道士看相算命。他生日是五月初五，道士认为不吉利，改为十月初十。他多次下诏搜访道书，设立经局，整理校勘道籍，所编《政和万寿道藏》是我国第一部全部刊行的道藏。为进一步体现对道士的尊重，本年伊始令天下道士免阶墀迎接衙府，与郡官监司相见依长老法。赵佶本人在接见道士时，也以客礼相

[①]《三朝北盟会编》卷1。

待。当时一些道教首领的实际地位已在一般大臣之上。诏通真先生林灵素在上清宝篆宫讲道经，称"千道会"，令士庶入殿听讲，赵佶亲自设幄其侧。林灵素自诩上晓天宫，中识人间，下知地府，胡编瞎吹，不时掺杂些滑稽庸俗之语，上下哄笑，有失君臣之礼，但赵佶不在意。不久诏令："僧徒如有归心道门，愿改作披戴为道士者，许赴辅正亭陈诉，立赐度牒、紫衣。"辅正亭是近年新建的，在上清宝篆宫前，专门供应符水驱邪鬼。这就是说，特许僧尼改宗到道教。本年还令学者编辑赵佶亲自批注的《道德经》，同年完成颁行。此外，还收集自古以来的道教故事，编辑成书，赵佶命书名为《道史》，还置道官 26 等、道职 8 等，年末又亲自将《老子道德经》改名为《太上混元上德皇帝道德真经》。

中国自古深受朋党祸害，如东汉的党锢之祸、唐代的牛李党争等等，都令人难以释怀。赵佶没忘历史教训，这年重申严禁群臣结朋党。

"花石纲"扰民，很快弄得民怨鼎沸。淮南转运使张根上书，反映说："东南花石纲之费，民力难以承受。希望能与民休息，厚幸天下！"结果，惹得权贵大怒，赵佶御笔批张根"轻躁妄言"，并予贬职处理。

宣和元年（1119 年），倒计时：8

借金国之手报仇雪耻，收复燕云，这是可以理解的。想想西周之末，中国要是不借助缯国、犬戎等外力，怎能抵抗强大的幽王？何况有情报说：辽主有亡国之相。但这时宋与金国关系却出现波折，宋使被扣留，几次见金主，求着结盟，到年底才让返回。

与西夏关系时好时坏。宋令熙河将军攻朔方，中埋伏，丧师 10 万，主将被杀，不久又在灵武败于西夏。与遥远的占城（今越南河静一带）倒是友好。宋开国以来，占城入贡从没停过。这年初，宋册封占城王。

林灵素想废佛教，赵佶赞同。新年伊始下诏：佛改称为"大觉金仙"，其余称"仙人大士"，僧为"德士"，改称寺为宫，院为观，并要求佛家更换服饰。这就没佛祖没和尚也没寺庙了，都是道教的神仙、道观及弟子。

继续加强税赋工作，诏令没有方田的地方也要加以度量，均定租税。天灾也继续，东南各路发生水灾，淮河流域则遇旱灾，百姓流离失所。

这年提拔蔡京的长子蔡攸为开封仪。蔡攸经常用些民间笑话取悦赵佶，说："所谓人主，当在四海为家，太平为娱。岁月能几何，岂可徒自劳苦？"这种"及时行乐"思想可以说是宋之前中国古代一种较普遍的社会思潮，无可厚非。问题是作为一个人，特别是帝王，应当有所担当。曹操感慨"人生几何，对酒当歌"，有些颓废，但并没有影响他的大业。可是赵佶听了蔡攸的话，却玩物丧志。太学生邓肃认为"花石纲"害民，写诗劝谏，被放归老家。

此年发生被写进著名小说《水浒传》的宋江起义。宋江聚集36个强悍猛勇之士，在黄河以北地区起事，杀富济贫。他们马不停蹄，转战于山东、河北一带，先后攻打河朔、京东东路（今山东省及河南、安徽、江苏部分地区），转战于青、齐至濮州间，攻陷十余郡城池，声势日盛。

宣和二年（1120年），倒计时：7

赵良嗣出使金国，仍然以买马之名，行密盟之实。赵良嗣在刚被金攻占的辽京城临潢（今内蒙古巴林左旗东南波罗城）会见金主，出示赵佶的亲笔信。经谈判达成协议：第一，宋、金夹攻辽国，金军负责攻取大定（今内蒙古自治区宁城县）然后南下直指长城古北口（位于今北京市密云区），宋军负责攻取燕京然后北上古北口会合，宋、金两国以此为界；第二，宋收回燕云十六州；第三，宋将原来"恩赐"给辽的财物改赠金国，但"不如约，即地不可得"。①表面上看，宋增加的付出只是些军力，得到却是梦寐以求的燕云十六州，就当战争收复吧，怎不是一大好事？

南宋人却认为："国家祸变自是而始。"②这是有道理的。当时，辽国大致在今天津—大同一线之北，金国则远在今黑龙江，中间隔着大块地方。对大宋来说，最理想的战略显然是继续与辽为盟，共同抵御金，并让辽作为自己的北方屏障。而灭辽后，宋就与金为邻了，一旦反目，就是引狼入室。

且说宋金联手灭辽，没来得及调动军队北上，南方又爆发著名的方腊起事。方腊是一家漆园的老板（有的说是打工人），官方一再强行征地，他十分不满。当然，不满的百姓还很多。于是，方腊利用摩尼教聚众，启发说："天下国家，本同一理。现在我们耕织，终年劳苦，却少有衣食。稍不如意，还要受鞭笞酷虐，你们甘心吗？"众人说不甘心。方腊说："我们赖以活命的只有漆楮竹木，却被官府征去。官人歌舞女色、狗马游猎、营造宫苑、搜罗奇花异石挥霍，还要贿赂西北两大仇敌，又要我们弟子去打仗，你们能忍受吗？"众人当然忍无可忍，于是以诛奸臣朱勔为名起事，见官吏就杀，并加以断肢剖腹之类虐暴。附近百姓纷纷响应，很快发展到近百万人。与此同时，宋江民军继续攻打京西、河北等地。赵佶颁旨招安，没有结果。

---

① 《续资治通鉴》卷93，宋纪93，5册。
② 《大宋宣和遗事》。

太宰（副宰相）余深反映"福建以取花果扰民"，希望能罢之，以平民愤。赵佶听了很不高兴，将他贬回福州。

不日，金国送文牒来，童贯拆开才知是檄书。檄书即檄文，古代一种下行公文，一般用于对其下晓谕或声讨，自然没什么客气话。童贯看了吓一跳，立即呈报。当时赵佶正在郊祭，不便打扰，耐着性子等礼毕才进呈。赵佶看了更是直冒冷汗，这才意识到问题的严重性。但是，解燃眉之急要紧。

宣和三年（1121年），倒计时：6

年初，宋徽宗赵佶命大臣童贯率京师禁兵及秦晋蕃汉兵15万，兵分两路南下，并说："如有急，即以御笔行之。"到了江南，地方官汇报说："反叛难平，就因为花石纲扰民太甚。"当地民谣称："金腰带，银腰带，赵家世界朱家坏。"朱指朱勔，赵佶的宠臣，特设苏杭奉应局大搞"花石纲"，方腊的造反旗号就是"诛杀贼臣朱勔"。找到了症结，童贯便按事先授权以皇帝名议发布"罪己诏"，深刻检讨自己"过咎行于天下"，主要是"言路壅蔽"，小人得志，"诸军衣粮不时，而冗食者坐享富贵"，现不论朝野，不论中外，凡能为救国建功立业的，都将予以嘉奖；宣布改革措施，重点是撤销苏杭奉应局，罢"花石纲"，同时，罢免朱勔父子等人之职。结果"吴民大悦"[①]，围剿战役非常顺利。方腊连失衢州、婺州、睦州及青溪，率20万众退入大山，凭险固守。官军分兵合围，前后夹击。民军腹背受敌，被斩7万余人，方腊被俘。余众散据各地，继续抵抗，但大势已去。

---

① 《续资治通鉴》卷94，宋纪94。

宋江方面，知海州张叔夜率军清剿。张叔夜先派探子，侦知民军有10条大船，装载掳掠的财物，便设伏于海边，趁机焚烧船只。民军被伏兵重围，只得投降。

闰五月时局稍缓，宰相王黼便发牢骚："百姓造反是茶法盐法太严激起的，跟花石纲根本不沾边！童贯这人太老实，被小人蒙骗，把责任推到陛下身上，下什么'罪己诏'，实在是无能！"听这么一说，赵佶也生气，随即下令恢复苏州奉应局，并令王黼和梁师成负责继续采运花石纲，继续醉生梦死。仅从这一点看，赵佶是个十足的昏君！百姓不仅怨声载道，而且反叛起事了，还不能正视问题。为什么不能借此机会脱胎换骨，收拾民心，重振朝纲呢？

金国使者入登州，准备在西京（今河南省洛阳市）与宋高官会谈。登州守臣说目前童贯等大臣都在忙于镇压方腊，请在此等候。金使者发怒，要步行前往，只好派人马送行。

金国方面无法等宋军从内战前线调兵回来，单独发起进攻，直逼辽国中京（今内蒙古赤峰宁城县天义镇）。

这时，夏却攻占宋西安州等地。夏跟宋有某种相同的思维，曾约辽一起攻宋，辽主不同意，它就单独干。

这年老天爷又生气，各地起蝗，黄河决堤。但赵佶还有清静之心，命人编《道典》。

宣和四年（1122年），倒计时：5

金与辽战争激烈，辽主求和，金主不允。辽主又以免岁币为条件向宋求和，也没下文。王黼说："今不取燕云，女真必强，中原故地将不复为我有。"这看法也许正确。赵佶决意用兵，按人口征算赋，筹得

6200万缗钱专用于战争，并决定由童贯率15万兵北上。大军出发的时候，大臣安尧臣反对，说："我认为燕云之役开始之日，就是边患大开之时。太祖亲自身披甲胄，当时将相勇略过人，难道他们不想收复燕云吗？不是！只是他们不忍心让百姓陷入战乱之中。澶渊之役大胜仍然与辽议和，也是为了百姓安宁。如今童贯结交蔡京，同纳赵良嗣，共谋燕云之战，我很担心唇亡齿寒，边境从此不得安宁。因此请陛下坚持与辽旧好，不要让外夷有机可乘，这样才能上安宗庙，下安黎民。"另一位大臣郑居中也极力反对，对蔡京说："公为大臣，国家元老，不能遵守两国盟约，主动挑起事端，绝非妙算。金人攻辽，我们不宜幸灾乐祸，还是静等辽自己灭亡，坐收渔利吧！"

赵佶想：如果能为百年之耻报仇雪恨，功莫大焉。如果失败……如今是跟金国夹击，失败的概率微不足道吧？他对"汉奸"言论不计较，一心一意谋战功。五月，童贯率两路大军进击，辽国突然变得腹背受敌。辽主大吃一惊，马上派使者见童贯，不卑不亢地说："如果你们只图眼前小利，捐弃辽宋百年友情，而去结交豺狼，只会种下无穷后患，请三思而行。"童贯当然不会为这么几句话动摇，命令军队继续前进。辽军只好迎战。万万没想到，宋军东西两路大军均溃败。

六月，辽天锡帝死，其妻萧氏摄政。王黼认为有机可乘，又力主出兵，诏童贯、蔡攸不要回师，异议者斩。童贯派大将刘延庆率10万兵出雄州，以刚来降的辽将郭药师为前导，进军辽国。这时，辽国萧皇后又派使臣见童贯，请求念在长达119年友情的分上不要再进攻，辽愿意降为臣属。童贯一口拒绝不算，还将使者赶出帐外。那使者在帐外大哭："辽宋两国和好百年，盟约誓书字字俱在。你能欺国，不能欺天！"童贯赶走辽国使者，下达奇袭燕京令，但又失败。刘延庆在卢沟南远远见到火起，就以为辽兵来了，马上烧营而逃，自相践踏百余里，养积几十年的 20 万兵马失尽。当地百姓看了，作歌嘲笑，大宋的面子被丢光了。

金国见大宋不中用，只好自己南下燕京，一举告破。宋派使者前往燕京分享战果，请求如约收复燕云，并请求归还在唐朝失去的平州、滦州和营州。金主回答说："那三州没门！燕云也不能完全给，因为你们没履约。"他答应将山前（太行山以东）七州给宋，但要求将燕京的税赋给金国。赵佶没话说，只得同意，但仍然视为伟大胜利，在全国人民面前大吹牛。

这年还有两件小事值得一说，一是令各郡县普查收集各类遗留在民间的书籍，二是"寿山艮岳"建成。寿山艮岳是座皇家园林，建于宫城东北，赵佶亲自参与规划，特色是以竹造景。赵佶更名为"万岁山"，并写有《御制艮岳记》一文。只可惜这华奢的园林连赵佶自己也享用不了几年，金人陷汴京后即被拆毁，"万岁"只能是个梦！

宣和五年（1123 年），倒计时：4

年初金国使者入宋，议定交还燕山条件：宋给金岁币 40 万之外，每年缴燕京代税钱 100 万；双方不准招降纳叛等。宋使者随后回访金，金主发威："我们独自攻下燕山，就反为我们所有，你们凭什么要？"赵良嗣一时无言以对。不过，在他百般劝说下，金人还是撤军了。童贯、蔡攸率员步入燕山府交接，却大失所望，因为燕山的财物、官员和百姓"被金人尽掠而去"，大宋"所得者空城而已"。金人还声称这是宋帝的旨意："只要土地，不要人民。"[①] 真是入木三分！不过，悠悠数

---

① 柏杨：《中国人史纲》中册，同心出版社 2005 年版。

千年,"只要土地,不要人民"的,岂止宋帝。但不管怎么说,老祖宗的失地毕竟讨回来了,完全可以忽悠人民:雪百年之耻。赵佶是历史功臣!全国狂欢大庆,立《复燕云碑》,极力夸耀此事,浓重粉饰末世危机。赵佶一心想让此功铭记千古,却未料此碑没有见诸后世文献著录,没有片言只语录存于我们今天。

不久,金国在南京(今河北卢龙)的留守官张觉举州叛逃入宋,赵佶乐呵呵地笑纳。赵良嗣进言:"盟书约定不准招降纳叛,墨迹未干,怎么就违背了?"赵佶不听,反而将赵良嗣贬职。金主大怒,一举将南京夺回。在金国压力下,赵佶才将张觉杀了,送还人头。无独有偶,金军向燕山地方官谭稹索要军粮,谭稹拒绝:"又不是皇上承诺的,赵良嗣答应算什么?"为此,金主又大怒。只因这年八月金主死,其弟继位,又忙于同辽决战,暂时没找宋要说法。

燕京被金兵攻破后,辽帝出逃,奚族头领萧幹趁机成立大奚国,自称神圣皇帝。萧幹率兵出卢龙岭,破景州,并扰燕城,妄图渡河南侵。童贯命郭药师率兵出击,大败萧幹,奚国灭亡,解除辽残余势力对宋的威胁。

难得一段和平时光,自然灾害却接二连三。京师地震,秦州、凤州一带闹旱灾,河北、京东、淮南一带遭饥。又诏命刊印赵佶亲注的《冲虚至德真经》,并要求不能如数征税的各地官员贬职。

年末,金又将武州和朔州还宋。

赵良嗣被贬后,私下说:"这种和平,顶多只能保三年!"史称:"时上下皆知金必渝盟而莫敢言。"[①]那么,上上下下都不说就等于解除了

---

① 《续资治通鉴》,卷95,宋纪95,6册。

危机吗？杀了公鸡，就能阻止天亮吗？

宣和六年（1124年），倒计时：3

金国转入新主时代仍然势不可当，夏向金称臣，辽与金在夹山决战，辽军大败。宋坐山观虎斗，按捺不住，居然邀请辽主南下大宋来避难，真不知赵佶是怎么想的。辽主可不再信任宋朝，北逃阴山。

赵佶陶醉在燕云回归的喜悦之中，大赦天下。然而，这胜利果实有些难咽。倾河北、河东及山东三路之力供燕京一地的军需，因为各种消耗太大，用数十石才能换一石，仅仅一年时间，三路都给耗穷，人力也变紧张。诏西京、淮、浙、江、湖、四川、闽、广等地征调夫各数十万，如果要免役每夫折算钱30贯，违者军法处置。大臣宇文粹中上书说，祖宗之时，量入为出，富有节余。

> 近年诸局务、应奉等司截拨上供，而繁富路分一岁所入，亦不敷额。然创置书局者比职事官之数为多，检计修造者比实用之物增倍，其他妄耗百出，不可胜数。若非痛行裁减，虑智者无以善其后。①

老天爷依然无情。闰三月京师、河东与陕西地震，京东与河北一带因歉收而苦于官方征敛，百姓纷纷起事，多的50万众，少的也有两三万。

赵佶没意识到江山危险重重，仍然醉心于他的书法艺术事业。这

---

① 《宋史》卷179，食货志下，44册。

年初创设"书艺所","欲教习法书,命使能者书之,不愧前代"。然而,赵佶在艺术方面也无多高的包容度,利用职权下令:"有收藏习用苏、黄之文者,并令焚毁,犯者以大不恭论处。"苏、黄指苏东坡和黄庭坚,他们是大文豪,也是大书法家。苏东坡以按笔为主,极少用锋,而黄庭坚则以篆入草,中锋行进。赵佶的"瘦金体"是另一种风格,干脆爽朗,杀锋果敢,有"泠泠作风雨声"之称。三个人的艺术各有千秋,本来是好事,百花齐放,异彩纷呈,赵佶却要利用职权扼杀其他两人,独传自己作品。

宣和七年(1125年),倒计时:2

二月,辽帝在夏国被金兵俘虏,宣告辽国灭亡。没安静几天,金兵转而掠宋。燕山府上报朝廷,宰相不敢向赵佶转报,十之八九是考虑报了也没用,可以理解,但令人悲哀。十月,金主下诏向宋发起正式讨伐,兵分两路,西路军从大同攻太原,东路从平州攻燕京,然后在宋都开封会合。

金东路军连陷檀州、蓟州。西路军先礼后兵,遣使太原见童贯,提议:"如果立即割让河东、河北,以黄河为界,可以让宋朝继续存在。"童贯不敢答应,慌忙溜回开封。他们派使者追到开封,大臣们大惊失色,也没一个敢答应,只好用厚礼给使者送行。于是,西路军连占宋朔、武、忻、代等州,马不停蹄围攻太原。东路军到燕山城下,郭药师率"常胜军"在白河与金军遭遇。郭药师的队伍整齐,金兵一望不觉生畏。鏖战30余里,金军败北。没想到另一位宋将却逃跑,金军追击,导致"常胜军"也溃败,战局发生180度转变。郭药师守不住,只得投降。金军对郭药师非常重视,马上委任他为燕京留守,发给金牌,赐姓完颜氏，然后令他率2000骑为先锋，趁宋来不及准备，长驱直下。

赵佶闻讯，连忙又下"罪己诏"，立即实行10项改革，如撤奉应局、将所占百姓的土地全归还、减省宫中费用、罢道宫及宫观所拨土地，等等。这些措施跟方腊起事时的对策大同小异。赵佶虽以为这次危机也会很快应付过去，当然也知道这次危机比上次严重，紧接又任命太子赵桓以开封牧的身份监国。

朝野急忙寻求对策。大臣吴敏、李纲建议赵佶直接传位给太子。李纲说："敌势猖獗，非传位太子，不足以招徕天下豪杰。"怕心意不够诚，李纲还写一份血书面呈赵佶。赵佶气恼得很，直叹："不意金人竟敢如此！"叹着叹着不省人事，从床上跌下，苏醒后用他那漂亮的"瘦金体"写下新诏，让太子赵桓继位皇帝，即钦宗；他自己为"教主道君"。

太学生陈东还上书，请求诛蔡京等"六贼"。

靖康元年（1126年），倒计时：1

正月初七，金兵抵汴京。郭药师曾经在城西北的牟驼岗打过球，知道宋在此有马2万，饲料堆积如山。于是金兵就在此驻扎，首先断了宋的军需。

赵佶出城往东逃，留赵桓抵抗。赵桓也想一跑了之，被李纲劝留。可是第二天一早，李纲又见禁军披甲待发，皇帝皇后正要上车，连忙高声问禁军："你们愿意以死保卫大宋吗？"禁军纷纷表示愿战。李纲转而对赵桓说："陛下昨天答应我留下，为什么今天又要走？敌人已近，知道皇室撤离不久，快马加鞭追去，怎么办？"赵桓无话可说，只得再留下。金兵数十只大船顺流而下攻城，李纲率死士2000人英勇作战，金兵不得不退。

金兵攻城不能下，便与宋议和。李纲请求前往敌营，赵桓说："你性情太刚烈，不合适。"赵桓提出条件：给金增岁币三五百万两，免割地；一次性犒劳军费三五百万两，另送金1万两及酒果。金军却要求金500万两、银5000万两、绢彩100万匹、牛马各1万匹；割让太原、中山与河间三镇，并以亲王和宰相为人质。赵桓即派康王赵构和宰相张邦昌前往金营为人质。

不久，以种师道等将军为首的各路勤王兵相继会集京城，多达20余万。李纲向赵桓建言："金兵虚张声势，其实不过6万，孤军深入，我们勤王兵就是他们数倍，根本不用怕。当务之策，关键是扼守关隘津口，绝敌粮道，以重兵临敌营，坚壁困之。"一部勤王兵夜袭敌营，想救赵构，不意大败而归。赵桓大怒，连忙解李纲的职，并送上割地诏书及地图谢罪。这时，陈东率数百太学生上街请愿，支持李纲，要求惩治卖国贼，声援的军民增至数万。金军见此情形，不能不感到恐惧，好处已得，便溜之大吉，去接收割让的三镇。

外部危机暂除，接下来是内部当务之急。首先加强防备，认为"金人要盟，终不可保"，为此命种师道等率军驻守太原、中山、河间三镇；其次平民愤，将主张议和的"六贼"及赵良嗣等人陆续贬官，李纲也以"专主战议，丧师费财"的罪名贬出，太原、中山与河间的官员守城有功予以褒奖；第三是改革弊政，如诏选习武议兵书的人才，诏为民办实事17件。

可以说赵桓的信誉极差，根本不把盟约当回事，现在又想尽快翻盘。他连写两封密信，一是给一位关系较好的金国大将，请他发动兵变；二是给远逃而去的辽主，对此前毁约表示歉意，请求恢复旧盟，夹攻金国。可笑的是，居然会把如此重要的密信交给金国委派到开封的使臣，派去寻找辽主的使臣也被金国巡逻兵抓了，一切暴露给金主。

八月，金主以宋勾结辽降臣又不履行割三镇之约为借口，再次兵分两路南下。这回他们不再孤军深入，而是稳扎稳打，先后破太原和真定府等，两个来月时间几乎将华北占尽，两路大军会师开封城下，然后才要求割让已经落到他们手中的整个黄河以北地区。

这时发生了一件更搞笑的事，用雷海宗的话说是"幼稚的幻想"：兵部尚书孙傅获悉他的士兵郭京身怀"六甲法"，说是只要选7779个男子接受他的培训，就可以刀枪不入，消灭金兵，并生擒两路敌军元帅，连忙向赵桓汇报。赵桓深信不疑，马上决定与金兵决战。培训好神兵后，按郭京要求命城上守军全都撤退，不准偷看（以免失灵），然后大开城门，让神兵冲出去，结果可想而知。金兵乘势攻城，如入无人之境。

金兵却不据城，而退回城郊营地，让赵佶和赵桓继续在宫里与他们谈判，索金1000万锭、银2000万锭、帛1000万匹，又索京城骡马7000余匹，并让他们尽快筹集这天文数字的黄金白银与劳军的美女。

靖康二年（1127年），倒计时：0

两河地区被割让，当地百姓极为不满，纷起抗金。宋副元帅宗泽与金作战13次全胜，可惜改变不了大势。

二月，赵佶、赵桓、太后、诸皇子及后宫有位号的女人都被送到金营，然后宣布赵佶、赵桓废为平民，将他们连同皇族3000余人，包括驸马和宦官，押解北行。

参拜金主的时候，赵佶被封为"昏德公"，赵桓为"重昏侯"，倒不太冤。

金军撤退前,立张邦昌为帝,强迫文武百官拥戴。北宋至此宣告终结。

后果:假如赵佶与辽国保持友好

北宋之亡,问题显然。内部虽然有宋江、方腊起义,名声很大,可实际影响不大,所涉范围很小,没有其他人响应,头尾才年把时间就归于平定。主要问题在于外部,从时间上看也有些突然,但来势凶猛,没几个回合就致命,百年江山毁于一旦。

不可思议的是,这个外敌是自己请来的。燕云十六州历史遗留问题,还有"澶渊之盟"令人感到耻辱,要雪洗百年之耻,心情可以理解。但身为一国之主,应当正视现实,慎重决策。当时宋、辽、金三者,无非是以下4种选择:

一是宋、辽联合抗金:这是可行且最易行的,因为宋、辽已结盟百余年,辽主一再要求继续和好,完全可能联手镇压金,宋辽盟友将因此更牢靠。这是最理想的结局。

二是宋、金联合抗辽:这也是可行的,因为金非常需要宋这样的帮手(即使宋不助灭辽也实质性帮了金),对宋而言获得收回燕云报酬也是很可能的,只不过要在道义上因叛盟而失分。金必然因此看不起宋,一个公开叛盟的人谁还敢信赖呢?最终不可能真心跟宋结盟,因此不是最好选择。

三是辽、金联合抗宋:这是最不可能的,因为金从辽那里叛离。

四是宋、辽、金三不和:也不可能,因为宋、辽已是百年盟友。

对于与金联手抗辽，当时就有大臣明确反对，说得非常透彻：唇亡齿寒，边境从此不得安宁。坐山观虎斗，然后伺机而动，是当时最佳选择。可是赵佶不采纳，固执己见。

如果形势如赵佶所料也罢，宋金一举灭辽，坐地分赃，证明自己伟大，荣宗耀祖，万民拥戴。可他没注意自己的后院，百姓已忍无可忍，而揭竿而起；没有考虑到自己军队外战无能，仍然会成为辽的败将；更没有一种坚定的态度对待自己的选择，既然已经在宋金联手之路上迈开了步，怎么会突然又想联手辽来夹击金呢？简直跟小孩游戏一般。所以，宋帮金打了仗也没人情，在背叛辽的同时又加上背叛金的不义，让金灭辽之余随手转而灭宋。

赵佶如果在辽金之战中保持中立，有可能坐收渔利。金刚刚兴起，刚与辽大战，又不了解宋军实力，几乎不可能一灭辽转身就来灭宋。当时，夏也曾约辽一起攻宋，辽主就不同意，这说明辽是讲信用的。宋与辽保持联盟是最好的可能。即使选择了与金联手，那么在辽主萧皇后又派使臣请求不要再进攻，表示辽愿意降为臣属之时，赵佶应当见好就收。这时，可以说所谓耻辱已经洗刷了；如果这时提出收回十六州之事，兴许也有可能。如此，何至于转眼间成为金的俘虏？

第十一章

南宋末 10 年

提要

公元 1270—1279 年为南宋倒计时 10 年，宋度宗赵禥弱智，权臣贾似道善理财但不懂军事，效仿北宋叛旧盟结新盟，旧盟亡而自己成新敌，皇帝又被掳走。大臣带着两个小皇帝逃亡，要么溺海要么投海。

假如谢太皇太后像辽国萧太后，及时撤换贾似道，给人民以信心，多坚持一下，避过蒙军的锋芒，何愁没有转机？

前因：北方崛起特大强邻

南宋虽然半壁江山，依然有资格笑傲四邻。

高宗赵构恢复宋室后（建炎元年至绍兴三十二年，1127—1162 年），忍辱负重，与金和解，集中精力发展经济、文化，全面复兴，被誉为"建炎中兴"。

孝宗赵昚当政时期（绍兴三十二年至淳熙十六年，即1162—1189年），与金"隆兴和议"，为岳飞平反，反腐惩贪，禁伪学，清理苛捐杂税，货币经济大发展，被誉为"乾淳之治"。

南宋虽然偏居一隅，但经济文化在当时世界还是挺强的，无奈当时世界有一个军事方面极为强大的邻居——蒙古崛起，更糟的是当时南宋统治者重蹈了北宋末代统治者的覆辙。

太祖十六年（1221年），蒙古军进逼汴京，胶西宋军纷纷南逃，京东军则降，宋宁宗赵扩被迫通好于蒙古。中统二年（1261年）秋，忽必烈准备全面侵宋，诏令指责说：

> 朕即位之后，深以戢兵为念，故年前遣使于宋以通和好。宋人不务远图，伺我小隙，反启边衅，东剽西掠，曾无宁日。朕今春还宫，诸大臣皆以举兵南伐为请，朕重以两国生灵之故，犹待信使还归，庶有悛心，以成和议，留而不至者，今又半载矣。往来之礼遽绝，侵扰之暴不已。彼尝以衣冠礼乐之国自居，理当如是乎？①

就因此，大举南下问罪。后来，元廷还辩解说："宋之权臣不践旧约，拘留使者，实非宋主之罪，倘蒙圣慈，止罪擅命之臣，不令赵氏乏祀者。"② 这话跟内部一些谋反如出一辙，美其名曰"清君侧"。

吕思勉评说："约金攻辽，亦并不算失策，其失策乃在灭辽之后，不能发愤自强，而又轻率启衅。约元灭金之后，弊亦仍在于此。"③

---

① 《元史》卷4，世祖纪，55册。
② 《元史》卷8，世祖5。
③ 吕思勉：《中国通史》。

蒙古可汗蒙哥与他弟弟忽必烈在南宋问题上有严重分歧，蒙哥主张速灭，忽必烈主张审慎行事，先巩固华北统治。当然，得以蒙哥意见为准。宪宗九年（1259年）三路大军下江南，蒙哥执意亲征四川，忽必烈攻鄂州，另一路从云南入广西攻湖南。宋理宗赵昀连忙任命贾似道为右丞相，率军救鄂。贾似道不懂军事，但是会理财，而且他姐是贵妃，赵昀以"师臣"相称，百官尊称他为"周公"，他家成为事实上的官府。为了增加军费，贾似道推行"公田法"，即将被政府收回的田地，除一部分划为寺院、学校外，其余全部卖给私人经营，70%上交中央，30%留给地方，除了增加军费，还可以减少苛捐杂税。此举被《宋史》诟病，实际上在当时具有积极作用，贾似道并非平庸之辈。然而，他在战争中更多实际表现也确实太糟。他到前线没本事御敌，却胆敢与蒙军私下议和，遭到拒绝。幸好老天爷这时帮了南宋一回，这年夏天特别炎热，蒙军发生霍乱疫情，一个个倒毙，士兵强烈要求北还。蒙哥死了，忽必烈攻鄂州也遭顽强抵抗。贾似道看准机会再次请求议和，表示愿意称臣、岁奉20万两银、绢20万匹，忽必烈喜出望外。闰十一月蒙军撤回办丧事及王位交接，贾似道与其他将领会师，趁他们撤退时进攻，杀敌170多名。

贾似道班师回朝，隐瞒与元议和之事，报捷说："诸路大捷，鄂围始解，江汉肃清。宗社危而复安，实万世无疆之福。"朝野欢天喜地，赐贾似道"卫国公"，文武百官恭迎他凯旋。贾似道与同党编写《福华编》，毫不客气地歌颂自己的抗蒙胜利。同时弄权，排除异己，加紧享福。传说他迷恋蟋蟀和美女，带着蟋蟀上朝，议政时传出虫鸣声，甚至有蟋蟀从袖中跳出粘到皇帝胡须上。

忽必烈是不会健忘的，派使者郝经入宋谈判履约细节。贾似道慌忙将郝经秘密囚于军营，纸就暂时包住火了。景定五年（1264年），赵昀崩，宋度宗赵禥继位。赵禥的母亲原来是王府一名小妾，怀孕后被逼打胎失效才生下赵禥。他生来体弱，手足发软，7岁才会说话。但因为是皇帝近亲唯一的男孩，还是被选为接班人，配备良师，精心教导。他做太子时以好色出名，继位后更是如此，史称"一日谢恩者三十余人"。好端端的大宋，就这样再次醉生梦死步入倒计时。

最大看点：重蹈前朝覆辙

咸淳六年（1270年），倒计时：9

襄阳地理位置十分重要，素有"华夏第一城池"之誉，兵家必争。据统计，历史上曾在此发生172次有影响的战争，最有名的便是宋元这次。新年伊始，宋廷命李庭芝将军督师增援，贾似道还命他的亲信范文虎将军配合。范文虎上年曾率舟师增援那里，被蒙军击败，心有余悸。他写信给贾似道，吹牛拍马说："吾将兵数万入襄阳，一战可平，但愿无使听命于京阃，事成功则归于恩相矣。"①阃指统兵在外的将军，这里特指李庭芝。范文虎在这里赤裸裸不听从朝廷命官，贾似道却予鼓励，即命他为福州观察使，让他反过来节制李庭芝。李庭芝一次次邀出兵，范文虎总是说未领旨，婉言拒绝。在等不到援军的情况下，襄阳守军步骑万余及战船百余艘，向万山堡的蒙军发起进攻，可惜又失败。九月，范文虎终于率战船2000艘抵襄阳，却被蒙军斩杀1000多人，掠船30艘，只得引退。蒙军在万山筑城，从此断襄阳城里的粮源。

---

① 《续资治通鉴》卷179，10册。

金亡不久，蒙军开始向长江中游地区发起攻势，势如破竹。忽必烈继位后，加强对南宋的攻势，四川战场呈现胶着状态。宋军抢修被破坏的合州城，蒙军发现，立即干扰。随后又加强防备，临嘉陵江筑栅，扼守水道。夜晚还在栅上挂灯，能照百步以外，以防宋军趁夜修城。

宋将牛宣与蒙军在嘉定、重庆、钓鱼山、马湖江一带作战，全都失败，牛宣被俘，同时被掠无数百姓、牛马及战船。

咸淳七年（1271年），倒计时：8

蒙军进一步加强对襄阳的攻势，水陆并进，分别占嘉定、泸州和汝州。

宋将范文虎又率两淮舟师10万增援襄阳，到城东约30里处的鹿门山时，不想山洪暴发，汉水大涨，难以行船。蒙军趁机发起进攻，宋军不利，趁夜而逃，丢战船100余艘。同时宋军在五河口筑栅据城，蒙军闻讯出兵来抢，但迟一步。不久宋军进攻襄阳城南的百丈山，但失败，被斩2000余级。

蒙军进攻梁山的铜拔寨，宋军投降；又在涡河一带败宋军，同时分兵抄掠五河城。

宋军也在胶州对蒙军发起进攻，但还是失败，丢战船百艘。

这年十月，蒙古大汗忽必烈将原属于西夏、金、宋、大理四国的疆域与蒙古本土合并，改称皇帝，国号改为"大元"。

咸淳八年（1272年），倒计时：7

襄阳被围5年，援军还没到。这年三月，樊城的外城终于被攻破，宋军被杀2000余。

蒙军围攻襄阳好几年，破城之后才发现该城特点：汉水穿城而过，分出南北两岸的襄阳、樊城，隔江相望，唇齿相依；应当先攻樊城，断其唇，襄阳不攻自下。这时，刚好有人为蒙军发明新式炮，这种炮马上被调到襄阳前线使用。因这种炮首先在襄阳使用，又称"襄阳炮"。

蒙军想在鹿头山筑新城门，宋军出城干扰。深夜大雪，城上箭石如雨，蒙军伤亡很大，但还是一夜筑成，天亮时安置好新炮。同时，蒙军纵火烧江上的宋军船舰。城中宋军想援助，却被挡回城内。

咸淳九年（1273年），倒计时：6

正月雪夜，天寒地冻，蒙军用炮向樊城发起进攻。这不是我们现代意义的火炮，只不过是在古代抛石机基础上加以改进，但威力大多了。据记载，这种炮发射的巨石重达150斤，落地时可砸出7尺深的坑。蒙军矢石如雨，通宵达旦，宋军死伤惨重。原来樊城与襄阳之间还可以利用汉水相互援助，在江中置巨木，用铁索固定，造浮桥，如履平地。现在蒙军锯木割索焚桥，两城不再相通，又受如此炮轰，樊城被攻破。守将范天顺绝望，仰天长叹："我范某生是宋臣，死为宋鬼！"叹罢自缢。另一名宋将牛富率死士100人巷战，身负重伤，便以头触地，赴火而死。副将王福见状，叹道："将军死国，我岂能独生？"也赴火而死。

接着，蒙军用炮轰襄阳。史书描述："一炮中其谯楼，声如震雷，城中汹汹，诸将多逾城降者。"[①] 蒙军劝降说："你们坚守孤城5年，很不容易。如今断绝外援，还能坚持几天？如果降，既往不咎，还可以加官。"元将折箭誓言承诺算数。宋将吕文焕不仅投降，还为蒙军攻鄂州

---

① 《续资治通鉴》卷180，10册。

献上计策,并表示愿为先锋。蒙军以襄阳大都督原职委任,只是旗帜变了。从此,蒙军一路顺着长江而下,未再遇实质性抵抗。

襄阳之败,南宋"国势危甚",朝野反思。大臣陈仲微上书说:"襄阳之陷,其罪不专在于庸阃、疲将、孩兵也,君相当分受其责","惟君相幡然改悟,天下事尚可为也"。贾似道大怒,将陈仲微从中央贬黜到地方去。

咸淳十年(1274年),倒计时:5

新年伊始,元廷召开重要会议,负责指挥襄阳大战的元帅府大将阿里海牙说:"荆、襄自古是用武之地。现在汉江已为我所有,只要顺流长驱,宋很容易平定。"另一位大将阿术也说:"臣发现宋兵比以往更弱了,今日不取,时不再来。"于是又征兵10万,造船800艘,准备对宋发起全面进攻。六月,元帝下诏,指责说:"朕委派使者郝经前往友好谈判,竟然被拘留迄今,所导致战争,责任全在宋的一方。"①元帝下令诸将率兵全面南侵。七月,赵禥突然病死,34岁艳福到头。继位的恭帝赵㬎年仅4岁,纵然是天才也没用。老奶奶谢太后主政,将更多权力委以贾似道。偏偏这时又面临凶恶蒙军全面进攻,"天下之势,十去八九",本当皇帝亲征,现在全体官员和太学生只好一致强烈要求贾似道亲征。

蒙军元帅伯颜率20万大军抵郢州20里处,与宋军10万隔汉水对峙。两岸战舰上千,铁索横江,蒙军无法南下,只好转道袭城。宋兵力

---

① 《续资治通鉴》,卷180,"爰自太祖皇帝以来,与宋使介交通。宪宗之世,朕以藩职,奉命南伐,彼贾似道复遣宋京诣我,请罢兵息民。朕即位之后,追忆是言,命郝经等奉书往聘,盖为生灵计也,而乃执之。以致师出连年,死伤相藉,系累相属,皆彼宋自祸其民也。"

战,蒙军也无法得逞。劝降,宋军拒绝。伯颜派小股精兵潜入汉口,屠沙洋,破新郢,然后进逼复州,宋军降。再攻阳逻堡,又遇力敌。伯颜声东击西,引开宋军主力,轮番奇袭,终于破阳逻堡。紧接攻鄂州,守军不战而降。

这时,谢太皇太后下《哀痛诏》即"罪己诏",说皇帝年幼,自己年迈,国家艰危,希望各地文武豪杰同仇敌忾,共赴国难,朝廷将不吝赏功赐爵。这诏下后,各地反应并不热烈。

忽必烈发2.7万兵与高丽军联手向日本发起进攻,占有压倒性优势,却不想日本武士团骁勇善战,加之暴风袭击,结果失败。

德祐元年(1275年),倒计时:4

蒙古人在日本遭失败,在宋却变得如入无人之境。对宋而言,这简直是个投降之年。正月蒙军先后攻黄州等地,宋将以城降。安庆府衙设在山上,兵粮足,守将范文虎又是劲敌,蒙军原以为难攻,做好恶战准备,没想范文虎也以城降。伯颜喜出望外,委任他为两浙大都督。随后,宋建康等地守臣弃城而逃,海州等相继也降。十二月,大宋朝廷也降,蒙军拒绝。谢太皇太后派左丞相陆秀夫等人奉国书,表示愿意以侄子的身份纳币乞和,元主这才答应。宋室江山是赵匡胤从后周孤儿寡母手中夺得,现在又失于孤儿寡母之手。帝国史就这么吊诡。

二月,贾似道遣使入元,请求归还已降州郡,愿贡岁币补偿。伯颜说:"我们没过江时,入贡议和可以。沿江各州郡已归我们了,现在想和,要当面来议。"贾似道感到对方没诚意,调集精锐部队7万,屯于池州。蒙军战船铺天盖地沿江而下,贾似道布兵两岸,又调战船2500艘横江中。第二天,伯颜令步骑夹岸而进,以炮轰击。宋兵乱了,有的不战而逃。贾似道也望而生畏，鸣金退兵，大乱阵脚。蒙军追杀150里，缴战船2000多艘。贾似道逃往扬州。

这时，临安朝野一片惊恐，纷纷要求杀贾似道以谢天下。谢太皇太后说："似道勤劳三朝，安忍以一朝之罪，失待大臣之礼！"只是将他免职，贬到偏远的广东。县尉郑虎臣曾受贾似道迫害，现在主动请求押解任务。路上，郑虎臣多次要贾似道自尽，他不愿。郑虎臣不耐烦，在木棉庵（位于今福建省龙海市）将他杀了。被贾似道密囚16年的元使者郝经终于获释，但在归途中病死。

当然，也有宁死不屈的。如蒙军攻饶州，知州等人战死。又如蒙军攻五牧，守将尹玉孤军作战，败后召集残兵500人继续拼，一夜杀敌数十，最后力竭被杀，兵卒无一降。最著名是状元出身的赣州主官文天祥，因反对贾似道而受排挤；读《哀痛诏》深受感动，拿出家产，招募3万壮士组建民军，北上抗元。有人说："蒙军那么多，你这点兵不是羊投虎口吗？"文天祥说："国家有难而无人解救，是令人最心疼的事。我力虽单薄，但总得尽力。乐人之乐者忧人之忧，食人之食者死人之事。"他被任命为兵部尚书，建议分置长沙、隆兴、鄱阳和扬州四镇，建都统，足以抗敌。但大臣们认为不切实际，不予上报。

这年三月，天气变热，江东暴发瘟疫，蒙军感到行军困难，决定休整一段时间，等到秋天再战。这时，元使者入宋被杀，宋廷急忙派人给蒙军道歉，说是边将所为，朝中实不知情，愿出钱罢兵友好。不久，伯颜派出的使者又被杀。伯颜大怒，马上恢复进攻。

德祐二年（1276年），倒计时：3

战争和投降在继续。潭州被蒙军包围，知州李芾坚守3个月，力不能支,新年伊始终于被破。但李芾对于宋廷的忠诚不破,当天给两个儿子举行冠礼。有人感到惊奇,责问:"国破如此,你还有如此闲心?"李芾平心静气说:"我要带着成年儿子去见祖先!"说着点火,一家人自焚。

然而,无数殉国之血没能感动官军,湖南其余州郡相继投降。此后陆续还有一些宋军抵抗,但规模都不大。

蒙军逼近临安,宋廷已失斗志,对元提出愿执侄礼,元不答应,要宋向元称臣,岁贡银25万两、绢25万匹。不久,朝廷封赵昰为益王,领东南福州;封赵昺为广王,领距福州不远处的泉州,指望他们有朝一日复兴大宋。然后,朝廷遣使将传国玉玺送到伯颜手中。伯颜召宋右丞相陈宜中议事,陈宜中连夜逃往温州。于是朝廷改任文天祥为右丞相,命他前往伯颜军营。文天祥与伯颜交涉说:"蒙军必须退兵到平江或者嘉兴,然后才商量岁币与劳军事项。蒙军北还是上策。如果你们一定要毁大宋宗社,那么淮、浙、闽、广一带多数还在我们手中,肯定还要重开一战!"伯颜看文天祥言辞强硬,心有不服,便将他拘留不放。张世杰、刘师勇等将军见朝廷不战而降,气愤不已,率部移师海岛。蒙军入临安城后,诏谕大宋军民说:

> 秘书省图书,太常寺祭器、乐器、法服、乐工、卤簿、仪卫,宗正谱牒,天文地理图册,凡典故文字,并户口版籍,尽仰收拾。前代圣贤之后,高尚儒、医、僧、道、卜筮,通晓天文历数,并山林隐逸名士,仰所在官司,具以名闻。名山大川,寺观庙宇,并前代名人遗迹,不许拆毁。鳏寡孤独不能自存之人,量加赡给。[①]

---

① 《元史》卷4,世祖纪,55册。

二月，谢太皇太后悄然诏大臣江万载等人，护送赵昰、赵昺二王从海上南逃。伯颜闻讯，马上派兵追，没追到。伯颜将临安图书祭器乐器大掠一番，带着赵㬎及皇后等俘虏北还，北宋末的悲剧重演。

听说赵昰、赵昺二王在温州，文天祥、陆秀夫、张世杰（被誉为"宋末三杰"）等文武官员陆续找来，共议起兵复兴，并派员入闽，准备以福建为基地。李庭芝听说赵㬎及皇后等人被虏行至瓜州，倾家荡产犒劳4万将士，哭着发誓要夺回宋帝，可惜失败。

五月，一帮遗老遗少在福州扶持只有7岁的赵昰继位，即端宗，并委任一批文武官。不久，文天祥在南剑州（今福建南平）建立督府（即军府），经略江西。

蒙军入福建，连破建宁（今福建建瓯）、邵武。陈宜中等人用海船率军17万、民兵30万，将赵昰等皇室避到泉州。因泉州主官叛变，又移潮州。

景炎二年（1277年），倒计时：2

文天祥想立足汀州，可是当地守官欲降元，只好移师漳州。不久，那降官追到漳州劝降文天祥。文天祥大怒，一刀将他斩了。然后，文天祥出福建，收复梅州；出江西，与吉州、赣州等地的宋军会合攻会昌。随后败，逃至循州（今广东惠州一带）。这时，蒙军抓了文天祥的妻儿等家属押送北京，两个儿子死于途中。

赵昰迁潮州的浅湾，蒙军很快追至。这时，陈宜中自己逃占城。赵昰一行入海，也想去占城但没去成。

景炎三年（1278年），倒计时：1

三月，为躲避蒙军追击，江万载一边带兵御敌，一边扶赵昰上船。不想遇台风，赵昰被卷入海中，江万载将他救起，自己被狂风巨浪卷走。不久逃到碉洲（今广东湛江硇洲岛），赵昰因溺海受惊，一病不起。张世杰和陆秀夫等大臣拥立年仅8岁的赵昺。

赵昺一行迁崖山。崖山在今广东新会南40公里处的大海中，是中国第一大火山岛，面积56平方公里，东南控海，西北港口，与奇石山对峙如扉。张世杰认为那里有天险可据，入山伐木，造行宫20间及军营3000间，至今可以在那里看到宋皇城遗址、翔龙书院、皇井、皇碑和皇亭，等等。

毕竟算是宋廷尚存，还有人遥相呼应。湖南宋臣张烈良和刘应龙等起兵，雷州等县民众纷纷响应，多者数万，少者数千。不久，又有政和县民黄华等人联络畲民起兵响应。不过这些民众毕竟不是如狼似虎的蒙军的对手，很快被镇压。

闰十一月，文天祥在海丰战败被俘。蒙军令他下拜，文天祥不屈。蒙军改而给他松绑，以礼相待。文天祥求死，也不允。

祥兴二年（1279年），倒计时：0

年初，元将张弘范发现宋廷最后营垒，率水、陆两军直趋崖山，以战舰堵塞海口，断绝退路。张世杰只好背水一战，下令焚烧岛上行宫军屋，人马全部登船，依山面海，1000多条战船排成长蛇阵，用绳束连接在一起。船的四周筑起城楼，将赵昺的船保卫在当中，决心与小皇帝共存亡。蒙军用小船装柴草，浇上油，火攻宋军。宋船涂湿泥，火势无法蔓延。又用长木顶住火船，火攻失败。蒙军又断水源，封锁海口，死死围困。

张世杰有个外甥在蒙军中,张弘范命他出面劝降,被拒绝。又命狱中的文天祥写信劝降,文天祥却写了那首著名的诗《过零丁洋》:

> 辛苦遭逢起一经,干戈寥落四周星。
> 山河破碎风飘絮,身世浮沉雨打萍。
> 惶恐滩头说惶恐,零丁洋里叹零丁。
> 人生自古谁无死?留取丹心照汗青。

这诗光耀千秋。张弘范再施一计,派人对岛上的土著百姓喊话,鼓动他们反叛,也没一个人听从。

万般无奈,二月六日决战。张弘范分兵4路猛攻,一艘艘战船直扑而来,从中午到傍晚,箭如暴雨。宋军腹背受敌,伤亡惨重。张世杰明白大势已去,调精兵接赵昺,准备突围。

陆秀夫护卫赵昺,见来接的小船,担心被截获,拒绝上船。陆秀夫明白难以脱身,便令妻子投海,然后换上朝服礼拜赵昺,哭诉:"国事至今一败涂地。恭帝被掳北上,已经蒙受极大耻辱,万万不能重蹈覆辙!"说着将金玺系在赵昺腰间,背起他跳入大海。宫眷和将士见状,纷纷跟着投海,只有800人被俘。7天后,海上浮尸10余万。

张世杰率水军余部突围,到海陵山,稍事休整。这时,有人带来陆秀夫背赵昺投海的噩耗,飓风大作。部下劝上岸暂避,他拒绝,叹道:"无济于事了!"说着登舵楼,焚香遥祝:"我为赵氏竭尽全力了!一君亡,复立一君,如今又亡。我之所以没殉身,实指望蒙军退后再立新君。可现在,飓风又如此,难道真是天意?"没人作答,唯有风涛越来越大,昏天暗地,张世杰只好也纵身一跃。

明代史家陈邦瞻认为:中国古代历史只有三变,除了周至秦,汉至唐,就是宋至明时还没有终。① 也就是说元明的政治制度都继承于宋。北大教授邓小南也认为:"从近代的'人心政俗'来看,则宋代在政治理念、思想文化方面的历史遗产,确实深深地渗入到中国社会的肌体之中。"②

后果:假如谢道清没用错人

南宋何以亡?非常明显是体制之亡。一个又一个皇帝那么幼小,贾似道胆大妄为成事不足败事有余,暂且不论。除此之外还有什么?我注意到谢太后谢道清。在最后那10年里,她主要做了三件事:一是下"罪己诏",凝聚人心;二是将负有战败责任的贾似道贬官(但不是问罪处死),整顿官风;三是安排幼小的皇帝出逃,以图将来,但三者全都失败。谢道清早就有干政,如宪宗九年(1259年)蒙军过长江,赵昀打算迁都到平江、庆元,谢道清因深恐动摇民心而反对,赵昀作罢。如果早迁都,也许会转危为安;如果早处置或者重处贾似道,也许更能挽回民心,也许有救,但她没有。著名历史学家蔡东藩评论:

> 宋多贤母后,而太皇太后谢氏实一庸弱妇。以之处承平之世,尚或无非无议,静处宫闱。若国步方艰,强邻压境,岂一庸

---

① 陈邦瞻:《宋史纪事本末叙》,"宇宙风气,其变之大者有三:鸿荒一变而为唐虞,以至于周,七国为极;再变而为汉,以至于唐,五季为极;宋其三变,而吾未睹其极也。"
② 邓小南:《祖宗之法:北宋前期政治述略》,三联书店2019年版。

姬所能任此?观其初信贾似道,及继任陈宜中,而已可知谢氏之不堪训政矣。①

一个体弱多病且不善政的老妇人牵着个幼小的皇帝,怎么可能救国?即使没有蒙古人入侵,也很容易被王莽、杨坚、赵匡胤之流篡夺吧?

谢道清如果像萧太后就好了!辽圣宗继位时,年仅 10 岁,尊萧绰为皇太后,摄政到圣宗 37 岁。诸王宗室不服,200 余人拥兵自重,控制朝廷,对萧绰及圣宗构成威胁。在耶律斜轸、韩德让等大臣支持下,她果断地撤换一批大臣,下令诸王无事不得出门,并设法解除他们的兵权,迅速稳定朝政。宋太宗赵光义认为他们孤儿寡母有机可乘,大举北伐。萧绰指挥反击,大获全胜。然后,萧绰反过来大举伐宋,果断与宋达成"澶渊之盟",百年友好,两国都开创盛世,真可谓实现双赢。

假如谢道清像萧绰,那么她会及时撤换贾似道,而重用其他人。只要多坚持一下,避过蒙军的锋芒,何愁没有转机?何至于那般狼狈?

---

① 蔡东藩:《宋史演义》,第 99 回。

第十二章

元末 10 年

> **提要**
>
> 公元 1359—1368 年为元朝倒计时 10 年,顺帝难得露一面,活跃的是一群又一群民军。朱元璋实施宏伟战略,势如破竹,直逼大都。元廷高层仍然内耗无休,不得不逃回草原。
>
> 假如元顺帝能像唐宣宗李忱,妥善处理好孛罗帖木儿和扩廓帖木儿大腿与胳膊的矛盾,巩固帝国柱石,很可能扭转局势。

前因:朝野不宁

忽必烈也是有作为的帝王。

元时保持两宋经济持续发展的势头。通过《马可·波罗游记》、安格斯·麦迪森的《世界经济千年史》等著作,我们很容易生动地看到当时繁华及活跃的国际贸易,元朝仍然是当时世界最富庶的国家之一。马

可·波罗对忽必烈挺有好感,但他也如实记录"很多心存不轨的人,经常有谋反的趋向"①。元统治不得人心大致有两点:

一是官多而虐民。浙江温州一带的造反旗帜上写着:"天高皇帝远,民少相公多。一天三遍打,不反待如何"!相公本意是为官之人,一般是对为官之人的尊称。

二是对汉人统治过于严酷。每10户(有的说15户)为一个单位,派驻一名蒙古兵,称"家鞑子"。据说他们不允许汉民私自拥有菜刀,由"家鞑子"负责管理一把菜刀,供他们轮流使用。"家鞑子"吃饭,由这十户轮流供养。更令人发指的是,"家鞑子"可以随意闯入民宅奸淫,谁家新婚第一夜都得由他充新郎。这样的统治自然容易逼人反抗。

据统计,元贞元年至至顺三年,即(1295—1332年)间,在汉族地区爆发24次民众起义,少数民族地区爆发131次民众起义。实际上,元统治近100年始终处于血雨腥风中。

至正二年(1342年)开始,黄河大泛滥,河南、山东、淮北等地几乎每年闹水灾,粮食颗粒无收,死尸相枕,横卧于野。元政府一方面变更钞法,怕铸铜钱麻烦,大量印发纸钞,导致物价暴涨;另一方面派官员督促治理黄河,特别是当时有两套方案,一套省钱省事,只是权宜之计,另一套是长久之计,费时费力,元廷却选择了后者,本来是件善事,可是官吏却趁机敲诈勒索,加上天灾,逼得更多人冒死反抗。著名的白莲教起事和红巾军起事,都在这一时期爆发。

蒙古人曾经飓风一样横扫亚欧大地,元朝也曾睥睨于东亚,国祚却不满百年,其有深刻的原因。历史学家吕思勉认为"元世祖所创立的治

---

① 黄仁宇:《中国大历史》,生活·读书·新知三联书店2007年版。

法，是专以防制汉人为务的"，"到顺帝时，政治既乱，而又时有水旱灾，草泽的英雄，就要乘机而起了"①。

这时期的历史舞台上，元顺帝难得露脸一次，活跃的是一群又一群民军。小和尚出身的朱元璋，这时已成长为大将军，并开始实施"高筑墙，广积粮，缓称王"的宏伟战略。因为朱元璋的地盘不跟元军接壤，四周都是造反的，东部有张士诚，西部有徐寿辉，北部有小明王，南边则是长江天堑，高枕无忧，坐山观虎斗。等待对手消耗差不多了，朱元璋才大打出手，势如破竹。

最大看点：内斗忙于外斗

至正十九年（1359年），倒计时：9

陈友谅渔家出身，略通文义，在县衙做小吏。红巾军民变，他随即投到徐寿辉部将倪文俊的麾下，初为文书，很快升元帅。然而，这些草莽英雄没几个甘于久居人下。至正十七年（1357年）倪文俊谋杀徐寿辉未成，投奔陈友谅。陈友谅却趁机杀倪文俊，吞并他的军队，自称州官，然后连克江西、安徽、福建等地，属江南最强。本年初陈友谅攻克信州，随后克衢州，又攻襄阳，转而对付战友赵普胜。赵普胜是红巾军将领，善用双刀，所以外号"双刀赵"。他以巢湖为根据地，战船千艘，两万余众。至正十五年（1355年）投奔徐寿辉，进驻枞阳，再取安庆。陈友谅本来就嫉妒，现在听说赵普胜想归附朱元璋，心里一下失衡。不为我用也罢，总不能归对手吧？这年秋，陈友谅以会师为名，突

---

① 吕思勉：《中国通史》。

然到安庆。赵普胜蒙在鼓里，热情迎接，美酒烤羊肉，准备在清风明月中好好风雅一番。哪承想，陈友谅一登船，寒暄笑着便一刀杀了他，收编他的军队。这年底，陈友谅攻下龙兴。徐寿辉很高兴，想迁居到龙兴来，陈友谅拒绝。徐寿辉不高兴，从汉阳发兵至江州，给陈友谅施压。陈友谅不是吃素的，早早埋下伏兵，将他们杀尽，然后以江州为都，自称汉王，置百官。念在往日情分上，陈友谅也请徐寿辉来，但只是虚位闲居。

这年初，朱元璋遣使诏谕方国珍。"招谕"指帝王对敌进行招抚，居高临下，可见朱元璋自视甚高。但方国珍不是窝囊废。他原本贩私盐，算个良民。因为乡里有人啸聚海上，官兵讨伐不下，没法向上交差，便乱抓百姓应付，方国珍被冤家趁机诬告，遭官府追捕。方国珍气愤地说："区区草寇都对付不了，天下肯定要大乱。与其束手待毙，枉作泉下鬼，不如闯一条生路。"方国珍带兄弟们打响元末民变第一枪，很快有数千人响应，专门劫海运皇粮，比刘福通、徐寿辉、郭子兴起事早三四年。方国珍攻下台州、温州和庆元三府，以此为据点。他还曾率军过长江战昆山，用5万兵战张士诚7万军，七战七捷。面对朱元璋的招谕，方国珍对谋臣说："如今元朝国运将终，豪杰并起，只有朱元璋所向无敌。现在他又下婺州，恐怕我不能与他对抗。何况与我为敌的，西有张士诚，南有陈友定，不如姑且从朱元璋，静观其变。"陈友定并非陈友谅兄弟，相反是冤家。陈友定是福建明溪驿卒，以讨山贼起家，升任县令。本年陈友谅攻汀州，被陈友定击退，元政府升陈友定为福建行省参政，堵在方国珍南面。如此权衡一番，方国珍玩骑墙，遣使奉书献金带于朱元璋，表示愿献温州、台州、庆元三路，还以次子为人质。朱元璋给方国珍授官，元政府也给他授官。

刘福通本来是个"富二代",还当个小官。但朝廷钦差以修河为名,假公济私毁刘宅,国仇家恨激发刘福通联合韩山童利用白莲教起事,这就是著名的"红巾军",因烧香拜佛又称"香军"。韩山童战死后,刘福通拥立他儿子韩林儿为帝,国号"大宋",定都亳州。这时出现战略失误,退守安丰。蛰伏几年又奋起北伐,上年连陷大同等地,本年正月攻下辽阳行省。

元廷元气大伤,但还没瘫痪。一方面照常推行一些政务,如诏定科举流寓之士名额,蒙古、色目、南人各15名,汉人20名;诏京师十一门全部加筑瓮城,造吊桥,加强防务。另一方面组织反攻,如发秦、晋兵围攻汴梁城。官军全年仅此一战主动,可见它已处于难以招架的地步。

至正二十年(1360年),倒计时:8

以往乡试三年一次,每次300名;会试100名。本年减少,乡试只有88名,会试取30名。

皇室内乱又起。阳翟王拥兵数十万,想发动兵变,遣使入京明着挑战说:"祖宗留传的天下,你已经丢失大半。如果把玉玺让出,我肯定做得更好。"顺帝无奈说:"天命如此。你如果想要就来吧!"说着调重兵镇压,阳翟王逃往上都(位于今内蒙古锡林郭勒正蓝旗境内,也称夏都)。

张士诚虽然盐贩出身,人称"十八条扁担起义",却不是一般小混混,时有"友谅最桀,士诚最富"之说。他在高邮建国大周,自称诚王,《水浒》作者施耐庵、罗贯中曾投身他麾下。他与朱元璋发生冲突,被打败,便投降官方,被封为太尉。张士诚东山再起,很快占江南最富庶的常熟、平江两个重镇。本年初张士诚率军攻朱元璋的老家濠州，又占徐州等地。朝廷将海运11万石粮至大都（位于今北京市）的重任委以张士诚，并将江浙方面的权力全归他，蒙族江浙行省主官倒变成徒有虚名。

陈友谅势头也猛。他率军入杉关，一口气攻下邵武、汀州、延平等地。当地民众纷纷响应他，但也有些官员去降朱元璋。陈友谅亲率军舰攻克太平，然后派人将徐寿辉的脑袋砸了，以一个寺庙为行殿，登基称帝，国号"汉"。时值大雨，群官给淋成落汤鸡，大典只能草草收场，似为不祥之兆，但陈友谅没在意。紧接约张士诚联手攻建康，张士诚没理睬。陈友谅没心思跟他计较，率师沿江而下，建康城里闻讯大乱。朱元璋不是草包，他利用部将康茂才是陈友谅老朋友的关系，让康茂才修书密约里应外合，说是在江东桥边做内应。陈友谅深信不疑，连夜行军。天亮时分赶到江东桥，那石桥军船根本通不过，陈友谅这才发觉受骗，但为时已晚，伏兵四面杀出。时值退潮，船搁浅，退路也断，被杀被淹无数。这时陈友谅营中又出现叛徒，不仅投降，还说安庆城目前没有守军，于是朱元璋乘胜追击，连取太平和安庆，陈友谅逃往九江。

朱元璋那边顺风顺水。他有人缘，不少人主动归附。三月克处州后，有人推荐宋濂、章溢等4位隐士为谋臣，他重金厚待。朱元璋颇有雅量，说："我为天下委屈你们4位先生了！"章溢说："天道无常，德能感天。"大败陈友谅后，朱元璋提拔宋濂为儒学官员。宋濂是位大学者，顺帝曾召他入官，他以奉养父母为由拒绝，在家修道著书。这时，他开始负责为朱元璋讲解《春秋左氏传》。

至正二十一年（1361年），倒计时：7

新年伊始，顺帝诏赦天下，争取民心。刘福通攻杞县被击退，张士诚海运的粮食顺利抵京。红巾军重庆分支元帅明玉珍不服陈友谅，自立为陇蜀王，这年五月克嘉定等地，但随即被官军收复。汝南、颍州二郡的民军主动归降官军。官军在东阿渡河，战胜2万红巾军，又乘胜攻克东平，然后绕到红巾军后部攻泰安、济阳及近海各地，红巾军或败或降，山东各州县大都归官军。后又有齐河、禹城的红巾军投降，这样海滨一带也基本收复，济南迎刃而解。同时内乱平定，阳翟王伏诛。

朱元璋开始抓经济，订盐法并置局设官，税率为1/20，充军用；订茶法，由官府发给经营执照，凡商人买茶先纳钱才准许出境，每100斤收200钱；设宝源局，铸大中通宝钱，与其他钱并行，以4文为1钱，400钱为1贯，4贯为1两，货物价值则由百姓自行商定[①]。陈友谅喘过气来，收复安庆。朱元璋大怒，斩了败将，大举反攻。陈友谅抵挡不住，携妻子逃往武昌。朱元璋克东平等地，另有蕲州等地相继归降。

元军反击红巾军战果显赫，全赖察罕帖木儿。察罕帖木儿出身一般军人家庭，红巾军起事后他才纠集武装，组织义兵，成为当时规模最大、镇压民军最力的地方武装。朱元璋对察罕帖木儿这样的敌人不敢小视，在大战陈友谅的紧急关头，还特地遣使山东与他通好。

---

① 《中国历史大事编年》，卷4。

至正二十二年（1362年），倒计时：6

元都有三：上都、中都（位于今河北省张北县）和大都。上都是他们的老巢，宫殿曾失火，因大臣进谏说要体恤民间疾苦不宜大兴土木，没能及时修复。这年四月顾不得那些酸腐说辞了，诏令诸王、驸马及衙门不得占匿差役，以便集中人力物力修上都宫——无疑是准备退路。

形势让顺帝振奋不起来。有善观天象者预言"山东必失一良将"，意指元廷最后的柱石察罕帖木儿。元廷即派员前往山东劝喻他勿轻举妄动，但迟了一步。他很信任红巾军降将田丰和王士诚。这年六月，田丰将察罕帖木儿骗来，王士诚伏兵将他杀了，两人逃益都。朱元璋听说察罕帖木儿死了，不由跳起来欢呼："天下无人矣！"

察罕帖木儿的养子扩廓帖木儿袭父职，立即领兵围益都。扩廓帖木儿即王保保，生父是汉人，母亲是察罕帖木儿的姐姐，身材魁伟，颇有英雄气概。朱元璋对他也很钦佩，夸他为天下奇男子。每遇那种稍有点功便骄傲的，人们便讥笑："尝西边拿得王保保来耶？"这话成为一句谚语，意思说：你这点屁事算什么，有本事到西边把王保保逮来！面对久围不下、反而丧父的益都，扩廓帖木儿绞尽脑汁，挖地道突袭。刘福通遣兵援助，被蒙军击败，益都城破。扩廓帖木儿将王士诚和田丰杀了不解恨，还剖他们的心祭父。从此，东从临沂至西部的陕西关中无一民军，扩廓帖木儿驻兵河南，继续作为元廷的最后柱石。

三月，明玉珍在蜀称帝，国号"大夏"。他不仅仿周制设官，还廷试科举，置雅乐郊祀之祭，像模像样。随后，遣兵攻龙州等地。

至正二十三年（1363年），倒计时：5

新年伊始，朱元璋遣使给扩廓帖木儿送信说："我对你们父子充满敬意。希望以后多往来，发展贸易，不要分你我。"①

张士诚围安丰，城中饥荒，人相食。刘福通急忙派人请求朱元璋出兵相救。朱元璋说："如果安丰被破，张士诚肯定更嚣张，不可不救！"可是谋臣反对，说陈友谅正在伺机而动，别让他钻空子。朱元璋还是要救。安丰城很快被破，刘福通被杀。

陈友谅围洪都，水陆60万兵。陈友谅的战舰高达数丈，外涂红漆，上下3层，带着家属和百官，气势上吓人。但这"楼船"有个致命问题：笨。洪都守将是朱元璋之侄朱文正，朱元璋亲率20万兵救援。陈友谅不敢小视，连忙撤围，转而在鄱阳湖迎战朱元璋。陈友谅的"楼船"居高临下放炮石，朱元璋的船中弹，他差点被俘。然而，朱元璋的战船虽小但是灵活，因此采用火攻，烧敌舰20多艘，杀敌2.5万。朱元璋收复洪都，兵力集中到赣江、长江。陈友谅溃败，逃往武昌。朱元璋上万步骑及时赶到，在湖口岸上万箭齐发，陈友谅躲了好久，还是被流矢射穿脑袋。

陈友谅次子陈理逃到武昌，被残部拥立继位。朱元璋命部将立栅围城，自己还建康，特地嘱咐在武昌的将军只围不战，时间久了他们自然会降。这体现了他人性的一面，宽宏大量，与称帝后判若两人。

朱元璋同时忙于内政。处州主官进言："关市大征，旧例二十取一。今令盐货十取一，税额太重，商人不复贩鬻，则盐货壅滞，军储缺乏，且使江西、浙东之民艰于食用……请仍从二十取一之例，则流转不

---

① 《续资治通鉴》卷217，元纪35，12册，"元失其政，中原鼎沸……阁下先王，奋起中原，英勇智谋，过于群雄，闻而未识，是以前岁遣人直抵大梁，实欲纵观，未敢纳交也。不意先王捐馆，阁下意气相期，遣送使者涉海而来，深有推结之意，加以厚贶，何慰之！薄以文绮若干，用酬雅意。自今以往，信使继踵，商贾不绝，无有彼此，是所愿也！"

穷，军用给足。"朱元璋纳谏改回 5% 的税率。

顺帝仍似乎置身局外，亲试进士 62 名。皇太子想夺帝位，以扩廓帖木儿为外援，顺帝只能依靠能征善战的大将孛罗帖木儿与之相抗。扩廓帖木儿驻兵冀宁（今山西太原一带），与孛罗帖木儿冲突不断。孛罗帖木儿攻冀宁惨败，从此衰弱。

张士诚想称王，浙江地方官上书朝廷，请求顺帝封张士诚为王，没答复；只好自命为王。户部再请帮忙运粮，张士诚不干，只是继续奉元为主子罢了。

至正二十四年（1364 年），倒计时：4

新年伊始，朱元璋即位吴王，比原来吴公提升一些，封百官，置中书省左右相国，近乎皇帝。因为张士诚早一步称吴王，所以跟区别东汉西汉一样，又称张士诚为东吴，朱元璋为西吴。朱元璋继续重视经济工作，将商税定为三十分之一，约 3%，可能属中国历史上最低（但不是唯一）。如有多收，以违法论处。同时设货泉局负责官方制钱事务，颁发大中通宝大小五等钱的样式，让大家知晓。

武昌仍然围而不破，朱元璋亲自前往督战。城内陈理更急，派人到岳州请张必先救援。援兵离武昌 20 里地时遭阻击，朱元璋将张必先捆到城下，让城内断了对援兵的希望。再派陈友谅的旧臣入城劝说，陈理只好降。朱元璋善待陈理，封他为归德侯。庐州守将等先后以城降，辰州守将弃城而逃。

张士诚在常熟也注重民生。他调兵和民夫 10 万，浚白茅、盐铁诸塘，让百姓得以休养生息，安居乐业。为了感激张士诚，每年七月三十，当地百姓上街烧香，直到今天，有些地方仍保留这一习俗。

孛罗帖木儿率兵入居庸关抵大都城下，皇太子的统军抵清河，丞相也率军至昌平，一时形成三足对峙局面，但三方都无心开战，于是和解。顺帝下诏说："孛罗帖木儿和扩廓帖木儿是我的大腿与胳膊，心与脊梁。希望你们从今以后摒弃宿怨，齐心协力为国建功立业！"

至正二十五年（1365年），倒计时：3

上年那种祥和只能是偶然一时，内争外斗才是末世之常态。

朱元璋部将继续在各地发动攻势，克赣州等，降韶州等。陈友定侵处州，朱元璋部击退，顺势占浦城和松溪。朱元璋致信明玉珍，说："你在西蜀，我在江左，好比三国孙权与刘备。我与你实如唇齿相依，希望能以孙权、刘备互相厮杀为戒。"对张士诚的泰州等地，朱元璋则派部将出击。同时，朱元璋不忘抓经济，令凡家有田5～10亩的，栽桑、麻、木棉各半亩，10亩以上的加倍；更多的以此比例增加。不种桑的农民，可以出绢一匹；不种麻和木棉的，可出麻布、棉布各一匹。

孛罗帖木儿又发难，遣兵攻上都太子党。顺帝连忙调兵阻挡，扩廓帖木儿在通州击退孛罗帖木儿的部将。顺帝命6个杀手潜伏在廷春门，孛罗帖木儿上早朝的时候，一举将他杀了。然后，诏令尽杀孛罗帖木儿党人，派人拿着孛罗帖木儿的人头到冀宁请太子还京，大赦天下，奖赏讨伐孛罗帖木儿的功臣。护送太子进大都的时候，皇后却传旨令扩廓帖木儿率重兵进京，想逼顺帝禅位给太子。扩廓帖木儿明白皇后的意思，觉得难以从命，便在距大都30里的地方将军队遣散。顺帝感到扩廓帖木儿可以信赖，封他为河南王，代皇子亲征，总领关陕、晋冀、山东一带兵马、钱粮与升迁等政务。

至正二十六年（1366年），倒计时：2

真不知道顺帝对科举哪来那么大兴趣，好像比对内战更热心。增加北方各地会试名额，并给进士及第以下者也官升一级，显然是收买人心。随后又廷试进士72人。

其实，顺帝一点雅兴也没有。平息没几天的内耗又起，这回是因为顺帝过于重用扩廓帖木儿，引起其他部将特别是拥兵陕西的李思齐的不满，公开拒绝接受他的指令。从此，扩廓帖木儿跟他们又起战乱，顺帝也没法调解。

朱元璋节节取胜。攻安丰打得挺艰难，挖地道20多丈，城塌才攻入。元守将出逃，追10余里，又大败其援军才告捷。八月攻张士诚，发兵20余万，声东击西，调虎离山，先攻湖州，然后直指苏州。又用反间计，大败张士诚部将，十一月才完成对苏州城的包围。四面筑长围，架起三层高的木塔，每一层都可以向城中发射弩箭与火枪，还有威震天下的回回炮，让城中惊恐万状。

朱元璋挺大度，仍然拥戴韩林儿为主。南方收拾得差不多了，这才派人到滁州将韩林儿接到建康。行至瓜步船翻了，韩林儿沉入江底。

至正二十七年（1367年），倒计时：1

扩廓帖木儿与李思齐打来打去，谁也吃不了谁。顺帝又和稀泥，委派使者前去调解，扩廓帖木儿连使者也杀。西部军阀们推李思齐为盟主，联手对抗扩廓帖木儿。顺帝感到江山摇摇欲坠，顾不得扩廓帖木儿与李思齐等人谁是谁非，当务之急是对外，诏命太子总领天下兵马，一路由扩廓帖木儿领潼关以东军取江淮，二路由李思齐领凤翔以西军取川蜀，三路进军襄樊，要求各路军团结一致挽救时局。但这种"锯箭疗法"行不通，病根没解决。不久解除扩廓帖木儿的军职，保留河南王的头衔，以便让李思齐等人心理平衡些，但没用。

朱元璋继续为大业做铺垫，也开科取士，要求"先之以谋略，次之以武艺。俱求实效，不尚虚文"。朱元璋命人修订的法律草成，共285条，令大臣们审议通过，颁布实施。朱元璋对此很满意，说前代法律问题不在于不繁密，而在于任由官吏操纵，百姓知法很少。本朝法律可以让百姓人人通晓，今后犯法的人自然会减少。

对付政敌方面，朱元璋摊牌，谁也不给面子，一路横扫过去。大举征讨方国珍，但对自己军人有所约束："三州之民，疲困已甚。城下之日，毋杀一人！"大破苏州城，张士诚自缢，被救后跟其他俘虏一起被送往建康，但他坚持不降，仍然上吊。朱元璋命徐达为征讨大将，常遇春为副将，率25万兵马从淮河入黄河，北取中原。同时发布告北方官民的文告，提出"驱逐胡虏，恢复中华，立纲陈纪，救济斯民"的纲领，号召北方民众奋起反元。徐达和常遇春两将才勇相似，所向披靡。接着攻克庆元等地和山东各地，方国珍不得不降。朱元璋本来大怒，认为这种人反复无常，当杀，可是一看他的降书，写得非常诚恳，感到方氏也是难得之才，这才回复说："吾当以投诚为诚，不以前过为过。"同时命部将从海上进军福建，也是一路降多。

至正二十八年（1368年），倒计时：0

新年伊始，朱元璋在应天（今江苏南京）称帝，国号"大明"。朱元璋的国号继承元朝，没有恢复以前朝赐予爵位为国号的中华传统，也没用白莲教主曾赐他的"吴"。后来满族人也如此。

朱元璋建政后，马不停蹄转入巩固政权。不久即克福州和延平，俘并斩陈友定。随后平定广东和广西等地。

扩廓帖木儿还在拒罢兵权，顺帝命李思齐讨伐他。不久恢复扩廓帖木儿的职务，命他与李思齐分兵抵御明军。直到朱元璋向河北各路发起总攻，扩廓帖木儿还在平阳至大同一带绕道观望，李思齐则窝在凤翔按兵不动。

明军几乎没遇什么抵抗。明军才攻下通州，顺帝就想逃。朱元璋令善待顺帝，并派使者去劝降。顺帝给朱元璋的使者带回一首诗《答明主》：

> 金陵使者渡江来，漠漠风烟一道开。
> 王气有时还自息，皇恩何处不昭回。
> 信知海内归明主，亦喜江南有俊才。
> 归去诚心烦为说，春风先到凤凰台。

诸多史家对这首诗的真实性表示怀疑，他们认为顺帝北逃后还曾经多次组织反扑，所以不可能会有诗中那种逆来顺受的情怀。但也有不少人认为是真实的，《四库全书》等也收录，还有人说顺帝是史上最文雅的亡国之君。

大臣哭着进谏，请求留下固守京城。顺帝叹道："时至今日，难道我要做当年宋朝被俘的二帝？"他半夜逃了。先逃上都，后逃应昌（今内蒙古自治区赤峰市）。他在那里两次组织南下，试图夺回中原，都被明军击败。

徐达请示："元都克，其主北逃，追击吗？"朱元璋想了想，笑道："元运衰矣，行将自灭，不用麻烦我们的将士了。只要固守各疆，防止他们南侵即可。"朱元璋认为妥懽帖木儿顺天明命,所以给他谥号"顺帝"。顺帝北逃上都后仍然使用元的国号,史称"北元"。

至此,蒙古人在中原的统治告终。

后果:假如顺帝处理好大腿与胳膊的关系

每到末世,统治者往往只剩一件事:镇压,包括平息内部争权夺利。分裂意味着衰弱,这一点匈奴给我印象最深。元朝也如此,你看蒙哥与忽必烈就在那儿内耗,只因蒙哥意外死了才没造成太大后果。其后还不时出现纷争,如泰定五年(1328年)泰定帝一死,帝位之争白热化,怀王在大都被拥立为帝,另一批人在上都拥立新帝,并出兵进攻大都,战争波及四川等地,一战几年。在这末世,他们仍然在那里争来争去,大打出手。

当然汉人政权也内耗厉害,"党争"常常误事,如范仲淹、王安石等改革大业都是被"争"掉的。而如果能正确处理,就可能开创新局面。唐后期宦官专权,朝中正直官员大都遭排挤,两党互相倾轧,一闹近40年,加剧政治危机,史称"牛李党争"。唐宣宗李忱即位后快刀斩乱麻,将李党宰相贬出而重用牛党,风风火火重振朝纲,开创"大中中兴"盛世,李忱本人也有"小太宗"之誉。

孛罗帖木儿的政治、军事才能都是杰出的。假如元顺帝像李忱,妥善处理好孛罗帖木儿和扩廓帖木儿大腿与胳膊的矛盾,巩固帝国柱石,也很可能扭转局势吧?

第十三章

明末 10 年

> **提要**
>
> 公元 1635—1644 年为明朝倒计时 10 年，民军发展已步入新阶段，官军虽有相应调整，但天灾与官场腐败一次次助李自成起死回生，思宗朱由检被迫自缢。吴三桂为夺爱之仇向清军借兵，不想清廷趁机移入北京，并全面南下。
>
> 假如朱由检像后唐明宗李嗣源，不躲在深宫玩弄文字游戏，早发军饷，接济饥民，何至于把自己吊上老槐树？

前因：天地里外发难

明太祖朱元璋洪武元年（1368 年）开国至洪武三十一年（1398 年）逝世，其间自身节俭，狠治贪官，与民休息，大规模从山西移民至中原和江南，恢复并发展经济，被誉为"洪武之治"。

成祖朱棣从建文四年（1402 年）政变夺位，至永乐二十二年（1424

年）逝世，其间迁都北京，郑和下西洋，编《永乐大典》，兴修水利，"赋入盈羡"为明代之最，被誉为"永乐之治"。仁宗朱高炽、宣宗朱瞻基当政时期，从永乐二十二年朱高炽继位，至宣德十年（1435年）朱瞻基去世，其间改革朱棣留下的弊政，把工作重点转移到内政上，政治环境稍宽松，鼓励发展经济，被誉为"仁宣之治"。孝宗朱祐樘在任期间（成化二十三年至弘治十八年，即1487—1505年），整顿吏治，收复哈密，同时努力发展经济，被誉为"弘治中兴"。穆宗朱载垕从隆庆元年（1567年）继位至隆庆六年（1572年）崩，其间解除海禁，与蒙古议和，全世界白银总量三分之一涌入中国，三分之二贸易与中国有关，距资本主义仅一步之遥，被誉为"隆庆之治"。神宗朱翊钧在任期间（隆庆六年至万历四十八年，即1572—1620年），张居正大刀阔斧改革，戚继光抵御倭寇，国内外暂且安宁，并有一系列意外的经济文化成果，被誉为"万历中兴"。

然而，尽管有诸多所谓的治世与中兴，大明却还没有效建立起长治久安的机制。天启七年（1627年），朱由校死，其弟朱由检继位。朱由检这年18岁，有志向，有魄力，一上台就着手铲除以魏忠贤为首的阉党，又勤于政事，被称为中国历史上最勤政的帝王。然而，他的勤政用错了地方，事与愿违。

万历四十四年（1616年）努尔哈赤建立后金汗国（后改为"清"），万历四十六年（1618年）便向大明宣战。努尔哈赤死后，后金感到明朝边兵还有实力，便改变战略，先灭蒙古（北元），然后绕道蒙古直接挖大明心脏——北京。崇祯二年（1629年）与崇祯六年（1633年），他们两次深入北京一带。朱由检上台第二年开始，陕西频频闹灾。[①] 人们疾

---

① 《汉南续郡志》，"崇祯元年，全陕天赤如血。五年大饥，六年大水，七年秋蝗、大饥，八年九月西乡旱，略阳水涝，民舍全没，九年旱蝗，十年秋禾全无，十一年夏飞蝗蔽天……"

呼:"与其坐而饥死,何不盗(起事)而死!"著名的民军首领高迎祥、张献忠等人都是这时揭竿而起的。相当于现代政府招待所兼邮局的陕北驿站裁员,负责看马的驿卒李自成失业,被逼得投奔民军,成为明王朝的掘墓人。历史老人开始倒计时,民军发展已步入新阶段。

最大看点:皇帝日益孤寡

崇祯八年(1635年),倒计时:9

上年末,五省总督洪承畴调集豫、楚、晋、蜀等地官军出潼关,民军首领们大有遭灭顶之灾的感觉。洪承畴可不简单,算是镇压民军起家。开始几年,朱由检策略是"剿抚兼施、以抚为主"。韩城被民军包围时,陕西总督杨鹤手中连将都没有,临时拉他手下的文官洪承畴领兵。没想这文官更心狠手辣,一下斩杀300余人,已降的也杀,顿时名声大噪。因为民军越来越多,杨鹤罢官入狱,洪承畴继任。洪承畴集中兵力进剿陕西,还亲赴前线指挥,激战数十次,民军损失惨重,朝廷誉称之为"西澳大捷"。现在,洪承畴又率主力出潼关,要对民军更大规模清剿。

面对这种形势,闯王高迎祥等十三家七十二营民军在荥阳大会盟,达成共识:这些年各自为政,孤军奋战,被驱到河南一地,现应改变战略,联合对敌。但对于具体怎么联合,分歧较大,争论多时,几乎陷入僵局。这时,小小部将李自成站出来,说:"官军包抄合围,我们就来个分兵定向,四面出击,打乱他们的战略,我们就胜利了!"李自成的闯劲和胆略当即获得一致称赞。

民军一路向南抵挡川湖兵,二路向西防御陕西官军,三路北上控制黄河，此外还有一支机动部队对付意想不到的战局。高迎祥和张献忠这支势力最强的主力军则向东，风驰电掣，不到 10 天就攻陷凤阳。凤阳是朱元璋的老家，大明的龙脉。民军不仅歼灭两万守军，将当地富户杀个一干二净，还砍光皇陵几十万株松柏，拆除周围建筑和朱元璋出家的龙兴寺（又名皇觉寺），又掘皇帝的祖坟。

朱由检闻讯，立即穿丧服到太庙大哭，请求老祖宗恕罪，然后撤兵部尚书的职，斩凤阳巡抚等人，又把早已革职在家的五省督师拉出来杀了。他也对自己进行深刻反省，亲笔拟一份"罪己诏"，调兵遣将加强围剿，他深情地写道：

> 惟是行间文武，主客士卒，劳苦饥寒，深切朕念。念其风餐露宿，朕不忍安卧深宫；念其饮冰食粗，朕不忍独享甘旨；念其披坚冒险，朕不忍独衣文绣。①

朱由检煽情地表白一番之后，对自己进行判决："减膳撤乐，除典礼外，余以青衣从事，以示与我行间文武士卒甘苦相同之意，以寇平之日为止"，并要求"文武官也各省察往过……仰体朕心，共救民命"。朱由检对自己"处罚"并没有什么实质性的东西。朱由检先后下过六份"罪己诏"，这是第一份。

西部民军也告捷。五月攻下商州，逼近西安，进而围平凉等城。洪承畴命大将曹文诏率军追击，从河南入汉中，越秦岭至真宁，不想民军伏有数万骑，飞箭如雨，官兵伤亡惨重，曹文诏拔刀自刎。洪承畴闻

---

① 谈迁：《国榷》。

讯，伤心大哭。随后，高迎祥、李自成入陕西，又在函谷关、咸阳和永寿大败官军。

洪承畴感到难以兼顾，也改变战略，请朝廷命卢象升总领直隶（今河北）、河南、山东、湖广、四川军务，两人分工，洪承畴督关中对付西北，卢象升督关外兵对付东南。这样又轮到民军受挫。高迎祥和李自成从陕西退河南，不久败于嵩县和汝州，再退光山，又在确山败，南退到临潼的民军也败了。

这年初后金征服蒙古鄂尔多斯部，林丹汗之子献传国玺归降。至此，漠南蒙古全部统一于后金。同时，后金对大明不时骚扰，如攻宁远等地，还用书信对喜峰口等关隘守将进行恫吓。

崇祯九年（1636年），倒计时：8

年初民军攻六合、滁州失败，转而北破萧县、开封。李自成在朱仙镇失败，西行与其他民军会合。李自成又败，只好南下光化。李自成想谋山西受挫，在安定被追兵大败。其他民军也连连受挫，最惨的是高迎祥被俘，送京师问斩。他的部下推李自成继任闯王。李自成在陇州败于洪承畴，转庆阳、凤翔一带与其他民军汇集，再次分工协作，四面出击，争取变被动为主动。

朱由检问计于众臣。工部侍郎刘宗周是个理学家，直言不讳地说："今日之祸，己巳以来酿成之也。"己巳指崇祯二年（1629年），清兵直抵北京城下，为此袁崇焕被错杀。至于对策，刘宗周建议："陈师险隘，坚壁清野，听其穷而自解来归。"朱由检听了大骂他迂腐，驳斥道："如流寇静听其穷，中原岂堪盘踞？烽火照于甘泉，虚文何以撑住？"当时在甘泉设陕西承宣布政使司。

宁夏官军遭饥荒，迁怒于当地主官，发动兵变将他杀了。朱由检感到震惊，发动朝中百官捐助军饷。但不久山西又发生缺军饷情况，卢象升便大兴屯利，募民垦田，永不征租，两年积谷20万石。

这年四月，后金改国号为"清"，换个马甲继续扰明，入侵喜峰口，至居庸关，连陷昌平等十六城，一个多月才退去。为此，南阳的唐王朱聿键起兵勤王，中途被朱由检勒令退回。京城虽然受外敌威胁，还有挽救的余地。这擅自起兵的先例一开，可是后患无穷。朱由检余怒未消，又将他废为庶人，幽禁在凤阳。他们也如宋人，防内重于防外。朱聿键幽禁期间，太监向他索贿未成，便用墩锁折磨他，让他生不如死。当地官员路振飞见状，打抱不平，向朱由检告状，杀了这太监。

清廷的战略是先剪除自己两翼威胁，即左边的蒙古和右边的朝鲜。本年初解决蒙古问题后，随即转向朝鲜。年末，清帝率12万兵亲征朝鲜，拔安州，前锋入汉城，朝鲜王南逃。

崇祯十年（1637年），倒计时：7

年初清兵攻入江华，朝鲜王请降，改向清称臣，将向明朝贡奉的金、银、皮革等21种物品改向清进贡，并送质子二人。从此，清无后顾之忧，全力攻明。清兵从朝鲜班师回朝，封朝鲜王，赐玉钮金印。但朝鲜王请求归还人质，清廷拒绝，显然不放心。

明廷做出战略调整，称"四正六隅十面网"。"官样文章"如同文字游戏，不解释外人根本看不懂。"四正"指陕西、河南、湖广和江北的官军，要求"四巡抚分剿而专防"；"六隅"指延绥、山西、山东、江南、江西和四川的官军，要求"六巡抚分防而协剿"。两者合起来，就是"十面网"。同时决定增兵12万，增加"剿饷"280万。

年初张献忠及其别部从襄阳攻安庆、桐城和滁州，还入湖广，有的留江北或走河南。不久李自成战败，逃四川。张献忠接着连破梓潼等城，进逼成都。

这年北方大旱，赤地千里，饿殍遍野，民不聊生，而地方官吏仍旧逼粮催债，盘剥百姓，加剧社会动乱。朱由检在京城祈雨，没能感动上天，于是下第二份"罪己诏"，怒斥地方官"出仕专为身谋，居官有同贸易……嗟此小民，谁能安枕"！①

崇祯十一年（1638年），倒计时：6

开局利好明廷：随州一支民军降官军。张献忠袭南阳失败，自己也受伤，脱险后率部退谷城。他的部从接连在舞阳、光山和固始战败。在这种情况下，张献忠向官方投降，条件是仍然驻守谷城，不裁减军队，不接受调度，实际上只不过是停火。但对官方来说，总比继续战斗好，所以迁就，以便腾出兵力去对付其他。

李自成从夏到秋一败再败，往东逃。洪承畴紧追，李自成又在潼关大败，妻女失散，只剩18骑突围，躲到商洛的大山里。同时，江北、河南与湖广等地的民军也纷纷或败或降。

然而，清开始大举攻明，清帝亲自率兵战山海关，多尔衮由卢沟桥侵京郊48县。两路清军在通州会师，等洪承畴赶到北京，清兵已南下山东。

这时候，被贬已久的阮大铖不甘寂寞，想为时局尽些心力。说来阮大铖也是个人物，我们现代还得承认他是著名戏曲作家，所作传奇今存《春灯谜》《燕子笺》《双金榜》和《牟尼合》，合称"石巢四种"。他

---

① 《明季北略》卷13。

做官总共才两年左右，但影响很不好，先依东林党，后依阉党，被治罪罢官为民，闲居南京。其间招纳游侠，谈兵说剑，实指望能起用他的军事才能。当时名士黄宗羲等很讨厌他，便作《留都防乱公揭》："其恶愈甚，其焰愈张，歌儿舞女充溢后庭，广厦高轩照耀街衢，日与南北在案诸逆交通不绝，恐吓多端。"这文章影响很大，自然也就没人敢重新起用他。

更糟的是内耗还出现在战场。清兵大举入侵时，卢象升督师勤王，号称督天下兵，引起兵部尚书杨嗣昌嫉妒。现在，杨嗣昌事事掣肘，不准诸将出战，贻误军机，相距50里却不肯应援，饷也不及时给，让卢象升的将士挨饿，导致他本人战死，全军覆没。

朱由检这年做了一大好事，开福建海禁。

崇祯十二年（1639年），倒计时：5

清兵连下山东几县。宦官高起潜在卢象升危急时见死不救，现在督师临清，又坐视不救，济南被克，德王朱同枢等被俘，官民死伤无数。清帝亲征那一路一城未获，三月败退，其他清兵跟着退。这一役，他们深入大明2000里，攻城43座，俘虏人口46万，劫银97万多两，够本钱就溜。

其实，清军不敢久留。蒙古高原自东北向西南延绵万里，东北方和南方是两大平原，向东是碧波万顷的渤海。在山与海之间，只有一条极狭的走廊。这走廊两端，一头是山海关，一头是锦州。它是从辽东进关的必经之地。大军要想过关，不走这条走廊，就得远绕蒙古。而宁远，正好卡住这条走廊的咽喉。有宁远在，就有山海关在。现在清帝没打通这条走廊，即使孤军绕道蒙古入塞，也怕断他们的退路。因此，他们一边将俘虏的汉兵编成汉军八旗,一边遣使入明表示友好,但不久又攻锦州和宁远,还是要抢这条走廊。

上年归附朝廷的张献忠突然又率军叛逃,连攻房县和保康。为什么呢?张献忠在墙上留下一片文字,说他们不堪官员敲诈勒索,并点名道姓写上向他们索贿的官员名单及贿金数额,最后写:"没向我们要钱的,只有兵备王瑞一人。"

其实贪腐的并非仅是张献忠所接触的地方官与军队。朱元璋在反腐史上最严酷,但成效甚微,照样一代代贿赂公行。朱由检上任第二年,吏科给事中韩一良曾上奏写道:买官卖官的事太严重了,科举与选任馆职人员也如此,各有定价,已是公开的秘密。[①] 可是,朱由检也没能打造出一个廉洁的官府。崇祯七年(1634年),高迎祥、张献忠、李自成等部在新任五省总督陈奇瑜围剿中,误入车箱峡(今陕西省平利县西)。这峡谷只有一条古栈道,四面山势险峻,易入难出,唯一出口被官军所截,眼看就要全军覆没。结果,李自成贿赂陈奇瑜身边的军官,假意投降。陈奇瑜立即释放李自成等人,并派50多名安抚官将他们遣送回籍,放虎归林。可是李自成等人一出峡谷,立即杀安抚官,变本加厉与官府对抗。李自成造反生涯中,多次陷入绝境,全赖官军腐败或决策失误起死回生。

民军多了,官军开支自然得增加。这年六月,军方要求除"剿饷"之外,加征"练饷"730万。其实,万历末年已经增赋520万,朱由检上台不久也增140万,后来又增"剿饷"280万。短短20来年间增税

[①] 谈迁:《国榷》,"臣所闻见,督抚也,非五六千金不得;道府之美缺,非二三千金不得;以至州县并佐贰之求缺,各有定价;举监及吏承之优选,俱以贿成,而吏部之始进可知也。至科道亦专以此得之,馆选亦然。"

达1670万,而由于天灾人祸,到处闹饥荒饿死人,百姓显然没什么增收,怎么增纳那么多税?百姓恨得要死,私下给朱由检起个外号叫"重征",音似当时年号"崇祯",更多人加入民军。这样,越多人加入民军就需要越多军费,越增加军费逼得越多人造反,形成一种恶性循环。

崇祯十三年(1640年),倒计时:4

民军几乎陷入绝境。张献忠在太平大败,逃入大山中。其他民军也败的败,降的降。罗汝才狡诈多端,反复无常,像曹操一样狡猾,这年夏也连续败北。罗汝才逃巫山,与张献忠联合,似乎绝处逢生,连破泸州等地。

李自成是张献忠的老部下,本来关系不错。不可思议的是,当年洗劫凤阳皇宫时,只为争夺小太监和乐器,两人闹翻,李自成气得带一拨人马西走甘肃,多年面和心不和。现在李自成在商洛山中韬光养晦,见张献忠复兴,便去联络。张献忠想吞并他,李自成不干,连忙逃走,不想被杨嗣昌围在巴西鱼腹山中。杨嗣昌招降,李自成拒绝。部众降的降散的散,他快变成孤家寡人,眼看支持不下。他丢了辎重,仅率50轻骑突围。没想到,他带这么点兵却连克偃师等地。

中原又旱,到处是饥民,百姓纷纷投奔李自成。李自成很快又壮大数万之众,更重要的是李岩、牛金星等儒士来加盟。李岩是举人,有文武才,李自成与他一见如故,相见恨晚。李岩劝李自成尊贤礼士,除暴恤民,收买人心,以图大业。特别是对内提出"杀一人如杀我父,淫一人如淫我母"的守则,整顿军纪;对外则喊出"均田免粮"的口号,打造李自成造反为民的形象。李岩派部将扮成商人,在民间四处散布说"闯王仁义之师,不杀不掠",编童谣到处传唱:"开了大门迎闯王,闯王来时不纳粮","早早开门拜闯王,管教大家都欢悦"。就这样,河南一带的灾民盼星星盼月亮一样盼着李自成到来。就这样,李自成再次绝处逢生,两年后发展到百万之众。

崇祯十四年(1641年),倒计时:3

大过年的,李自成攻下洛阳,杀了福王朱常洵,还用他的鲜血拌鹿肉,美其名曰"福禄宴"。接着攻开封,但失败,又攻南阳。原来投靠张献忠的罗汝才转来伴李自成,一起攻邓州,也失利。

张献忠被官军打败,逃湖广,破襄阳,抓了襄王朱翊铭。张献忠请他喝酒,说:"我想借你的人头,让杨嗣昌受诛!"说着将他杀了,然后连破信阳等地。杨嗣昌在重庆听说襄阳、洛阳失守,而福王和襄王又相继被杀,怕朝廷追究,连忙自杀,遂了张献忠的心愿。

京城及山东、河南、浙江、湖广又发生旱蝗大灾。当时,保定巡抚徐标应召进京,目睹灾情,禀报说:这一路千里"荡然一空","鸡犬无音,未遇一耕者"。① 因此,更多饥民起事。这时,张献忠在信阳被官军大败,自己也负伤,剩几十人逃命,只好投奔李自成。李自成收留张献忠,但只委以部将之职,不肯屈从便想杀他。张献忠感到危险,与罗汝才一起拉了500人溜走。

陕西总督傅宗龙率三路大军进剿李自成,遭伏击,顿时溃败,只剩傅宗龙独守项城。坚持8天后,傅宗龙突围而出,但没逃几里就被追杀。李自成破南阳,杀唐王朱聿镆,随后又连破邓州、许州等10余城。

锦州上年秋就被清兵围攻,本年命洪承畴率步骑13万去救援,在

---

① 《明季北略》,卷19,"臣自江淮来数千里,见城陷处荡然一空,即有完城,仅余四壁,蓬蒿满路,鸡犬无声,曾不见一耕者。土地、人民如今有几?皇上亦何以致治乎?"

宁远集中。洪承畴部署：从锦州西南 40 里的杏山挺进锦州城南 18 里的松山，然后从松山进击锦州，步步为营，以守为战。先派 6 万精兵为前锋，其余跟进。粮草则留在宁远、杏山及锦州西南 60 里处的塔山堡。没想清帝亲自统兵来增援，驻松山与杏山，横断大路，并派精兵夺了塔山堡的粮草。明军不敢野战，严阵而退，有一部率先逃跑，各军大乱，争先恐后而逃，又遇清军伏兵。这样，明军死亡 5.3 万多人，洪承畴也被围困在松山，锦州更危险了。

本年，荷兰与西班牙为争夺中国台湾开战，荷兰取胜，侵占整个台湾。朱由检连内地都顾不上了，哪有能力去逐荷兰军。

崇祯十五年（1642 年），倒计时：2

新年伊始，朱由检诏免崇祯十二年（1639 年）之前的欠赋，显然是想取悦于民，但显然太晚。已经太多人饿死，已经制造了太多敌人，不免也大都收不回。

这时，大臣建议重用西方传教士汤若望协助制造的火炮。朱由检召集大臣商讨，理学大师刘宗周又跳出来反对，说用兵之道最高境界是仁义，其次是统治者克己，最末才是武器。汤若望的学说本来就不适合我们尧舜之世，现在又鼓吹什么先进武器，罪大恶极，请陛下逐他回国，永远别让"异教"进我国。朱由检耐着性子说："你讲的道理很对，可是有先进武器还是得用。"刘宗周坚持说："火器终无益于成败之数。"朱由检有些生气了："那你说该怎么办？"刘宗周说："应当改行尧舜根本之道，而不是拿火器这样的苟且之事来搪塞。"朱由检发怒："现在火烧眉毛了，你说当下该怎么办？"刘宗周还是泛泛说："宋臣曰：'文官不爱钱，武官不惜死，则天下太平。'其言，今日针砭也。"君臣哭笑不得，议而不决。①

李自成数十万兵马在郾城围攻明大帅左良玉。陕西总督汪乔年率军到襄城，李自成便从郾城转而围襄城。汪乔年只有1000多步兵，等着左良玉来救，等了5昼夜没等到，成为李自成的俘虏，当即被杀。李自成接着相继破陈州等城，又围开封。左良玉及其他三镇兵力在开封西南的朱仙镇会师，想替开封解围。可是左良玉被李自成的气势吓坏了，率先逃走，其他兵全都跟着跑。李自成被射伤一只眼睛，气急败坏，决黄河水淹开封城。据记载，开封城原来有100万户，经过这半年围攻，遭遇饥荒瘟疫，最后剩不到2万。战争之罪恶，此见一斑。朱由检命三边总督孙传庭出关相救，孙传庭说陕西没精兵，新兵不堪用，建议固守潼关。朱由检不同意，孙传庭只得硬着头皮执行。等他们到潼关时，开封已陷落。孙传庭追击，李自成将军资物品故意丢路上，让追兵争着抢，趁机反击，将他们大败。然后，李自成乘胜破南阳等城。

张献忠破庐州，虽然在潜山一败，转而陷太湖。

东北方面，松山被围半年，城中粮尽，明军副将不得已开城降清，洪承畴被俘。洪承畴饱受儒学浸染，重视名节，被俘之初一言不发，闭目不见人，只求速死。消息传到北京，说洪承畴"义不受辱，骂贼不屈"，以身殉国。朱由检非常伤心，下旨为洪承畴建祠堂，隆重祭奠。然而，祭奠香火未熄，又传来消息说他已降。原来，早降清的范文程去见洪承畴，不提降事，只谈诗书，让洪承畴变温和。其间，房梁落下一块燕泥，掉在衣上，洪承畴轻轻地弹掉。范文程回去奏报："洪承畴不会真想死！他衣服都那么爱惜，何况生命呢？"皇太极赞同这判断，对

---

① 《明史》卷255，刘宗周传，第62册。

洪承畴更加耐心，待遇更优厚，甚至传说让庄妃亲自上演美人计。洪承畴感到清帝比朱由检更有为，终于归降。

投降这种事容易传染。锦州被围更久，城中粮食早没了，到人相食的地步，又见松山失守，只好也投降。接着，清军又破塔山、杏山。这样，明军在关外仅剩一座宁远城，清军终于逼近山海关。

清帝有心议和，多次向朱由检致信示意。但儒家总认为"汉贼不并立"，南宋以后更是以和谈为耻，认为凡是主战的才是英雄。所以，朱由检犹豫得很。他曾同意杨嗣昌的议和建议，但一旁的卢象升立即反对："陛下行不得啊，臣只知战斗！"朱由检只好改口，辩称根本没议和之意。现在松山战败，内地形势也变得更加严峻，朱由检不得不重新考虑，委派兵部尚书陈新甲与清联系，但要求保密。陈新甲委派大臣马绍愉秘密出使清国，带回清帝致朱由检的信，约定平等相交及岁币、疆界等具体事项。马绍愉将这些绝密材料报送陈新甲，陈新甲不巧有事外出，就放在他家茶几上，而陈新甲的仆人误以为普通塘报，转抄流传出去，社会哗然。朱由检受不了举国谩骂，迁怒于陈新甲，要求他自首。偏偏这陈新甲书呆子气，不肯认错，反而称是功劳。朱由检只好将他下狱并处死，也把议和的路堵死了。对于议和变卦，清帝非常恼怒，立即派兵大举南下。

为此，朱由检下第三份"罪己诏"。这份显然更诚恳些，说天灾人祸，都因为"朕不德"，"罪在朕"，不敢原谅自己。但对策只是"敬于宫中默告上帝"[①]这类把戏。

---

① 《崇祯实录》卷15，"灾害频仍，干戈扰攘，兴思祸变，宵旰靡宁，实皆朕不德之所致也！罪在朕躬，勿敢自宽。自今为始，朕敬于宫中默告上帝，修省戴罪视事，务期歼胡平寇以赎罪戾……"

崇祯十六年（1643年），倒计时：1

年初李自成破承天（今湖北省钟祥市），将襄阳改名为襄京，自称新顺王，号"奉天倡义大元帅"，他亲密战友罗汝才是"代天抚民威德大将军"，任命文武官员一大批，设府州县地方政权，招抚流民，鼓励发展经济。李自成本人生活俭朴，不好酒色，对部下要求也严。罗汝才却妻妾数十，生活奢靡。李自成很讨厌他这一点，多次批评，可他不听。有人趁机挑拨，说罗汝才私通官军。李自成大怒，将罗汝才杀了，收编他的兵。

张献忠连破黄州、汉阳和武昌等地，抓了楚王朱华奎装到笼子里沉江；将所有楚地的宗室全都杀光，并让部下分食他们的肉。

听到张献忠称王的消息，朱由检痛心疾首，第四次下"罪己诏"，责自己失德导致生灵涂炭、社稷遭殃，希望天下官民士绅能够共赴国难，拯救危机。

李自成则异常愤怒，立即派人祝贺说："某某已降，某某已死，现在该轮到你了！"张献忠怕李自成真来找麻烦，连忙放弃武昌，转湖南，破长沙等，然后入江西破吉安、抚州等。所到之处如蝗灾，不剩一物。有人建议取吴越，张献忠怕左良玉，还是转至四川。

张献忠在四川自称"大西王"，授文武百官，开科取士。录取进士30名，授以州县官职。民间传说张献忠有次开科取士，只是让举子在他的大旗上写个"黄"字。因为字太大，找不到相应的笔，没人敢去写。王秀才做了一支特大的笔，在墨缸里浸3天，一挥而就。他高兴得要命，以为马上要受重用。没想张献忠大怒："好小子，日后胆敢谋害我的肯定是你！来呀，把他给我砍了祭旗！"不到两年时间，张献忠几乎把四川人杀光，所以后来清兵入关，从两湖两广一带向那里移民，这就是历史上著名的"湖广填四川"。

清兵南侵至本年四月才退，一路攻掠京郊、山东88个府州县城，俘36万多人，劫金1.22万两、银220多万两、牛马50多万头。这年八月皇太极死，由他6岁的儿子福临继位，多尔衮摄政。

朱由检估计清廷内部该乱一阵子，顾不上南侵，想抓住时机尽快解决内部问题。孙传庭败归陕西后，招兵买马，发明一种战车，上面装火炮，车厢里存放士兵的衣服和粮食，名"火车"。这车有2万辆，组成一个火车营。这年朱由检命孙传庭为兵部尚书，赐尚方宝剑，催他率10万兵出潼关，同时协调其他路兵马，夹攻李自成，大有决一雌雄之势。

李自成闻讯，毫不示弱，亲统大军北上河南迎敌。双方主力在郏县激战，民军抵挡不住，很快溃退。官军紧追，李自成本人也差点被擒。民军逃入襄城，官军尾随而至。有些将士想投降，李自成说："不妨决一死战。如果不能取胜，你们杀我投降还来得及！"

这时老天爷又帮李自成大忙，大雨整整下了七天。因为后勤供应出现问题，城外露宿的官军苦不堪言，情绪越来越大。孙传庭只好回师取粮，令河南总兵陈永福留守。陈永福士兵见陕军走了，自己继续忍饥挨饿，愤愤不平，便跟着撤。陈永福无法控制局面，队伍大乱，民军则趁机发起进攻。官军全线崩溃，逃到南阳才缓过神来，掉头迎战。这时，民军已布置五重大阵：第一重饥民，第二重步兵，第三重骑兵，第四重精锐骑兵，第五重家属。官军很容易攻破前三重，第四重相持不下。官军的火车营虽有优势，但机动性差，招架不住，率先溃败，引发连锁反应。骑兵跟着逃，形势瞬间发生变化。民军倾巢而出，穷追不舍，一日一夜追400余里，杀敌4万余。李自成又陷潼关，孙传庭战死。民军长驱直入，很快包围西安，守军投降。然后，李自成兵分三路继续追剿官军残余势力,夺陕西、宁夏、甘肃一大片军事重镇。这意味着官军战斗力基本被摧毁,朱由检的命运也就此定型。

崇祯十七年(1644年),倒计时:0

正月初三(具体日期记载出入较多),李自成在西安建国"大顺",封功臣,命百官,开科取士,公告天下。然后率军东进,连破太原等城,直指京城。但李自成仍然没太大野心,进京途中还委派降将去跟朱由检谈判。李自成提出的条件仅仅是想称西北王并要些赏银,相对独立些,报答是"为朝廷内遏群寇",特别是"以劲兵助剿辽藩"。[①]朱由检的野心却仍然很大,一点好处也不肯让别人分享。

二月初一,朱由检一上朝就收到一封信,是李自成写来的,变成劝他投降,并限期三月十五日之前。朱由检将信烧了,心里却再也不能平静。中旬,他下第五份"罪己诏",痛陈弊政,历数自己罪过,号召人民"忠君爱国",建功立业,最后表示愿给立大功者分别予以世袭高官、通侯等重赏。[②]应该说这悬赏够分量,文辞也相当恳切,只遗憾太迟了!就像一个屡教不改的孩子,再没人听信他的花言巧语,李自成更不会停下进京的脚步。

三月十五日,朱由检又接最后通牒:限他十八日之前投降。三天时间里,朱由检召集大臣商讨对策,一筹莫展。守城的士兵消极抵抗,他平时最宠的太监曹化淳居然带头打开彰义门(今广安门),迎民军进入外

[①]《甲申传信录》卷1,"议割西北一带分国而王并犒赏军银百万,退守河南……闯既受封,愿为朝廷内遏群寇,尤能以劲兵助剿辽藩。但不奉诏与觐耳。"
[②]《明季北略》,卷20,"朕为民父母,不得而卵翼之;民为朕赤子,不得而怀保之,坐令秦、豫丘墟,江、楚腥秽,罪非朕躬,谁任其责……草泽豪杰之士,有恢复一郡一邑者,分官世袭,功等开疆……若能擒斩闯、献,仍予通侯之赏。"

城。夜里，朱由检无法入睡，出宫上万岁山（也称煤山，今景山），但见城外烽火连天，杀声一片。他明白做什么也无济于事了，只能回宫喝酒，令皇后嫔妃们自杀，又亲手砍下自己女儿的手臂，怨道："你为什么要生在皇家！"杀完，想逃出城，可是几大城门已关死。十九日凌晨，朱由检返宫中，鸣钟上朝，却一个大臣也没来。至此，朱由检什么希望也不抱了，再上万岁山，吊死在一棵老槐树上。

李自成于十九日中午进京。牛金星领着一班文官跟随，带着特制的牌子和招贴，将李自成比作尧舜。三天后才发现朱由检已自缢，便以皇帝之礼隆重葬了朱由检。然后，这班新的君臣忙于抓没逃的富人敲诈财物，莺歌燕舞，醉享胜利成果，全然不在意江淮以南还有50万明军。李自成注意到离京不远的山海关，连忙对其守将吴三桂劝降。吴三桂已打算降李自成，可是家仆接踵而至。问他父亲如何，仆人说被李自成的兵抓了。吴三桂自我安慰说："没关系，我一进京便会放人。"问家里财产如何，仆人说被没收。吴三桂还笑笑说："没关系，我一进京便会归还。"再问他爱妾陈圆圆如何，仆人说是被他们抢了，吴三桂的脸陡然变色："没……这怎么能没关系呢？"吴三桂怒发冲冠，立即大开关门邀请昨日的敌人——清兵来帮他报杀君夺爱之仇。李自成闻讯，知道大事不妙，星夜赶去平吴三桂，无奈迟一步，对付不了吴三桂和清兵联手。四月二十六日李自成退回北京，二十九日登殿称帝，三十日便命人焚烧紫禁城和各城楼，仓皇逃出北京，恢复一个"流寇"的本来面目。吴三桂和清兵紧追不舍，第二年李自成在湖北被杀。

清兵帮吴三桂报了仇，却赖下不肯走。五月，摄政王多尔衮率文武百官入紫禁城，公告天下，清朝开始成为中国新主。

当年五月即有福王朱由崧在南京即位，史称"南明"，共历三帝。

朱由崧下的第一道圣旨是征宫女，第二道圣旨征春药，难怪只能混13个月。第二个流亡的明帝是前文提及的朱聿键，在福州继位，倒是想有番作为，将工作重点由"平寇"（镇压民军）改为"御虏"（抗清），"小贪必杖，大贪必杀"，但他却被大将郑芝龙出卖，很快被清兵俘虏。第三个流亡小皇帝朱由榔在肇庆继位，没几天被迫逃缅甸，最后也没能逃脱追杀。

后果：假如朱由检不玩弄文字游戏

朱由检自缢，尸身挂着他此生第六份也是最后一份"罪己诏"[①]：

> 朕自登基十七年，逆贼直逼京师。虽朕凉德藐躬，上干天咎，然皆诸臣之误朕。朕死无面目见祖宗，去朕冠冕，以发覆面。任贼分裂朕尸，勿伤百姓一人。[②]

朱由检对官吏非常严酷，"错一事则罢一官，丢一城则杀一将"。据统计朱由检当政的17年里，一共任用过50位内阁大学士，这是前无古人后无来者的最高纪录。兵部尚书、监军宦官之类重要官员该是他亲自选的吧，怎么一到战场不是不战而逃就是见死不救呢？负责与清朝秘密和谈的尚书也该是他亲自选的吧，怎么会犯那么低级的错误？状元魏藻德擅长辞令，有辩才，且善于察言观色，深受朱由检宠信，上任兵部尚书兼工部尚书、文渊阁大学士，崇祯十七年（1644年）又临危受命为

[①] 李凯源：《历代帝王罪己诏书译注》。
[②] 《明通鉴》卷90。

内阁首辅，只可惜没有真才实学。李自成兵临城下，最后通牒来了，朱由检问计于魏藻德："可不可以封个王打发李自成？你拿个主意，朕速下旨！"魏藻德束手无策，只会反复呼喊："吾皇万岁万万岁！"朱由检气得说不出话，一脚踢翻了龙椅……这些人都由朱由检亲自挑选，临死说"诸臣之误朕"，显然是推卸自己的"领导责任"！

朱由检无疑勤政，在最后10年里毫无大权旁落的迹象，这在末世当中实属罕见。他也是有使命感的，不然不会一再感到内疚，先后下6份"罪己诏"，又创历史之最。

朱由检的反省不乏深刻，但对自己的"处罚"及问题的对策并没有什么干货，不可能产生实际作用。例如许诺给剿匪功臣分封之赏，乍一看很让人动心。然而，朱由检如果真有这么大方的话，上个月何不与李自成和解？李自成只是请求封王，主动承诺的则是"愿为朝廷内遏群寇，尤能以劲兵助剿辽藩"。朱由检却不肯。

朱由检到这火烧眉毛之时，仍然不肯发放那拖欠5个月之久多达10万守城将士的军饷。可见，这个惯于舞文弄墨的朱由检对付危机的招数只是些花拳绣腿，花言巧语，纵然不吃不睡地勤政加上殉国，也只能感动一些书生，而感动不了士兵，挽救不了时局，逃不脱亡国的下场。

如果朱由检是后唐明宗李嗣源就好了！李嗣源是沙陀人，不识字，但没什么陈腐的条条框框。他的名言是："别人用嘴战胜敌人，我只用手战胜敌人。"称帝后，他勇于彻底改革父亲留下的弊政，开创"长兴之治"盛世。假如朱由检像李嗣源，肯定不会像现代"宅男"一样躲在深宫里玩弄文字游戏，而是会亲征，军中腐败、扯皮之类的事肯定不会多，战斗力倍增；肯定不会死锁国库，如果朱由检能够早发军饷，早早接济饥民，哪能那么容易把自己吊死在老槐树上？

第十四章

清末 10 年

> **提要**
>
> 清王朝前期颇有作为,开创"康乾盛世",但未能应对好"千古未有之变",内忧外患,试图改革又无诚意,最后清王朝被辛亥革命所推翻。
>
> 清廷在改革与革命赛跑中之所以彻底输了,在于其私利过重。

前因:千古未有之变

清朝跟元朝一样对汉人实行民族压迫,大搞"文字狱",到乾隆后期各种社会矛盾激化,土地兼并严重,粮价猛涨,饥民日众,下任接手没几天就爆发声势浩大的"川楚白莲教起义"。国学大师钱穆认为,清朝在经过白莲教的沉重打击之后,即使不遭西方入侵,不久也得垮台。

鸦片战争以后,西方列强步步进逼,到19世纪60年代,清廷为了统治存续,不得不推行"自强运动"(即"洋务运动"),引入西方生产技术和资金，近代经济、军事、文化教育事业均有一定起色，被誉为"同光中兴"。然而，列强对于中国的侵略仍不时发生，朝政改革受阻，国家危机继续深化。中日甲午战争、"百日维新"（即"戊戌变法"）、义和团运动、八国联军入侵等重大历史事件均发生在这时期。

这时期，清廷重臣李鸿章多次惊叹中国遭遇"三千年未有之变"。此语之谓，大概一是说西方列强与中国历史上所遭遇的外敌均不同，二是说西方列强入侵的后果与中国历史上所遭遇的入侵也不可同日而语。此外，内部反抗势力也与历史上末世的农民起义、宫廷政变大不相同，孙中山的革命党是近代性质的政党。因此，本章所展现的历史景象也与此前各章迥然不同。

最大看点：历史向革命倾斜

光绪二十九年（1903年），倒计时：9

上年清政府与沙俄签订《交收东三省条约》，规定东三省"一如俄军未经占据以前，仍归中国版图及中国官治理"。可是一年过去，沙俄不仅不撤兵，反而进一步提出在东三省及内蒙古一带享有路政税权及其他领土主权等七条要求。清政府被逼无奈，准备签《中俄密约》。记者沈荩偶然得知中俄要签密约的消息，设法得到草稿，迅速在天津英文版《新闻西报》刊登。国内外各大新闻媒体纷纷转载，舆论哗然，群情激愤。在国内外强大舆论压力下，清政府不得不放弃签《中俄密约》计划。

而俄军在第三批退兵时间到来后，不仅又不履约，反而重新侵占奉天省城（今辽宁省沈阳市）。

此时，革命思想盛行。"拒俄义勇军"成员邹容著《革命军》一文，主张用革命手段"扫除数千年种种专制体制"，打倒洋人的"奴隶总管"清政府，并响亮地喊出"中华共和国万岁"口号。留学生陈天华曾写血书抗议俄国侵占我东三省，所著《猛回头》《警世钟》在日本出版，揭示民族危机和亡国沉痛，呼唤推翻"洋人的朝廷"，建立民主共和国，具体要求"改条约，复税权，完全独立；雪仇耻，驱外族，复我冠裳"，并揭露"维新"虚假，"要想拒洋人，只有讲革命独立"。

光绪三十年（1904年），倒计时：8

本年革命舆论声势日炽，革命组织相继成立。2月，华兴会在长沙正式成立，推举黄兴为会长。宋教仁和几位湖北知识分子则在武昌成立"科学补习所"，以"革命排满"为宗旨，在新军和学校中进行革命活动，准备积极响应华兴会的湖南起义。11月，蔡元培等在上海成立"光复会"，又称"复古会"，蔡元培为会长，宗旨是："光复汉族，还我山河，以身许国，功成身退。"革命手段是暗杀和暴动，会员多为绍兴商、学界人士，如徐锡麟、秋瑾和章太炎等。

与此同时，清廷也抓紧为改革正名。6月对"戊戌变法"案进行平反，除康有为和梁启超二人外，其余涉案人员均予宽免。已革职的复职，通缉监禁及交地方管制的一律开释。他们想以改革的现实替代革命的思潮。

来自外部的威胁丝毫不减，帝国主义对中国的侵略没有止步。上年英国派遣一支侵略军入藏，占帕里宗（今西藏自治区亚东县），本年5月又占江孜，8月占拉萨，十三世达赖喇嘛被迫外逃。9月英军强迫三大寺代表签订《拉萨条约》，规定开放江孜、亚东等地为商埠，赔款

250万卢比，拆除中国哲孟雄（今印度锡金邦）边界至江孜、拉萨一线的炮台等防御工事。西藏军民抵制该条约，清政府拒绝签字，并派员与英国交涉。日本对在我国旅顺口的俄国舰队发动突然袭击，日俄战争爆发；清廷宣布保持中立，将辽河以东划给他们作为"交战区"。

光绪三十一年（1905年），倒计时：7

帝国主义侵略者继续在中国争权夺利。针对日俄战争，美国第三次提出"门户开放"政策，照会各国。门户开放政策是美国在1899年首次提出的，主要内容为：在整个中国范围，西方各国都有开展贸易的权利，利益均沾，机会平等。美国胁迫清政府延长虐待华侨苛法《中美华工条约》，旅美华侨10余万人联名上书清廷，要求废约；美国拒绝废约，要求续签新约，激起中国民众反对。

沙俄借口新疆"回汉冲突"，以"保商"为名，分兵进入新疆伊犁、喀什噶尔等地。中德订立撤兵善后条款，德国从山东胶州、高密撤回青岛。随后又订中德青岛海关协定，德国交还海关。

被列强打得焦头烂额的慈禧太后有了改革的想法。这年7月，委派多位大员出洋考察政治。一路戴鸿慈、端方前往美、德、意、奥等国，另一路载泽、李盛铎、尚其亨前往日、英、法、比等国。11月清廷委任政务处大臣等筹定立宪大纲，随后专设考察政治馆，"延揽通才，悉心研究各国政治"。

革命党人试图阻止清廷出洋考察，未果。革命的火焰更为旺盛。8月20日，孙中山在日本东京创立中国同盟会，提出同盟会纲领为："驱逐鞑虏，恢复中华，创立民国，平均地权。"在成立会上，孙中山同时呼吁抛弃君主制，"择地球上最文明的政治法律来救我们中国"，把中国建成一个20世纪头等的共和国。这次会上,孙中山被推举为总理,黄兴为副总理。孙中山首次将同盟会纲领概括为"三民主义",即民族主义、民权主义和民生主义,在国内外产生广泛影响。

甲午海战后,西方在中国强占租借地和划分势力范围的同时,也在中国投资建设,或贷款,或独资经营,或合办,重点集中在铁路和矿山两方面。随着中国民族资本主义发展,要求清廷收回铁路主权和矿产主权的呼声日益高涨。

光绪三十二年(1906年),倒计时:6

这年夏,两路出国考察人马先后回到北京。载泽总结说:"宪政有利于国,有利于民,最不利于官。"[①]考察团向朝廷汇报建议:我国宪法应仿日本,兵农工商应学习日本和德国,政治方面则首先应实行满汉民族平等,实行"君主立宪"制。

清廷加快改革的脚步,于9月郑重宣布"仿行宪政",明确宣布争取用9年时间走完日本20多年的改革之路,将君主专制变为完全意义上的君主立宪。11月改革朝廷机构,任命新官。

原来各部设尚书2人,满汉各1人;侍郎4人,满汉各2人。这次改革说是取消满汉之分,任人唯贤。然而,任命结果却是11部13个大臣和尚书当中,满族7人,蒙古族1人,汉族仅5人,满汉的比例失衡反而扩大,引起极大不满。

革命党也加紧行动起来。同盟会成员从日本回国后,约定年底在长沙起义。由于风声泄漏,清军突袭设在萍乡的起义总部,同盟会不得不

---

① 纪彭:《乱世清末的官二代们》,《国家人文历史》2013年第96期。

匆忙宣布起义。龚春台以"中华国民军南军革命先锋队都督"名义发布檄文,历数清政府卖国等十大罪状,宣布革命宗旨是推翻清朝统治,"破除数千年之专制政体""建立共和民国""使地与民平均"。这是同盟会领导的第一次起义,也是自太平天国后规模最大的一次起义。清廷出动湘、鄂、赣、苏四省大军镇压,不到半个月将革命之火扑灭。

中英在北京签《中英续订藏印条约》,清政府宣布"不准他国干涉藏境及其一切内政",英国承诺"不占并藏境及不干涉西藏一切政治",但又将1904年非法的《拉萨条约》作为附约。

光绪三十三年(1907年),倒计时:5

清廷继续推进改革。各省按察使改为提法使,增设巡警劝业道,裁撤分守分巡各道,留兵备道,分设审判厅。山东等三省先行,直隶和江苏择地试办,其余各地分批推行。考察政治馆改为"宪政编查馆",再派外务部、学部和邮传部的侍郎分赴英、日、德考察宪政。成立资政院,作为在预备立宪中所设置的中央咨议机关。随后资政院以议院为基础,各省督抚均在省会筹建咨议局,预筹各府州县议事会。

康有为将保皇党改组为国民宪政会。梁启超等300余名留日学生在东京成立"政闻社",以图推动立宪运动。随后,梁启超在上海创办《政论》月刊,鼓吹君主立宪。各地立宪派纷纷上书请愿速开国会。

革命党步入频频武装起义的新阶段。萍浏醴起义失败后,被日本政府驱逐的孙中山,在本年3月,在河内设立西南武装起义总机关,准备就近组织领导广东、广西和云南三省起义。由于走漏风声,引起清军警觉。5月21日,数十名清兵进驻黄冈镇。次日,同盟会200余人在黄冈城外起义,攻克黄冈城,成立军政府,以"广东国民军大都督孙(中山")或"大明都督府孙"名义布告安民；附近贫民纷纷参加，很快发展到五六千人；但这时清军主力已到潮州，广东水师提督又派援军夹攻。由于力量悬殊，起义军只好解散队伍，转香港。

黄冈革命军起义第六天，同盟会成员邓子瑜在七女湖（后改名汝湖，位于今广东省惠州市）起义响应，与清军激战十余日。

光复会首领徐锡麟深受安徽巡抚恩铭信任，升任安徽巡警处会办兼巡警学堂监督。他与秋瑾约定，7月6日，浙、皖两省同时起义，然后合攻南京，占苏、皖、浙各地。但又泄密，清军搜捕。徐锡麟只得提前在巡警学堂毕业典礼上，趁进呈学生名册时突然枪杀恩铭，率学生军起义，攻占军械所。激战4小时后，起义失败。徐锡麟等人被捕，慷慨就义。

徐锡麟失败，秋瑾被出卖。有人劝秋瑾快逃，她拒绝说："革命要流血才会成功！"她遣散多数人，只带少数人留守大通学堂。14日下午，清军包围，秋瑾抵抗无效被捕，天亮后从容就义。秋瑾之死引起巨大"风潮"，清廷承受不住社会舆论压力，不得不把批准杀秋瑾的浙江巡抚张曾敭先后调江苏和山西，均遭抵制，张曾敭勉强熬3个月后灰溜溜上吊。由此可见当时民心所向，正气浩然。

以后，孙中山和黄兴在河内策划镇南关（今广西凭祥市西南端友谊关）武装起义，同盟会张伯祥、日知会孙武等人在东京成立的"共进会"，策划长江流域地区的起义，四川革命党人在泸州、成都等地起义，都相继失败。

经过这一连串起义失败，革命陷入低潮，一批又一批革命者离开革命阵营。

与此同时，帝国主义加紧瓜分中国。7月，《日俄协定》与《日俄密约》同时签订。前者承认并保护日、俄及列强在中国的侵略利益，后者规定北满洲为俄国势力范围，南满洲为日本势力范围；俄承认日本在朝鲜的地位，日本承认俄国在外蒙的利益，赤裸裸分赃。而英俄签订《英俄条约》，划定双方在波斯（今伊朗）、阿富汗、中国西藏的势力范围，承认"西藏为中国领土，此后不与西藏直接交涉"，承认他们彼此在西藏的既得利益，宣布维持西藏现状。

光绪三十四年（1908年），倒计时：4

上年开始各地立宪派纷纷上书请愿速开国会，本年势头更猛。原来拥护朝廷的人也纷纷转为不满，朝廷压力增大。为此，他们不是积极回应，而是从多方面打压。如8月命各省查禁政闻社，拘捕社员。《江汉日报》因发表华侨国会请愿书，有归政迁都之说，被查封。日本封禁同盟会机关报《民报》。礼部侍郎于式枚从地方《请愿文》中，摘出一句"宪政所以能实行者，必由国民有运动极烈之年月，盖不经此，不足摧专制之锋"，奏请缓行立宪。法部主事、政闻社成员陈景仁则电请朝廷三年内开国会，并革于式枚职，以谢天下。对此，朝廷打压陈景仁，说"政闻社内诸人良莠不齐，且多曾犯重案之人。陈景仁身为职官，竟敢附和比暱"，革职看管。不过，清廷也没有采纳于式枚的意见，改革事业不慌不忙继续着。清廷发布《各省咨议局章程及议员选举章程》，并要求各省迅速设立咨议局，限一年之内全部办齐；随后发布《钦定宪法大纲》，要求立宪限9年筹备完成，并颁布《九年预备立宪逐年推行筹备事宜清单》，逐年开列每年应该完成的事项。

就在清廷筹备立宪之时，被囚禁在瀛台的光绪帝和实际统治中国近半个世纪之久的慈禧太后先后离世。12月2日,溥仪继位,年仅3岁,由其父载沣摄政。

载沣是光绪的亲弟弟,一接手就改变慈禧太后和光绪的路线,大搞自己那一套,将最能干的大臣袁世凯、端方、岑春煊等相继清洗,由其弟载洵、载涛分任海军大臣、军咨府大臣,自己则代替儿子出任陆海军大元帅;同时宣布立宪预备,重申以9年(至1916年)为限。

然而,革命党的耐心实在是有限。3月,黄兴根据孙中山指示,在钦州发动起义;4月,黄明堂等率起义军在钦州一带转战,孙中山委派他们赴云南边境,发动河口起义。一系列起义失败后,革命党人发起"湖北军队同盟会",发展会员400余人。发动军人起义,这不能不是要害,标志着革命党又步入一个新阶段。不久,湖北军队同盟会改组为"群治学社",以"研究学问,提供自治"为名,在新军士兵中宣传革命,发展革命力量。

宣统元年(1909年),倒计时:3

袁世凯是个非常圆滑的人。当时大臣跪见慈禧,不准抬头,无法察言观色,见风使舵,袁世凯便买通慈禧身边的太监李莲英,请他用双脚分合来暗示慈禧的心情好坏,投其所好,果然格外受宠。载沣摄政后,新年第二天便以"足疾"为由命其"回籍养疴",收回兵权自己掌握。袁世凯回老家河南安阳赋闲,写有《自题渔舟写真二首》,其中一首写道:

> 百年心事总悠悠,壮志当时苦未酬。
> 野老胸中负兵甲,钓翁眼底小王侯。

思量天下无磐石，叹息神州变缺瓯。

散发天涯从此去，烟蓑雨笠一渔舟。

袁世凯如果真的就此散发弄扁舟去，那中国近现代史也许会简单一些。

这一年，张之洞病了，载沣亲临病床探望。张之洞还念念不忘天下安危，请摄政王务必善抚民众。载沣不以为然，反过来安抚他说："不怕，有兵在！"张之洞绝望了，只是长叹一句"国运尽矣"，当天咽气。

载沣甩开袁世凯，但没背弃君主立宪国策，以皇帝名义重申"预备立宪，维新图治"，并有些实质性进展。地方自治方面，年初颁布城乡地方自治章程，命民政部及各地贯彻落实。咨政方面，2月各省咨议局举行初选，于年内成立咨议局，筹办各州县地方自治。10月，各省咨议局召开第一届会议，颁资政院选举章程，定议员200名，其中钦选100名，由皇帝委派王公世爵、宗室、各部院衙门七品以上官员、硕士通儒和多额纳税者产生；民选100人，由各省咨议局产生，但须经当地督抚审查通过。清廷还公布法院编制法。

然而，现在形势大不一样。成语"主少国疑"，意思说君主年幼初立，人心疑惧不安。正是出于这种疑虑，立宪派强烈要求加快步伐，希望能早日摆脱风险。11月27日，由张謇发起的各省咨议局联合大会在上海召开，16省代表到会。会议决定推选代表团赴京请愿，要求缩短立宪年限，尽快召开国会，设立责任内阁。同时成立"国会同志请愿会"，发表通电，创办《国民通报》。摄政王从容应对，首先肯定大家的爱国热情；其次提醒各位代表注意：当年定9年预备立宪的原因是考虑国民教育需要时间，如果目前强行召开，恐怕没什么好结果；三是重申宪政必立，议院必开。但这没能说服立宪派，他们继续接二连三地请愿，甚至有人准备自杀为请愿代表饯行。摄政王不愿与臣民为敌，不主张武力镇压，双方开展耐力赛。

这一年，革命党似乎销声匿迹，外国列强似乎也平静下来。

宣统二年（1910年），倒计时：2

都察院代递咨议局议员孙洪伊等联合各省旗籍代表第二次请愿，坚持要求提前召开国会。清廷答复："仍俟九年筹备完全，再定期召集议院，不得再行渎请。"请愿代表团改名"北京国会请愿同志会"，定于明年2月第三次请愿，称如果不答应，各省将奉行"不纳税主义"。12月，又有东三省要求速开国会代表进京请愿。地方督抚、资政院和咨议局渐渐站到民众一边，与中央的冲突愈演愈烈。清廷感到越来越孤立，不由动怒，要求民政部和步军统领衙门将请愿代表强行送回原籍，并命各督抚依法惩处。

10月3日，资政院如期开院。资政院作为立宪运动的议会准备机构，职权是议定国家出入预算、决算、税法、公债、法规、弹劾等大事。但规定议决事项须具奏请旨可否，实际权力受到一定限制。这次开院有的议题被接受，清廷同意提前于1913年开设议院，先将官制厘定，预行组织内阁，编订宪法；有的被驳回，如关于奏劾"军机大臣责任不明，请迅速组织责任内阁"，答复："朝廷自有权衡，不是院臣可以擅自干预的。"

早在萍浏醴起义的时候，清廷调新军第九镇前往萍乡镇压，其中炮兵队官、同盟会员倪映典密谋响应起义，未果。后计划于本年元宵节在广州起义，因故提前到正月初三，起义最终失败。同盟会熊成基在哈尔滨对从欧洲考察回国的贝勒载洵行刺失败，被捕就义。黄复生、汪精卫等谋划炸摄政王载沣，也事泄失败。

据统计，1901—1911年全国先后发生社会骚乱1300多起，本年达高潮。[①]长沙、湖北、江西、安徽、江苏等省市相继出现抢米风潮，山东莱阳、广西、广东、云南、浙江、江苏、安徽、河南等地先后爆发抗捐抗税斗争。

宣统三年（1911年），倒计时：1

新年伊始，奉天、直隶和四川等省学生罢课，要求速开国会。清廷命各省严加禁止。

5月，清廷颁新内阁官制，设责任内阁，13名大臣名单中，满族9人（其中皇族5人），汉族仅4人，被嘲讽为"皇族内阁""亲贵内阁"。人们普遍认为：大清朝廷将国家权力视为一家一姓之私产，他们不仅不信任汉人，甚至也不信任无血缘关系的满人，而只信任一小撮宗室亲贵；不惜公然蔑视皇室不入阁的国际惯例，等于坐实革命派的指控。7月，都察院转呈咨议局重组内阁的呼吁，得到答复是：朝廷用人，系君上大权，议员不得干预。立宪党人终于醒悟：跪着求变革不可能完成历史使命。于是，纷纷转而投身革命。梁启超曾在第三次请愿时，深深忧虑说："现今之政治组织不改，不及三年，国必大乱，以至于亡，而宣统八年（1916年）召集国会为将来历史上必无之事。"现在一看这名单，梁启超绝望了，愤然说：将来世界字典上绝无"宣统五年（1913年）四字连属成一名词者"！梁启超一语成谶，只是还嫌保守些，"宣

---

① 马勇：《清亡启示录》，中信出版社2012年版。

统四年"都毁在这份名单上。

不仅如此。皇族内阁下发的第一号文件，宣布铁路国有政策，激起川、鄂、湘、粤四省民众抗议，掀起轰轰烈烈的"保路运动"。四川成立"保路同志会"，致力于"拒借洋款，废约保路"，全省各地数十万人参加。川汉铁路宜昌分公司4万多工人奋起反抗，令湖广总督觉得"兵警弹压为难"。四川绅民2400人呈请愿书，被拒绝。成都及附近州县罢市、罢课。清廷命四川总督赵尔丰弹压。赵尔丰致电内阁，说群情激愤，如不准所请，生变顷刻，全国都将受影响。清廷还是要求驱散了事，并命端方带兵入川。赵尔丰以谈判为名诱捕11名领头人，并对成都万名请愿者下令开枪，死32人，伤数百人。9月25日，同盟会成员吴永珊等宣布在荣县建立革命政权。成都附近各县相继响应，形成全省大起义。

4月27日，黄兴亲率20余名敢死队员，发动同盟会第十次武装起义——广州起义。起义失败后，广州革命志士潘达微收殓牺牲的革命党人遗骸72具，葬于广州郊外的红花岗，改名黄花岗，史称"黄花岗七十二烈士"。孙中山后来深情地写道：

> 是役也，碧血横飞，浩气四塞，草木为之含悲，风云因而变色！全国久蛰之人心，乃大奋兴。怨愤所积，如怒涛排壑，不可遏抑，不半载而武昌之大革命以成。①

在反皇族内阁和保路运动高潮中，对清廷致命一击的时刻终于到

---

① 孙中山：《〈黄花岗烈士事略〉序》。

来！10月10日晚，新军工程第八营的革命党人打响武昌起义第一枪，夺取军械所，缴获步枪数万支，炮数十门，子弹数十万发。城内外各营革命党人纷纷奔向楚望台，达3000余人。三路进攻总督署和旁边的第八镇司令部，并在天亮前取得胜利，控制整个武昌。当天深夜，正在保定军咨府军官学校学习的同盟会何贯中等人得知消息，立即组织起来，潜出校外，将清军南下的唯一大动脉漕河铁桥炸毁，为革命党在全国范围内起义赢得时间。随后两天，革命军光复汉阳和汉口，然后成立湖北军政府，黎元洪被推举为都督，改国号为中华民国，颁布《中华民国军政府条例》，号召各省民众起义响应。短短两个月时间，湖南、广东等15个省纷纷宣布脱离清政府。11月15日，各省代表在上海召开各省都督代表会议，10省代表参加，推举武昌军政府为中央军政府。12月颁布《中华民国临时政府组织大纲》，17省代表又选举孙中山为临时大总统。此次武昌起义，史称"辛亥革命"。

清廷一方面慌忙调兵遣将，起用袁世凯为湖广总督，袁世凯却借口脚痛没好辞不受命。另一方面，清廷急忙平息朝野之怒，20天里连下三道谕旨：赦免梁启超等政治犯；制定宪法，实行宪政；开放党禁，允许结社自由。

严复被誉为向西方寻找真理"先进的中国人"之一，坚定地反对革命，最后时刻还支持君主立宪。他看到这三道谕旨时大发感慨："一切都太晚了！

直到10月29日，驻扎在滦州的中央军主力张绍曾等将领向清廷发出通电，要求立即撤销皇族内阁并召开国会，清廷这才忽然发现虽有兵在，但那可能已不是他们的兵了，连忙以小皇帝名义下"罪己诏"，11月1日宣布取消皇族内阁，3日又颁布《重大信条十九条》

即《宪法信条》，宣布实行责任内阁制，皇族不得任总理大臣，皇室经费听由国会决议，皇帝权限和皇室大典由宪法规定，但仍规定皇位世袭并不受侵犯。

随后袁世凯任总理大臣并组阁，摄政王载沣引咎辞职。而17省代表选举黎元洪为临时副总统。与此同时，河北滦州新军王金铭等人率众起义，宣布独立，成立北方革命军政府，然后进军天津。袁世凯调兵堵击，王金铭等人战死。

袁世凯一边讨伐南方革命军，一边暗中与南方革命军谈判，里外讨好。

1912年，倒计时：0

元旦，中华民国在南京宣告成立，孙中山就任临时大总统。同时，袁世凯授意部将冯国璋等48名将领联名通电，声称如果新成立共和政体，他们将誓死抵抗。第二天，袁世凯见中华民国已宣布成立，只得承认，并秘密协商清帝退位条件。孙中山许诺让出总统之位。

1月12日，皇室贵族良弼等人秘密召开会议。19日以"君主立宪维持会"的名义发布宣言，强烈要求隆裕太后坚持君主政权，反对共和，被称为"宗社党"。

于是京津同盟会决定采取"斩首行动"，最后推清廷一把：诛杀袁世凯、良弼、载泽三人。结果，炸袁世凯失败；良弼被炸成重伤，两天后死亡。良弼死后宗社党闻风丧胆，无人再敢出头，纷纷逃匿，再没人觉得"不怕，有兵在"了。

袁世凯虽然躲得更紧，但态度也变了。1月20日，南京临时政府向袁世凯正式提出清帝退位的优待条件。22日，孙中山提出辞去临时大总统的条件，在各报公开发表。26日即良弼被炸的那一天，袁世凯授意段祺瑞等47名北洋将军通电拥护共和，并奏请清帝退位。

2月12日，清帝下诏退位。宣布完毕，载沣抱着溥仪回家，轻松地说："现在好了，我也可以回家抱孩子了！"

第二天，袁世凯通电声明赞成共和，孙中山则践诺向参议院辞去临时大总统之职，并荐袁世凯继任。15日，参议院选举袁世凯为临时大总统。

清帝退位，共和新生。这是中国历史上最伟大的华丽转身，千古帝制从此被扫进历史垃圾堆了！

后果：假如载沣能放弃一族之利

清末这10年，慈禧、载沣等人仍然在为清朝续命而垂死挣扎。直到1912年初，17省代表选出临时副总统，北方革命军政府成立，一些历史学家仍认为清政府还有挽救的余地。

清加速走向灭亡是在1908—1912年，也就是慈禧太后和光绪死后，载沣摄政时期。因为"主少国疑"，人们强烈要求加快改革步伐，希望能早日摆脱风险，连地方督抚、资政院和咨议局也越来越多地站到民众一边，载沣们却没能顺应形势，以致民心、军心、官心与皇族之心冲突愈演愈烈，"引起了普遍的不满和更广泛的反清大联合"[①]，放弃改革，而选择革命，于是武昌起义成功，帝制终结。

---

① ［英］崔瑞德、［美］费正清等编：《剑桥中国晚清史》，中国社会科学出版社1990年版。

小　结

王朝之亡与帝王

>[提要]
>
>每一个王朝创立之时无不奢望万岁，但迄今无一过千。从选帝王与用帝王两个角度看，不难发现病根在其体制上骨髓里。
>
>"三千年未有之变"后，天时地利人和发生一系列深刻变化，由"丛林时代"步入"主权至上"时代，"历史循环论"也就属于历史了！

作家聂作平说："从主观上讲，任何一个心智正常的皇帝都不可能有意把自家的天下搞乱，把自家的王朝搞垮。"[①] 乍一看这话很有道理，稍加思考便觉得不对头，事实上把自家王朝搞垮的帝王不在少数。

一家兴衰取决于家长，家天下之兴衰自然取决于帝王。可是在那几千年的历史上，帝王却时常难以担当振兴家天下之责。最简单概括就

---

① 聂作平：《皇帝不可爱，国家怎么办》，中华书局2012年版。

是：一方面难出好帝王,另一方面幸逢好帝王则难办好事。

(一)难出好帝王

这里所谓"好"是通俗说法,准确讲是"德才兼备"。所谓"昏君""暴君"自然是无德,另当别论。帝王之才即执政能力,这应当是基本要求吧?问题是历史上所谓"立嫡不立长,立长不立贤",只讲嫡庶亲疏和年龄长幼而不讲德能,更别提"兼备"了。

没能力当的硬要他当。年龄之外的因素姑且不论。那种才几岁的娃娃,生活都不能自理,却硬要他当一国之主,几千年当中经常发生,一而再再而三勉强选那些娃娃皇帝,把国家带入险境。所以,幼君的江山被篡实际上很容易理解。

不想当、不适合当的硬要他当。人各有志,自古以来不愿当帝王的人不少。春秋时卫灵公死的时候,长子蒯聩逃亡在外,要次子郢继位,他坚辞不肯,结果只好让蒯聩的儿子辄继承。西汉末乡下没文化的刘盆子,只因为姓刘,血统可利用,被赤眉军拥为皇帝,可他硬着头皮没当几天,当众跪下哭着求情:"请各位饶了我吧,我实在不想做这皇帝了!"

宋徽宗赵佶"诸事皆能,独不能为君耳",当时就有大臣反对,如尚书章惇直截了当地说:"端王(赵佶)轻佻,不可以君天下。"但有实权的太后坚持认为"先帝尝言,端王有福寿,且仁孝"。[①]结局是什么样,历史事实已经很清楚了。

死板的选帝制度。理论上帝王不可能会选一个差的儿子接班,可事实上常常成为可能,而且几千年如此。学界较一致认为周人改制最大者

[①]《续资治通鉴》卷86,宋纪86,5册。

就是"立子立嫡"之制，这就是《春秋》中概括："立嫡以长不以贤，立子以贵不以长。"依照先嫡后庶、先长后幼的顺序，把继承人的资格限制在一个人的范围之内。这种选人办法根本不讲对继承人从政更重要的年龄、品德、才能等方面的因素，所以经常选出不合格的皇帝，一次又一次给王朝带来风险甚至灭顶之灾。

西晋武帝司马炎儿子多达26个，其中杨皇后亲生的也有3个，唯独长子司马衷被称"白痴皇帝"。司马炎早知道他智商有问题，可是杨皇后怕皇位落嫔妃儿子那里去，司马炎也不反对。结果，司马衷成为傀儡，一接班就爆发夺权内战，史称"八王之乱"，把王朝带入内战的深渊。

杨坚不无自豪地声称他有了避免太子之争的法宝，因为他爱老婆怕老婆，在帝王中极为罕见，所以有资格说："历史上帝王妻妾太多，儿子们不是同母所生，所以才会有分党之争。我5个儿子都是一母所生，亲同手足，肯定不会再发生宫中自相残杀的悲剧。"杨坚只看到人性中亲情的一面，忽略了权力对人性消融的一面，高兴太早了。太子本来是长子杨勇，他为人宽厚，率意任情不矫饰，优礼士人，但是好色，因此失宠，杨坚改立依然保持专情形象的"好儿子"杨广，结果大隋没几年就弄丢了江山。

靠培养难出明君。历史上一些干得好的英明君主，大都是自己闯出来的，例如刘邦、朱元璋等，他们不仅打下江山，而且创造辉煌。在非开国帝王中，如李世民、朱棣等，并没有受过太子储君培养，偶然或主动或被动取得皇位，也能开创盛世。而王朝中后期皇帝，则大都受过太子储君培养，至少是饱读诗书。

汉废帝刘贺，6岁继昌邑国的王位，18岁继皇位，饱受太子专业教育培训，却还糟得出奇，登帝仅27天就被忍无可忍的大臣们废了。同时，朝廷治原昌邑国群臣的罪，指控他们没有及时汇报刘贺的真实情况，没有辅佐、引导好刘贺，杀了200多人，只有两位多次劝谏过的大臣从轻发落，连刘贺的老师王式也要治死罪。治事使者责问："师何以无谏书？"王式回答说："臣以《诗》三百五篇朝夕授王，至于忠臣、孝子之篇，未尝不为王反复诵之也；至于危亡失道之君，未尝不流涕为王深陈之也。臣以三百五篇谏，是以无谏书？"①使者听了无言以对，只好从轻发落。

北魏文成帝拓跋濬曾对大臣们公开坦言："朕从前学习的时候年纪小，心不专一，继位后又没什么时间学习。现在回想起来，主要怪我自己不够勤奋，也与老师不敢管教有关。"②光绪的老师翁同龢有详细日记，台湾政治大学历史学教授王寿南从中梳理出3个问题：一是教材方面，"四书""五经"等是道德文章，典型的八股教育；二是教法方面，只是背书写字而已，很少讲解书中的内容与道理；三是训导方面，小皇帝不肯学，不可能惩罚，也不可能奖励——奖励是居高临下，不可能像一般学生那样严加管教。所以，王寿南说："中国古代君主除极少数较有学问外，绝大多数都没什么学问，所以我们可以说中国古代君主教育多半是失败的。"③宋史专家虞云国还进一步说："圣主明君不能不学无术，也不能不读书，但读书却未见得就能读出个圣主明君来，帝王之学非关书也。"④帝王这种"职业"几如艺术家，多半靠天分。

---

① 《资治通鉴》卷24，汉纪16，2册。
② 《资治通鉴》卷136，齐纪，9册，"朕始学之日，年尚冲幼，情未能专。既临万机，不遑温习。今日思之，岂唯予咎，抑亦师之不勤。"
③ 王寿南：《照照历史的镜子》，新华出版社2012年版。
④ 虞云国：《南宋行暮：宋光宗宋宁宗时代》，上海人民出版社2018年版。

（二）好帝王难干好事

所谓"好事"也是通俗说法，历史上的标准说法应该是"仁政"，从孟子开始说了2000多年，没几个帝王不常挂在嘴上。高官大臣则大都有种"三不朽"（立德、立功、立言）情结，问题是好的愿望、好的决策与好的结果尚有距离。赵构的接班人赵昚读了些历史，自己也实践了皇帝这种岗位，深有感触地叹道："汉宣帝时，吏称其职，民安其业"，而"今吏不称职，所以民未受实惠"。[①]赵昚的话说白了，就是朝廷政策是好的，但因为中下层官员不称职，所以"仁政"只开花不结果。朱由检更是在遗诏当中还抱怨："皆诸臣误朕。"

任何事物都没有想象中完美，一种优势往往意味着另一种劣势。封建制如此，"家天下"中的郡县制也如此。本来就甘蔗没有两头甜，地方官往往顾得了上头，顾不了百姓，而帝制又强化了这种倾向。李斯指导秦二世："夫贤主者，必且能全道而行督责之术者也。督责之，则臣敢不竭能以徇其主矣。"[②]请注意这里"全道而行"与"竭能以徇"两个词，换言之，没有权力不到的空间，也不剩余力以"徇"百姓了。为了受奖提拔，更是得一级级超额完成指标，把事情往极限去做，用百姓的话说是做"短命事"。正如著名经济学家哈耶克指出：对于各级官吏来说，"他们的良心不允许他做的事是没有的，只要这是为集体已经确定的目标所需要的，或者这是他的上级命令他要达到的目标"；而"实际上就是政府的每一个行为，必须是神圣的和免受批评的"。为了完成指标，可以不择手段地干，出了问题告到哪也没用，由上头兜着；而没完

[①] 《续资治通鉴》卷140，宋纪140，8册。
[②] 《史记》卷87，李斯传，3册。

成指标吃不了就得你个人兜着走。这是历史上一种公开的"潜规则"。如此,从宫中出来的明明是仁政,没转几层就难免变恶政。这种局面肯定不是皇上想要的,但是皇上也改变不了。

为了防止地方势力坐大为患,宋朝规定知州任期只有两年,而实际执行往往不到两年。比如常州,曾有一度两年间换了八个知州,那些州官的作为可想而知。王安石是这第八任,使命感特别强,一边给上级反映"州郡抚循之势患在数更,官司考课之方要诸久任"①,请求能够"少假于岁时",让他的任期稍长些;一边大力组织所属各县官民利用冬季农闲开挖运河,决心尽快改变常州年年受水灾的状况。但官民无法承受,民夫纷纷病倒,甚至有人因此自杀,他不得不停止这项工程,劳民伤财,招致诸多批评。

又如政府给农民发放低息青苗贷款,怎么不是仁政?可是为了推动这项好政策,朝廷下指标,完成得好奖,完成不好则罚。如此一来,"本来可能一百户农民只有五户需要贷款,但官僚系统的低效率却无法找到真正需要的这五户,反而抓到了另外的人,强行把钱贷给不需要的人,好赶快完成指标。到最后,地方政府执行青苗法就变成了强制贷款、强行收租,把额度指标完成了事"。

明宣宗朱瞻基时期被认为是明朝的黄金时代,誉之"宣仁之治"不够,还与汉"文景之治"及唐"开元盛世"相提并论。朱瞻基嗜好蟋蟀,无可厚非,不能要求人没有个人爱好,皇帝也是人。问题是为此层层下达,导致一场场灾难。蟋蟀又叫"促织"。《聊斋志异》中《促织》,就写当时一个县令为了一只蟋蟀搞出多条人

---

① 王安石:《知常州谢上表》。

命。《宣德纪》记载:"帝酷好促织之戏,遣取之江南……妻惧,自经死。夫归,伤其妻,且畏法,亦经焉。"① 更恐怖的是张居正,指令各地应当处死刑多少,而各地官员怕完不成任务层层加码,搞出很多冤假错案。

帝王的通病是好大喜功,出发点就容易脱离实际。张居正下达死刑指标的出发点,也许是想吓出一个好治安吧?基层官吏为了讨好上司,不得不层层造假,千方百计佐证皇上圣明,高官正确。汉唐时期耕地面积徘徊在5亿亩左右,开皇十八年(598年)统计却达19.4亿亩,也即杨坚时期的普查虚报了近3倍。而大业五年(609年)统计又增至55.8亿亩,比实际夸大逾10倍。税赋就建立在这样的数据上。连杨坚自己都感到不可思议,惊叹道:"我花钱已经大手大脚了,国库怎么还是满满的?"杨坚只看到国库满满,看不到百姓的粮仓空空,更想不到没几年就会被饥民、暴民强行打开国库,白花花的大米散成沙滩,隋王朝也随之东流。发现河南、江南军队弄虚作假的现象后,康熙不由大叹:"可见外省大吏无一不欺朕者。"②

难怪唐甄抱怨得很。唐甄是明末清初四大著名启蒙思想家之一,唐甄指出:自古以来"仁政"的口号喊破天,百姓的耳朵早都听出老茧了,却从来没有切身享受过!③ 好不容易逢个好帝王,出台了一个又一个"仁政",百姓实际却没有享受到什么福祉。于是,在王朝的后期越来越多百姓求变。

郡县制的创始人得追溯到春秋时代齐国的管仲,《管子》说:"若

---

① 《明史》卷243,邹元标传,62册,"诸道决囚,亦有定额。所司惧罚,数必取盈。是断刑太滥也。"
② 《清史稿》卷10,圣祖纪,1册。
③ 唐甄:《潜书·柅政》,"虽有仁政,百姓耳闻之而未尝身受之。"

此，则如胸中使臂，臂之使指也。"说郡县制让帝王像大脑一样，一个意念圣旨下达，全国各地就可以像身手四肢一样迅速而灵活地、协调地运作起来，所以从理论上说郡县制是非常科学，非常有优势的。后世千古认可郡县制，有诸多君臣认可这个生动的比喻，北魏创"三长制"也说是"以大督小，从近及远，如身之使手"。[①]但实际上，常常发生手足失灵的事，从郡县乡"三长"到朝中大臣，一层层欺下瞒上，往往使得圣上"仁政"出皇宫就走样，没几滴甘露落到百姓的旱田，弄得盛世帝王康熙也不免抱怨，亡国之君朱由检更是死不瞑目。可是，万能圣明的帝王为什么不能让他的官吏如手足呢？

外国学者论中国历史，常用"朝代循环"一词，狭义指朝代兴亡相继，广义则指与朝代兴亡有关的其他类似的循环现象。中国人自己也爱用"朝代循环论"，如孟子的"一治一乱"说，最新版本则要数"历史周期律"，等等。

著名地质学家李四光年轻时曾经做过一篇关于中国历史上治乱周期的分析，认为中国历史可分为以下数节：战争时期，土木工程时期，第一个安定时期，第二个安定时期，然后再回到战争时期。对此，史家评论说："在两个安定朝代以后，建立第三个安定朝代，也的确有其困难。因为经过两代的长期太平以后，政治组织中的积习以及社会风气，都一定有陈腐之处，倘若不能做到有效地改革，也就真会积弊丛生，而使第三个朝代无法安定下去。"[②]

中国历史的趋势是有一个大致的轨道，不过这种答案只有在帝制下

[①]《魏书》卷110，食货志，20册，"欲使风教易周，家至日见，以大督小，从近及远，如身之使手，干之总条，然后口算平均，义兴讼息。"
[②] 劳干：《古代中国的历史与文化》，经联出版公司2006年版。

的王朝才能适用。今后中国的历史将不会和前一周期一样,也就不能利用过去的历史记录,来完全预测今后发生的事件。①

"历史循环论"属于历史!

---

① 《古代中国的历史与文化》。

跋

冯敏飞和他的历史写作

敏飞兄怀旧。1996年，他出版第一本著作《人性·自然·历史》时，邀我写了个跋记；20多年后，他已经是著作等身的名作家了，又请我为他的四卷本著作"历史四季"系列作跋。他告诉我，他一直记得那个跋记里的一句话："他试图通过对一个县的政治、经济、社会习俗等方面的深刻了解，作为开启更广大的中国文化与社会的钥匙。"他后来的写作道路，神秘地印证了这句话，像是存在一种宿命。

我仔细想想，真是这样啊。前两年我们回泰宁，我还向朋友打趣说："敏飞兄现在写历史，了不得，还是中国五千年通史。害得我无路可走，只好写地理。"

冯敏飞和我都是福建泰宁县人，他年长6岁，高中毕业时"文革"刚结束，回乡务农、代课，多了些磨难。1979年下学期，我在泰宁一中读高二文科班，他来复读，我因此有幸结识一位文学兄长。记得他当时已经在创作多种文体了，包括诗歌、快板和话剧，常往文化馆跑，是县里小有名气的才子。

大学毕业后，我们都回到泰宁教书。敏飞"文"名在外，常被各单位请去写公文，凭借一支笔两次改变了职业生涯：先是成为县委书记的秘书，进入行政体系；后来调到中国建设银行三明分行，进入金融界。所有的经历都会变成他的创作资源，所以他的著作里多了两个类型，一是《鼠品》等时政小说，二是《用贷款享受今生》等金融读物。

泰宁是闽西北最偏僻的山区小县，虽然宋代出过两个状元，但数百年来文化落后，怀抱文学之梦的我们，时常相互砥砺、取暖。20世纪80年代末，我在县电大工作站教书，他则出任县方志办副主任，是个闲职。我常去他的办公室聊天，讨论泰宁历史；在食堂吃完饭后，也经常拐到他家里，再喝几碗米酒高谈阔论——敏飞的妻子黄丽忠特别贤惠，会自己酿酒。那段时间，我们还与杨锋、杨长岩、杨纯华、李密密、施祖勤、叶雅凤、康惠玲等文友组织了一个"围石文社"，定期聚餐，分享作品。泰宁的丹霞地貌景观十分瑰丽，县里准备开发旅游，我与敏飞合作，探寻山水名胜，查找文献档案，为金湖景区创作了第一份导游词，并尽力推动上清溪、状元岩等景区的开发。如今，泰宁丹霞地貌已经成为世界自然遗产、世界地质公园，是海内外知名的大型风景区。

说实话，敏飞兄的修志成绩不大好。新编《泰宁县志》出版后，我大失所望，专门写了一篇文章批评。但我觉得这段经历对他很重要。多年潜心修志，让一位天马行空的文学青年，变成了脚踏实地、埋头故纸堆的文史中年。最直接的影响是，随后他创作《兵部尚书佚事》《京城之恋——柳永回忆录》等小说，都融入了大量地方掌故和民间传说，具有浓烈的闽北地域特色。

新世纪初,我在《三明广播电视报》主持"吾土吾民"专版,常到各县市采访,介绍古村落和打草鞋、造竹纸、织苎布等传统手艺。敏飞这时已调到三明市建行工作,单身赴任,住处正好与我的单身宿舍相邻。周末,我们经常在快餐店买点下酒菜,到他家煮锅汤,就着一瓶高度白酒神侃。他反而警告我:"你以前提醒我,地方文史是个泥潭,不要陷进去;现在轮到我提醒你了。"我说看到传统文化迅速消失,十分心痛,我正好有机会,就算浪费几年时间,给后世留下一点念想吧。

现在想来,在三明那两年,我们两人的创作道路正好十字交叉:他在竭力摆脱地方史志的过度影响,向上提升,面向更广阔的中国历史和文化;我则从诗歌、哲学、历史等宏大叙事坠落,一头扎进地域文化的细部。

后来我到厦门的媒体工作,仍然主持地方文史方面的版面,业余时间走遍全国,为《中国国家地理》《华夏地理》撰稿,探究各区域的人地关系,出版了一套"中国的掌纹"系列图书(《自然骨魄》《大地栖居》《华夏边城》)。留在三明的敏飞皓首穷史,先后出版了历史小说《孔子浪漫史》和历史随笔《历史上的60年》。这是两块敲门砖,无意中帮他打开了令人生畏的中国历史大门。朝代的兴衰,皇权的转移,帝王的疯狂和腐败,都让他深深着迷。中国历史不但是一个更大的泥潭,还是旋涡、深渊、黑洞,吞噬了无数学者的生命。他试图破解古代王朝存亡的秘密。他的思考凝聚为这套四卷本"历史四季"。

敏飞自嘲说:"我是无知者无畏,稀里糊涂闯进了历史领域。年龄大了,渐渐觉得文学有点虚幻,还是历史比较结实,自然而然就转过来了。"

然而话说回来,历史是黑洞,难道文学不是?我常说,文学是残酷的事业，只有一二流的作品有机会存世；但三四流的文史笔记，后人依然视之为珍宝。自古文史不分家，文人另辟战场，首选史学，并且成绩斐然，贾谊的《过秦论》名垂千古，苏轼品评了数十位历史人物，欧阳修甚至自撰了一部《新五代史》。不过文人治史，并非做学问，而是喜欢别出心裁作史论。他们觉得史家太胆小，见识平庸，忍不住越俎代庖。

敏飞的宝贝女儿在厦门工作，所以退休后，他们夫妻俩移居厦门安度晚年。四十多年来，我和敏飞时散时聚，没想到最后又在同一座城市相逢。

敏飞是我见过的最勤奋的作家，从年轻时用钢板刻蜡纸油印诗稿，到后来打印或铅印文章，再到后来一本本著作，著述不辍，我常常有幸成为第一批读者。如今，他在海沧有一套面对火烧屿和海沧大桥的海景房，视野极佳。想象他每日坐在窗前，积一生阅历，看沧海横流，数历代兴亡，心中不知涌起多少感慨，急着与读者分享。

"历史四季"春夏秋冬四大卷，太厚了，我花了一个多星期浏览，这里简单谈几点感受。

长期以来，历史成了史料和考据的堆砌，述而不论，面目可憎，语言乏味。敏飞以一个作家的方式讨论历史，带来几个让人难忘的特点：一是叙事生动，语言活泼，让历史变得趣味盎然；二是视野广阔，常将中国史与世界史比较，古代观念与现代观念对照，咳珠唾玉，精彩纷呈；三是关注历史细节和个人体验，为历史注入了鲜活的人性，血肉丰满。他的写作风格，明显受到前辈历史作家房龙、柏杨的影响，但有个人特色。实际上,敏飞在表达自己的见解时更谦逊,书中大量引述了各方意见,力求让读者全面了解,然后再加以点评。

这套书的最大优点,是找到了一种观察中华文明的独特角度:每个发育完整的王朝,犹如有机体,都经历着春夏秋冬,在时间里诞生、生长、衰老和死亡,有规律可循。这是一种古老的生命模型,优美简洁,具有强大的建构能力和阐释空间。接受这种叙述方式,就意味着你接受了他的历史逻辑,从一个新的角度理解中国历史。

作为人文地理作家,我觉得,这套书对地理、气候、灾害、瘟疫等历史外部因素的影响,还需要更加重视。举个简单的例子,历史上汉民族势力最强盛的几个时期,春秋战国、秦汉和隋唐,据竺可桢先生研究,气候都要比现在温暖 2℃ 度左右;而汉民族势力衰微的商末、南北朝、南宋末年和清初,则拥有历史上最寒冷的冬天。这意味着,东晋和南宋之亡,不仅仅是人祸,更可能是天灾导致北方游牧民族在严寒的驱赶下一波波南下,任何一个汉族王朝都难以抵挡。

历史的迷人之处,就在于存在无穷无尽的阐释可能,每一个视角,让我们看见了真相的某些方面,同时遮蔽了另外一些方面。作家眼中的历史,一部充满个性和情感的历史,更贴近我们的生命体验,自有其不可替代的价值。

敏飞目前呈现给我们的这四大卷写的是各个朝代的兴盛衰亡。如果根据敏飞的"四季说"模型略加发挥,我们当然也可以把中国几千年历史作为整体来观察。纵看中国数千年历史,夏商周是初春,生机勃勃;秦汉至隋唐是盛夏,雄浑饱满;宋元明清是清秋,霜天晓角;鸦片战争后进入严冬,气息奄奄。但一场全民族的抗日战争让中国复苏,重焕生机。

新一轮的历史四季正在我们面前展开其夺目的画卷,我们都是画卷中人。

改日到敏飞家喝酒,再与他讨论这样一种"历史四季"模型,不知他是否赞成。

萧春雷

2020 年 9 月 30 日于翔安

(作者简介:萧春雷,福建泰宁人,从事文学、艺评和人文地理写作,已出版《时光之砂》《文化生灵》《我们住在皮肤里》《海族列传》等作品。曾获中国新闻奖。)